班级家庭教育共同体建设

樊 健 著

图书在版编目(CIP)数据

班级家庭教育共同体建设 / 樊健著. —苏州：苏州大学出版社，2019.3
ISBN 978-7-5672-2728-6

Ⅰ.①班… Ⅱ.①樊… Ⅲ.①中小学—班级—学校教育—合作—家庭教育—研究 Ⅳ.①G636

中国版本图书馆CIP数据核字(2018)第298326号

书　　名	班级家庭教育共同体建设
著　　者	樊　健
责任编辑	肖　荣
出版发行	苏州大学出版社
	（苏州市十梓街1号　215006）
印　　刷	南通超力彩色印刷有限公司
开　　本	889mm×1194mm　1/32
印　　张	10.375
字　　数	270千
版　　次	2019年3月第1版
	2019年3月第1次印刷
书　　号	ISBN 978-7-5672-2728-6
定　　价	35.00元

苏州大学版图书若有印装错误，本社负责调换
苏州大学出版社营销部　电话：0512-67481020
苏州大学出版社网址　http://www.sudapress.com

一本值得重视的教育创新著作
——学习樊健新著《班级家庭教育共同体建设》

班 华

多年来坚守在小学教育第一线的樊健老师的新著《班级家庭教育共同体建设》（以下简称《教育共同体》）是一本教育创新的著作。该书不仅在教育实践方面有所创新，在教育思想理论方面也有一定的创新或独到之处。本书有五大创新点：

（1）凸显生本化。以儿童为中心，以儿童道德生命成长为宗旨。

（2）强调开放化。体现鲜明的"破壁"功能，打通家庭与家庭之间的文化界限，交流先进的教育理念与经验，分享优质教育资源。

（3）追求一体化。以道德教育、心理教育、法制教育一体化为根基，培养具有完整人格的人。

（4）坚守班本化。以"亲子健康课堂""班主任茶座""百家讲坛"等活动促进人的成长。

（5）促进集体化。设置班级家庭教育八大教育平台，促进儿童、家长、教师共同成长。

这五个创新点在全书各个章节中都有体现。我读完本书后，感觉以下几点最应受关注，现与朋友们分享一下。

一、实施整体融合性心育

东洲小学很早就十分重视心理教育。早在20世纪90年代末,东小就参与了中小学心理教育读本的编写。当不少人还在质疑"心理可以教育吗",东小已开设了心理教育校本课程。

近几年,东小实施了"整体融合性心育"。我们曾将心育融入德育或将德育融入心育,即心育与德育融为一体的教育,简称为"心理–道德教育"。"整体融合性心育"是心理教育分别融入体、智、德、美各育,或者是各育融入了心理教育的总称。

《教育共同体》一书第三章第一节把家与校比作对儿童进行生理与心理健康教育的双翅,创造了开设茶座共享理念、开放课堂共享课程、开通渠道共享教育资源、开发活动共享生活、开展评价共享成果等家校共育的多种教育方式。其教育内容包括运动、游泳、睡觉、预防肥胖等生理健康。此外,这一章还设有"学会调控自己的情绪"心育专题。

第九章讲述"菩提湾"是师生和家长"共同的心灵花园",是实施"整体融合性心育"优化的环境。"亲子课堂"的心理与道德教育密切了亲情关系,"父母读书会"品读了《童年的秘密》《正面管教》等,提升了心育自觉和心育能力。多种班级活动,为儿童的成长、发展积累了心理资本。各种"心理游戏"让孩子们心灵更自由更开放,帮助学生提高自我意识和学习潜能,调控情绪,促使心灵成长。心理教育不仅融入德育,也融入体育等。"菩提湾"心灵花园在服务于孩子、家长心灵成长的过程中,班主任的心育知识、能力也在提高。

心理教育与教育心理是相互联系又相互区别的。教育心理是指师生心理发展的特点、规律及其在教育、教学过程中的心理活动。心理教育是促进人的心理机能、心理素质发展的教育活动。二者密切联系,通常依据教育心理发展情况实施心理教育,《教育共同体》一书各章均体现了这一精神。第四章中有关帮助孩子提高语文成绩的茶座，提出学习的主要方式有视角型、听觉型、运动型、混合型，如何依据不同的学习方式指导学生学习，这就是教育心理学，而实施指导的过程就是实施心理教育的过程。这仅仅是其中一个例子，全书各个章节均可见到有关以不同方式体现整体融合性心理教育的内容。

二、成人与儿童共同成长

《教育共同体》一书给我一个十分深刻的感受，就是全书体现了成人与儿童共同成长。这里说的成人包括老师、学生家长、嘉宾等成人教育者。该书非常明确地提出要实施童性化教育，即依据儿童身心特点与发展规律，确定教育目标要求、教育内容、方法，组织、实施教育。这样的教育是以儿童为中心，一切为了儿童生命的成长。老师、家长与嘉宾，都是生命存在；生命是持续的，生命的成长与发展是持续的。因而，成人在教育孩子的过程中，自己也是在不断成长、不断发展的。《教育共同体》一书各个章节都关注在教育活动中，老师、家长、嘉宾的生命与儿童的生命共同得到成长与发展。

老师和家长、嘉宾们有了这样的生命自觉，在此基础上也就易于形成教育自觉，即理解教育本质、规律，理解教育的目标要求、教育内容、方式等，从而成为自觉教育者。自觉教育者应是自觉学习者，即理解学习对社会、对教育和对自己成长、发展的意义、价值；懂得学习的规律、特点，并自觉地进行学习。也许当下不是所有老师、家长和嘉宾都有这样的自觉意识，但在实际的教育活动中，每个人分享、探讨促进儿童成长的教育智慧，这就是成人不断学习，思想认识不断提高，自觉意识逐渐形成、增长的过程。"班主任茶座"的服务理念就是要自主、合作、融通，这是一个逐步递进的过程。第五章谈到每周一次的"百家讲坛"既促进了儿童的成长,同时又促进了父母的成长。在第四章所介绍的"班主任茶座"上,有的孩子的爸爸说:"师生关系,很多时候,女儿是我的老师。"有一位孩子的爸爸感受到:"要以平等沟通来处理孩子的问题,培养孩子思考问题、判断是非的能力。每个问题或者错误都是我们父母和孩子成长的阶梯。"有一位孩子的爸爸说得更富教育哲理"我做好自己就是爱孩子"。

第九章所述的"菩提湾"是师生和家长"共同的心灵花园",在服务于孩子心灵成长的过程中,家长、班主任的心育知识、能力也得到了提高。此外,本章特地向父母推荐了日本、美国、法国、意大利等国家的心理教育读本25本,俞敏洪推荐给父母必读的书100本。第九章第二节的家庭教育故事征文,更是以极其生动、真实、催人泪下的故事,向读者展示在享受亲情的过程中,成人与孩子是如何共同成长和发展的。

第十一章通过对典型家庭教育指导个案进行解读,阐明一系列教育原理,表明成人与孩子在共同成长。通过多种活动,优化亲子关系、师生关系、同学关系,从而优化儿童的精神生态,激活儿童精神生命,促进其自由成长。通过亲子运动培养孩子的自律。父母要控制好自己的情绪,对孩子和颜悦色,用心陪伴。父母爱孩子必须改掉自己的陋习。鼓励孩子学会承担责任,可以从量身定岗入手。父母应成为孩子的精神成长向导,作为其健全人格的培育者。

三、创造丰富多样的教育方式

《教育共同体》创造了丰富多样的教育方式,充分运用了多种多样的教育资源。教育方式与教育资源是相互联系的。创造多样的教育方式,需要多种教育资源;各种教育资源被充分利用,形成了精彩多样的教育方式。

全书阐述的教育方式有:成立"丑小鸭班家委会",同构"健康教育课堂",共营"班主任茶座",共筑"百家讲坛",共创"亲子俱乐部",共庆"班级节日",共聚"班级数码社区",相约"菩提湾"。每种教育方式都是教育者与学习者创造性教育智慧的表现。

如"丑小鸭班家委会"有五种功能：参与班级管理，教育建言，家校沟通，班级教育监督，组织亲子活动。

如第四章第一节所指出的，在信息技术飞速发展的时代，"班主任茶座"为共同体建设搭建了成员之间沟通的平台，为推动班内家庭教育的平衡、整体、和谐、高位互动式发展提供了班级教育合力，全面提升班级的教育质量。第二节介绍了生动、丰富的案例。2017年4月25日"樊老师茶座"第21期聊"父亲怎样与孩子相处"，请来了国家二级心理咨询师、5位孩子的爸爸和1位孩子的妈妈。在茶聊过程中有许多动人的故事。有的孩子的爸爸说："向孩子学习，孩子和你更亲。"孩子的妈妈说："我主要应做到三点——倾听、沟通和赞美。"在茶座的最后，主持人向大家推荐了一本书《没有人天生会做爸爸》，其第一章就是《学会爱自己的孩子》。

第十章《师之言》，樊老师以真情实感分别向家长、学生讲了自己对教育、对孩子成长的见解。樊老师用生动的事实告诉家长，父母是孩子的终身老师，是最亲近、最有影响力的老师，父母的人格就是一本人生教科书，孩子在日常生活中接受其陶冶，包括学会管理自己的情绪、培育感恩的心等。

四、享受乐活教育的幸福

乐活教育，简言之就是儿童与成人共同快乐生活、快乐学习、快乐成长。在乐活教育中共同享受教育过程和教育结果的幸福。即使是亲情关系，也要通过有意识的教育、引导才能更好地处理好相互间的关系，才能感受天伦之乐，这也正是享受教育幸福的表现。

2018年1月3日的"樊老师茶座"聊"父爱如何表达",有5个孩子的家长参加,并邀请了国家二级心理咨询师参加,樊老师亲自主持。如何表达父爱呢? 从为孩子取好名开始。与会家长都谈了给自己孩子取名,有的表达了期望孩子成长应优雅、有教养、美好等,充满浓浓的爱意。此外,茶座还帮助父亲优化孩子生活,释放父爱;疗愈孩子心灵,擦亮父爱;改变自己言行,提升父爱。可见这样的茶聊过程是密切亲情的过程,是享受天伦之乐的过程,也是快乐教育的过程,是享受教育幸福的过程。

第五章阐述共筑"百家讲坛",架设了家校合作桥梁,鼓励家庭之间分享优质教育资源,优化儿童生活世界。一位女生劝爸爸戒烟后,过了一段时间,收到爸爸给她的生日贺卡,上面写着:"宝贝:老爸戒烟了! 请你监督! 祝女儿十岁生日快乐! 永远爱你的爸爸。"女生写道:"从此以后,我看不到爸爸吸烟了。我非常开心,这是我收到的最好的生日礼物。"家长通过"百家讲坛"充分展示自己的长处,与孩子们、老师们共享生活智慧和乐趣,促进了孩子和成人热爱学习、热爱生活、热爱生命、热爱自然。他们在玩乐中增强了求知欲望,锻炼了动手能力,收获了生存体验,丰富了生活内容,玩出了美好人生。师生关系、亲子关系都得到提升,他们共同享受着快乐生活,享受乐活教育的结果,享受乐活教育的过程,快乐学习,快乐成长。

享受乐活教育的幸福,尤其明显地体现在"亲子俱乐部"活动中。通过"亲子俱乐部"共育阳光孩子。成立"丑小鸭徒步队",每周一次徒步活动,感受徒步的乐趣和艰辛,提升价值认同,共写徒步反思。开展亲子阅读活动,哺育独立精神。由8位父母组建"丑小鸭"导读团,创建"爸爸书架"。开展亲子休闲活动,培养豁达气概,休闲方式有父子团垂钓、看电影、看画展、听音乐会、旅行等。"六一"搭建"亲子大舞台",鼓励父子登台表演。此外，还有形式多样的"亲子主题班会"活动等。这些都提升了成人、儿童的生活品位，促使他们共享乐活教育的幸福。

公共生活仪式是非常好的教育方式。第七章阐述了共庆班级节日，这是创新公共生活仪式，也是一种十分受学生欢迎的教育创新。

樊老师富有深厚的师爱与亲情之爱融为一体的"教育爱"！她称学生"丑小鸭"，是她喜欢美丽可爱的孩子们的一种情感表达！她以朋友的身份写信给"丑小鸭们"，要他们痛痛快快地玩，持之以恒地学，乐此不疲地问。还专门写信指导这些"丑小鸭们"过好暑假、寒假、新年；不论什么假，不忘读书、健身、劳动等。

乐活教育，让孩子们、家长们、老师们共同幸福地生活，幸福地学习，幸福地成长，共同享受教育的幸福！

（作者系南京师范大学资深教授、博士生导师。自1993年起享受国务院政府特殊津贴。主要学术兼职：国务院学术委员会第四届教育学科评议组成员，国家基础教育实验研究中心学术委员会委员，中国教育学会教育学分会副理事长暨德育专业委员会理事长，《中国德育》顾问，《中小学心理健康教育》专家组成员，江苏省教育学会心理教育专业委员会理事长，《中小学德育》编委主任。主编《现代德育论》《心育论》《心理与道德教育读本丛书》《发展性班级教育系统》等著作，学术成果获部、省级奖11项。）

目 录

第一章 绪 论……………………………………………… 1

第二章 共建"班级家委会",畅通家校沟通渠道………… 12
 第一节 班级家委会——家校共育"彩虹桥"………… 12
 第二节 家委会组织活动散记节选 ………………… 17
 第三节 《丑小鸭报》(第一期修改)………………… 19

第三章 同构"健康教育课程",探寻健康生活方式………… 25
 第一节 家与校——儿童健康教育的双翅…………… 25
 第二节 班级健康教育课程计划(四年级第二学期样例)
  ………………………………………………… 34
 第三节 班级健康教育课程(四年级样例)………… 43

第四章 共营"班主任茶座",优化家校共育文化………… 102
 第一节 班主任茶座——煮一锅家校共育的"石头汤"… 102
 第二节 "班主任茶座"典型案例……………………… 111

第五章 共筑"百家讲坛",分享优秀家教资源 …… 137
第一节 百家讲坛——为儿童打开许多窗 …… 137
第二节 "百家讲坛"案例 …… 144
第三节 "百家讲坛"故事 …… 152

第六章 共创"亲子俱乐部",提升亲子生活品位 …… 159
第一节 亲子俱乐部——培育阳光孩童 …… 159
第二节 亲子主题班会——用双脚走出成长的节拍 … 168
第三节 亲子阅读故事——美是邂逅与亲近所得 …… 175
第四节 亲子文化休闲——亲子电影沙龙 …… 178

第七章 共庆"班级节日",提升公共生活质量 …… 187
第一节 班级节日——儿童成长的加油站 …… 187
第二节 成长节 …… 196
第三节 童话节 …… 204
第四节 游泳节 …… 212
第五节 亲情节 …… 215
第六节 联欢节 …… 217

第八章 共聚"班级数码社区",拓展家校共育空间 …… 219
第一节 班级数码社区的功能 …… 219
第二节 班级数码社区的管理策略 …… 223

目录

第九章　相约"菩提湾"，化解家庭教育难题 …………… 227
　第一节　菩提湾——我们共同的心灵花园 …………… 227
　第二节　家庭教育故事征文 …………………………… 241
　第三节　家长随笔 ……………………………………… 248

第十章　师之言 …………………………………………… 251
　第一节　写给家长 ……………………………………… 251
　第二节　写给学生 ……………………………………… 275

第十一章　典型家庭教育指导个案解读 ………………… 289

后　记 ……………………………………………………… 314

第一章 绪 论

一、问题的陈述

国家"十二五"教育课题组研究表明,孩子教育的影响因素所占比重分别为:社会占14%,学校教育占35%,而家庭教育占51%。教育始于家庭,家长的教育理念、教育方法、教养方式深深影响着孩子,而且学校无法替代。苏霍姆林斯基说:"没有家庭教育的学校教育和没有学校教育的家庭教育,都不可能完成培养人这一极其细微的任务。"他曾把儿童比作一块大理石,"把这块大理石塑造成一座雕像需要6位雕塑家:(1)家庭;(2)学校;(3)儿童所在的集体;(4)儿童本人;(5)书籍;(6)偶然出现的因素。"家庭因素被列在首位。

蒋佩蓉女士在《下一代的竞争力》一书中,引用了美国社会学者理查德·戴尔关于两个家族后代的对比研究结果:

马克思·杜克斯(生于1700年),两百多年前住在纽约,他以冷酷无情著称,并和一个"作风开放"的女人结了婚。在他的1200多个后裔中,有130个进过监狱(其中7个是因为谋杀,平均刑期为13年),310个是流浪汉,190个是妓女,60个是惯偷,还有680个是酗酒者。他们对社会没有做出任何值得一提的贡献,而仅仅为了监禁和挽救他们,纽约州政府所花的费用以百万计。

约翰逊·爱德华(生于1703年),一名清教传教士,也住在纽约。在他的929个后裔中,有430人成了传教士、牧师或神学家,有100位律师,60位法官,60位医生,60位优秀作家,100位大学教授，14位大学校长，3位市长，3位州长，1位美国财政部长，7位入选美国国会，2位入选美国参议院，1位曾任美国副总统。至今，他的家族没有耗费国家一分钱，但他们为美国作出了不可估量的贡献。

可见，一个家庭或家族的文化与传统会对后代产生多么深刻的影响。因此，我们必须极其务实地研究家庭教育。

自1978年实行独生子女政策后，独生子女家庭成为我国家庭的主流形式，自身是独生子女的家长也慢慢成为中国家长的主流。由于"双独"家庭的不断增多，我国家长传统的"望子成龙""望女成凤"的心理被进一步强化。家长对提升家庭教育水平的需求也越来越强烈。2011年11月，全国各地全面实施双独二孩政策；2013年12月，实施单独二孩政策；2015年10月，中国共产党第十八届中央委员会第五次全体会议公报指出：坚持计划生育基本国策，积极开展应对人口老龄化行动，实施全面二孩政策。随着人口政策的转变，在独生子女政策下形成的家庭教育模式势必不再适应家庭教育发展的需要；而传统的多子家庭的教育观念和模式因为时代的更迭，也已远远不能满足当前和今后家庭教育的需求。几乎所有的家庭都迫切需要家庭教育的指导与服务，希望学校定期开展家庭教育指导，经常开设公益的家庭教育讲座。

家校共育已经成为很多学校的品牌，但是由于学校主导的家校共育更多地服务于学校的教育教学，而鲜有指导和服务家庭教育。因此，许多家庭教育理念滞后，缺少正确的传播和更新渠道，重智轻德，父教缺失；家庭教育环境欠佳，家长忽视言传身教，亲子沟通不畅，亲子关系不够和谐，家长开展家庭教育的能力不足；家庭教育方法欠科学，不少家长教育方法简单粗暴，家长教育观念不一致，过于关注孩子的学习成绩，不重视孩子的交友教育；家长难以获得合适的家庭教育指导，公益性、个性化、面对面的家庭教育服务几乎为空白。

赵忠心教授指出，进行家庭教育指导是"广大家长强烈要求和全社会极为重视的"。推进家庭教育发展是一个动态的过程，也是一项系统工程，更是一项长期的任务。从长远发展来看，需要家庭和学校同步推进，共同发展。而从现实出发，当务之急是在班级内部加快建立和完善推进家庭教育发展的保障机制，组织并培训家长实施家庭教育，提升家庭教育水平。

二、理论与文献回顾

两千多年前，孟子就指出"国之本在家"。习近平总书记在2015年新春团拜会的讲话中指出："家庭是社会的基本细胞，是人生的第一所学校。不论时代发生多大变化，不论生活格局发生多大变化，我们都要重视家庭建设，注重家庭、注重家教、注重家风。"2016年，习近平总书记在会见第一届全国文明家庭代表时强调："广大家庭都要重言传、重身教，教知识、育品德，帮助孩子扣好人生的第一粒扣子，迈好人生的第一个台阶。"

古人曰"入门须正，立志须高"，意思就是说要走好人生开始最关键的几步。如何才能帮助学生"扣好人生的第一粒扣子"，总书记为学校指导家庭教育提出了一个重大命题。

我国家庭教育的历史源远流长。孔多塞说："在最初的时代里，教育纯粹是家庭的。孩子们跟着自己的父亲受教育……孩子们从他那里接受的，既有关于形成本部落的历史和家族历史的少量传说，也有他们中间所流传下来的各种神话，以及构成他们粗糙的道德的那些民族习尚、原则或知识。"家庭教育是我国古代儿童教育的重要形式，在我国古代占有十分重要的地位，如"孟母择邻""岳母刺字"等故事家喻户晓，《颜氏家训》《太公家教》等家庭教育文献也耳熟能详。荀子曰："蓬生麻中，不扶而直；白沙在涅，与之俱黑。"三国蜀军师诸葛亮在《诫子书》中曰："夫君之子行，静以修身，俭以养德，非淡泊无以明志，非宁静无以致远……"在古人的生活中，家庭教育是一种父子相承、无师自通的状态。

在现代社会里，国家在家庭教育中已不再缺席。我国已经重视通过法律途径促进家校协同教育。《教育法》第49条规定：学校、教师可以对家长提供家庭教育指导。《中华人民共和国预防未成年人犯罪法》第10条规定：学校在对学生进行预防犯罪教育时，应当将教育计划告知未成年人的父母或者其他监护人，未成年人的父母或者其他监护人应当结合学校的计划，针对具体情况进行教育。第24条规定：教育行政部门、学校应当举办各种形式的讲座、座谈、培训等活动，针对未成年人不同时期的生理、心理特点，介绍良好有效的教育方法，指导教师、未成年人的父母和其他监护人有效地防止、矫治未成年人的不良行为。《中小学德育工作规程》第39条规定：中小学校要通过建立家长委员会、开办家长学校、家长接待日、家长会、家庭访问等方式帮助家长树立正确的教育思想，改进教育方法，提高家庭教育水平。《中共中央办公厅、国务院办公厅关于适应新形势，进一步加强中小学德育工作的意见》第13条规定：学校要通过家长委员会、家长学校、家长接待日、家访等形式同学生家长建立经常性联系，及时交流情况，认真听取家长对学校管理和教育教学的意见、建议，学校要对班主任、任课教师的学生家访提出具体要求。《中共中央国务院关于进一步加强和改进未成年人思想道德建设的若干意见》十分强调家庭教育指导工作的重要性，提出要切实加强和改善对家庭教育的指导和管理，构建家庭教育指导工作体系及网络，多方位开展家庭教育指导。2015年10月20日公布的《教育部关于加强家庭教育工作的指导意见》提出，学校要强化学校家庭教育工作指导，共同办好家长学校。2018年3月，中华全国妇女联合会向两会提交《关于将制定家庭教育法列入全国人大五年立法规划的议案》，呼吁通过立法进一步推进家庭教育规范化发展，促进儿童健康成长。这将为家庭提供系统、专业、科学的指导和全面、充分、多元的保障,用法律手段来规范家长的行为。

教育现代化对家庭教育提出了新要求。中华家庭教育网首席专家顾晓鸣首倡的"现代家庭教育十大理念"分别是:学会向孩子学习;孩子不是你的私有财产;教育孩子首先不要输在家庭教育上;没有优良的家庭教育是不完整的教育;现代家庭教育的核心是育人;没有教不好的孩子,只有不懂教育的家长;问题孩子的产生主要源于问题家长;关注家长生命成长,改善家长自身素质;亲子平等交流是两代人共同成长的基石;亲子教育要向亲职教育转变。这就明确要求广大家长转变观念、与时俱进。

孙云晓提出新家庭教育的十大愿景。新家庭教育是倡导科学的教育、呼唤真爱的教育、捍卫家庭的教育、崇尚尊重的教育、共同成长的教育、平衡和谐的教育、积极阳光的教育、亲近自然的教育、家校互助的教育、文化自信的教育。朱永新教授认为,家庭教育的三个关键词是陪伴、阅读和习惯。

总之,家校合作教育问题已经得到社会上许多有识之士的关注。我国学者马忠虎认为,家长参与学校教育,实际上就是联合对学生最具有影响力的两个社会机构——家庭和学校的力量对学生进行教育。在教育活动中,家庭和学校相互支持、共同努力,使学校能在教育学生方面得到更多的来自家庭的支持,使家长能在教育子女方面得到更多的来自学校的指导。许多专业人士对班主任指导家庭教育的形式与方法有所研究,不少专家还出版了专著,例如:赵刚主编的《家长教育学》;傅晓军出版的《浅谈班主任如何科学指导家庭教育》;张文质总主编的"新父母教程丛书"等。在《21世纪中小学班主任培训教程》中专门有班级家庭教育指导章节。

美国、德国、日本等很多国家通过制定相关法律或成立"家庭问题委员会"等形式,建立了完备的家庭教育体系。美国霍普金斯大学"家庭—学校—社区合作"研究专家艾普斯坦在《理论到实践：家校合作促使学校的改进和学生的成功》一文中，将家校合作的含义扩展为"家庭、学校、社区合作"，强调三者对孩子负有共同的责任和对孩子的教育具有重要的影响。美国西南教育发展实验室的一个报告显示：当学校、家庭和社会共同参与教学时，孩子在学校的表现就更好，也更加喜欢学校。

古今中外，家庭教育成功者很多。但是家庭与家庭之间也缺乏沟通，鲜见集成化的家庭教育组织。大多数家庭仍延续着"各独亲其亲，各独子其子"的家庭教育形式。虽同属一个班级，可家庭与家庭之间教育水平相去甚远。目前，我国家校合作水平尚未达到理想状态，没有充分发挥来自家庭的教育力量。而且，家校合作基本都在学校层面进行，针对性不强，因此，研究班级家庭教育共同体建设具有现实意义和创新价值。

学校教育无法替代家庭教育，但可以通过建设"班级家庭教育共同体"来影响家庭教育。"班级家庭教育共同体建设研究"这一课题聚焦于班级教育，可以改变家长各自为政的局面，打通家庭之间的文化界限，分享优质教育资源，交流先进的家庭教育理念与经验，努力使班级成为优质家庭教育资源的集大成者，从而改善家长的教育方式，营造和谐的家庭生活和班级生活氛围，全面推动班内家庭教育的均衡、整体、和谐、高位互动式发展，提高班级教育合力，促进学生自信而主动地发展。

三、核心概念界定

共同体：是指一个特定群体，这个群体有共同的目标，有一定的组织结构和组织形式，有默契的活动方式，其成员间因某种共识而达成协议，其根本特征就是同质性。

家庭教育共同体：指由教师、家长和学生共同组成的，以提升家庭教育质量为目的的，以优化相互交往的方式为基本路径的，共同开展互动性活动的交往群体。其规模、范围和性质依赖于教育的内容、目标和教育活动的组织形式和发生范围。

班级家庭教育共同体：是指以班主任为核心，以班级为基本单位的家庭教育活动情境中的交往共同体，包括所有学生、家长及任课老师。班主任是班级家庭教育共同体的领衔人，凭借自己的专业优势和对学生的了解，通过专业辅导路径，组织家长不断学习和更新家庭教育理念，组织家庭教育活动，分享家庭教育经验，分析并解决家庭教育问题，以此来整合班级教育力量，促进班级教育质量的提升。

班级家庭教育共同体建设研究：是指通过"班级家长委员会""亲子健康教育课程""班主任茶座""百家讲坛""亲子俱乐部""班级节日""班级数码社区""菩提湾心灵花园"等项目与平台的搭建，不断延展共同体成员共同生活的时间和空间，全面推动班内家庭教育的均衡、整体、和谐、高位互动式发展，从而改善家长的教育方式，营造和谐的家庭生活和班级生活氛围，提高班级教育合力，促进学生自信而主动地发展，全面提升班级的教育质量。

四、研究目的

以课题"班级家庭教育共同体建设"为依托，建构起比较成熟的以班主任为核心的班级家庭教育发展共同体，使之成为班主任专业发展的平台，家长分享先进教育理念和经验的平台，亲子关系升级的平台，全面提升家庭教育质量的平台，努力将班级家庭教育共同体打造成在全省有影响力的教育品牌。

通过构建班级家庭教育共同体组织网络，开展丰富多彩的专题性研究活动，进行家校对话，实现优势互补，精诚合作，改善班主任与家长的沟通方式和家长的教育方式，致力于为儿童营造理想的家庭生活氛围，促进班主任的专业成长和儿童的个性发展。

以儿童发展为中心，以分享合作为宗旨，以提升亲子关系为重点，以实践反思为方式，优化班级家庭教育方式，强化对班级家庭教育共同体的管理模式和运作方式的研究，从而建构起具有共同教育愿景的班级家庭教育共同体新的生活世界，探索一条班级家庭教育发展的新思路，使家校协同教育发挥最大效能，提升班级教育合力，从而提高学校教育效率。

五、研究成果概述

家庭教育、学校教育和社会教育是现代教育的三大支柱，而家庭教育对人的影响最早、最久、最深远。如何探索新的家校合作理念和科学的共育方法，是本课题研究之核心。

2013年1月，我们申报了南通市教育科学"十二五"规划2011年度立项课题"班主任的家庭教育指导培训研究"，全面启动了班主任的家庭教育指导培训研究。每个班级都成立了"家长委员会""班主任茶座""百家讲坛""亲子大舞台"等家校共育平台，并初具雏形。构建了行之有效的家校沟通与互动的常规机制，探索出了与家长沟通的有效策略，提炼出了与不同类型家长沟通的技巧，总结出了化解家校矛盾与冲突的方法，多次承办海门市"家庭教育日"活动。此课题于2015年12月顺利结题。

2013年6月，我们又开始研究江苏省"十二五"教育科学规划2013年度重点自筹课题"班级家庭教育共同体建设研究"。本课题顺应时代发展，聚焦于班级教育与家庭教育的合作共赢，探索出了新理念、新路径、新方法，全面推动了班内家庭教育的均衡、整体、和谐、高位互动式发展，促进了教师、家长和孩子共同成长。经专家组评审鉴定，本课题于2016年9月结题，主要研究成果概述如下：

1.确定了班级家庭教育共同体建设主张，认同共育价值使命

家庭、学校、社会彼此开放，整合资源。主张打破家庭、学校和社会的墙垛，打通家庭之间的文化界限，体现出鲜明的"破壁"功能，改变家长各自为政的局面，整合教育资源，形成了班内

教育均衡、协调、优质发展的基本范式，揭示了普遍规律，以此为辐射，实现全校范围内家庭教育的优化和教育质量的全面提升。

德育、心育、法治教育彼此融合，相互促进。以道德教育、心理教育和法治教育为根基，构建了"品"字形整体融合的家校合作课程。让班级教育成为充满爱的感觉、想象、思考、领悟的过程，在丰富的文化熏陶、传承、感染和建构中进行全方位的精神关怀，体验真善美，形成自己的价值观和世界观，培养高尚的人生情怀、高雅的审美情趣和高卓的心灵境界。

儿童、父母、教师彼此互助，共同成长。以促进每一个儿童的道德生命自由成长为宗旨，以儿童为中心，汇聚每一位教师的智慧，强调亲子主动参与和体验，激活每一个家庭的教育行动，使儿童、父母和教师彼此互助，共同成长。

2. 建构了班级家庭教育共同体建设路径，形成共育导航系统

班级家庭教育共同体建设，必须要有一套完善的结构体系，使之行动科学化。为此，我们建构了比较成熟的八个实践平台，即班级家委会、亲子健康教育课程、班主任茶座、百家讲坛、亲子俱乐部、班级节日、班级数码社区、菩提湾心灵花园，形成了比较理想的结构形态和运作机制。同时，分别探讨班主任、任课教师和家长在其中的角色定位、价值认同，使班主任与家长的教育行为从教育孩子到教育自己完成一次华丽的"转身"。

3. 积累了班级家庭教育个案指导策略，给予生命成长支持

班主任与学校心育老师携手，积累了对有特殊需要学生的家庭教育个案指导策略。通过个案解读进行深度研究，帮助很多孩子和家长找到了自我，为很多问题家庭排忧解难，带来希望，为其他班主任提供了示范性案例及指导策略。

4. 改善了班主任与家长的沟通方式，促进班主任专业成长

改强制要求为自主选择。对于八大平台开展的活动，我们完全尊重家长的意愿，可以根据自家情况及话题自主选择参加。

变领导教育为平等合作。我们以孩子为中心，以话题为纽带，班主任和家长是为探讨某一共同话题而形成的平等对话关系。同时，家长与家长之间也是平等合作关系，共同探讨教育孩子的话题。

化彼此隔阂为相互融通。班主任和家长建立了相互尊重、互相信任的关系，遇事能换位思考，引领家长为孩子营造良好的家庭成长环境，促进孩子的健康成长。

5.班级家庭教育共同体建设研究成果的创新与应用

本课题研究具有五大创新点：

凸显生本化，以促进每一个儿童的道德生命自由成长为宗旨，以儿童为中心，重视亲子主动参与和体验，激活每一个家庭的优质教育资源，为儿童的成长服务。这是素质教育研究的具体化、行动化、现实化，符合素质教育的全体性、整体性、主体性和长效性的特征。

强调开放化，体现出鲜明的"破壁"功能：改变了家长各自为政的局面，打通了家庭之间的文化界限，分享优质教育资源，交流先进的家庭教育理念与经验。形成班内教育均衡、协调、优质发展的基本范式，揭示普遍规律，以此为辐射，实现全校范围内家庭教育的优化和教育质量的全面提升。

追求一体化，以道德教育、心理教育、法治教育为根基，培养儿童良好的品德，提升儿童的心理机能，增强儿童的法制意识，促进儿童的社会性发展。让儿童拥有自我定位与辨识的能力，拥有独立思维与判断的能力，拥有面对冲突做出自我选择的能力，为儿童认识社会、参与社会、适应社会，最终成为一个具有完整人格的人奠定基础。

坚守班本化，"亲子健康课堂"探讨的是自己家的健康教育问题；"班主任茶座"聊的是自己孩子的话题；"百家讲坛"分享的是同学父母的成长故事，充满亲和力，契合孩子和父母的成长需要，因而更有实效。

促进集成化，班主任充分发挥专业优势，与各科教师、各位家长联姻，使班集体成为优秀家庭教育的集大成者，引导每一位父母为孩子的成长营造连续性的优质生态环境，从而实现自我成长。

本课题自立项以来，把两个市级课题"班主任的家庭教育指导研究""心理-道德教育活动与儿童成长"整合其中，拓展家校共育平台，每周一次"百家讲坛""亲子徒步"，每月一次"班主任茶座"，每学期一次"亲子俱乐部"活动，形成了理想的班级家庭教育共同体组织结构形态和运作机制。"樊老师茶座"多次在省市活动中开放。课题主持人5次应邀在"全国班主任高峰论坛"等活动作主题演讲，成为《江苏教育》"走近老班"栏目人物，分享家校合作带班主张，班华教授撰文给予高度评价。《江苏教育》两次专题推广本课题成果，课题组发表了18篇论文，在省市活动中开设"男孩女孩"等健康教育课程示范课20多节。东洲小学与新加坡花菲卫理小学师生亲子游学活动持续深入开展，使本课题的研究成果在异国他乡得以辐射。

本书主要介绍班级家庭教育共同体建设的八大平台操作要义及成效，为后续的课题研究提供理论及实践经验。2018年3月，中国教育学会"十三五"教育科研规划重点课题"班主任核心素养及培育的实证研究"之子课题"班主任家校合作素养及培育的实证研究"又立项成功。2018年6月，课题"班级父教共同体建设研究"被评为江苏省"十三五"重点资助课题，我们将在传承多年研究成果的基础上把研究引向更深处。

第二章 共建"班级家委会",畅通家校沟通渠道

第一节 班级家委会——家校共育"彩虹桥"

班级家委会是连接家庭与班级的"彩虹桥",是教育的第三方力量。它可以帮我们管理班级学生的收支、账目,可以向家长们传递正面的信息,可以增加沟通、拉近距离、避开麻烦、赢得支持。所以,家委会成员应由热心的、责任心强、顾全大局的家长组成。班级家委会一般由5~7名家长组成,负责统筹、协调班级家庭教育共同体建设中的各种关系,组织活动,在家校共建中铺设无障碍通道。

一、家委会的组织机构(表2.1)

表2.1 "丑小鸭"班家委会成员及分工

职务	成员	职责
主席	姜文婕的爸爸	策划班级亲子活动,负责安全工作
宣传干事	季琦哲的妈妈	负责发布活动信息,撰写活动简报
摄像师	杨力铮的姐姐	负责摄影、摄像
志愿者主管	韩宇轩的妈妈	负责组织志愿者做活动准备
网络管理员	黄一恒的爸爸	负责管理班级博客、制作活动课件
班报编辑	陈思睿的妈妈	负责编辑《丑小鸭报》(班报)
会计	张哲浩的妈妈	负责活动经费的管理

二、家委会的主要职能

为了提高家校合作的效率,我们创新班级家委会工作模式,形成了"一处五部"的工作格局,即家委会根据工作性质分为秘书处、课程开发部、班报编辑部、亲子活动部、宣传联络部和志愿者服务部。

秘书处的工作职能:按照学校和家委会要求通知召开家委会例会;根据家委会各部活动安排发布相关信息;即时发布家委会及各部工作开展情况;落实学校及家委会临时安排的其他事项。秘书处工作与班主任工作对接。

课程开发部的工作职能:一是广泛征集家长群体中在某一方面有特长的资源,把它开发成适合本班学生的课程,即"百家讲坛"课程,在与班主任明确课时设定及时间的基础上实施,使开发的课程具有延续性和常态性。二是广泛收集来自各家庭的教育困惑,设计成"樊老师茶座"主题,提前一周接受家长报名。课程开发部的工作与班主任课程安排及"樊老师茶座"安排对接。

班报编辑部的工作职能:负责整理稿件,每月编辑一份《丑小鸭报》,选择优秀稿件投稿。

亲子活动部的工作职能:根据学校和班级活动安排及本年龄段学生的成长需要,顺应季节变化,策划并组织亲子活动,每学期至少一次。

宣传联络部的工作职能:负责在亲子活动中摄影摄像,采写报道发班级博客,编辑微信发班级群及朋友圈共享。

志愿者服务部的工作职能:主要负责管理学生午餐,管理班级博客及微信群、QQ群,为"樊老师茶座""百家讲坛"及亲子活动提供后勤服务。会计负责管理午餐费、亲子活动经费。

三、家委会的五项功能

班级家委会委员们热忱参与班级日常管理,支持和监督教育教学活动,逐步成为班级教育的中坚力量。为了更好地发挥班级家委会的作用,我们确立了班级家委会的五项功能,即参与功能,参与班级管理,体现积极性;建言功能,提出意见建议,体现主动性;沟通功能,加强家校联系,体现及时性;监督功能,参与班级决策,体现民主性;组织功能,组织亲子活动,提供活动所需,体现主体性。其中,组织功能是班级家委会的主要功能。"丑小鸭"班家委会在一年级一学年里组织了以下活动(表2.2),充分体现了其组织功能。

表2.2 "丑小鸭"班一年级亲子活动表

时间	主题	活动目标
9月	崇明东平森林公园一日游	相互认识,融入集体
9月	梨园欢歌	亲子喜摘丰收梨,促进家庭间相互了解
12月	趣味运动会	强身健体,增进友谊
次年3月	种班树(含笑树)	绿化校园,对孩子寄予期望
次年5月	消防大队秘密多	认识消防设备,培养消防意识
次年6月	庆六一亲子大联欢	展示家庭才艺,提升亲子感情

以开展"庆六一亲子大联欢"为例,提前一个月,主席召集全体家委会成员及班主任讨论活动方案,并布置工作。然后各成员各司其职,开始准备。宣传干事通过网络发布活动信息,负责整理各家庭申报表演的节目。三周后,主席、班主任、宣传干事和后勤主管合作组织彩排,会计和后勤主管负责采购奖品。6月1日,全班所有家庭欢聚一堂开展"庆六一亲子大联欢"活动,网络管理员负责播放活动课件,摄像师负责拍摄工作。活动后,宣传干事负责编辑活动简报。老师负责指导孩子创造日记画,班报编辑负责整理成《丑小鸭报》,分发到每一个家庭。打开班级数码社

区,从"庆六一亲子大联欢"活动方案到活动照片、录像,从家长分享的活动简报到孩子分享的《丑小鸭报》,从活动课件到活动花絮视频,真可谓一应俱全。家长与老师精诚合作,给每一个家庭留下了美好的回忆,这些都成为孩子童年的宝贵财富,为孩子的成长输送源源不断的养分。

每学期,家委会都有一项主要活动,按计划实施。根据学校工作重点和实际生活,组织相关的其他活动。

四、家委会四日工作机制

"四日工作机制"是班级家委会的工作模式,即午餐监督日、课程预设日、亲子活动日、家教研讨日。我们确定了各项活动的时间、频率和负责人,明确了家长参与的具体要求。

午餐监督日,做好午餐管家。午餐的质量直接影响儿童的身体健康与学习效率。每月第二个星期一,由后勤主管随机联系后勤部一名成员参与学生的午餐监督。监督者参观学校食堂,查看菜品是否新鲜、食堂操作是否卫生规范;巡视学生用餐及管理情况;试吃学生当日午餐,进行评价,并提出整改建议,形成书面日志递交家委会主席,再转交学校后勤部。有了家委会的监督,学生的午餐质量可以得到保证。

课程预设日,做好课程使者。课程预设日一般为每学期初的某日。"百家讲坛"课程由班上每个家长上一堂课构成。家长们分别上什么内容,什么时间来上,需要做哪些准备,这些都由课程开发部落实,并于课程预设日确认。"樊老师茶座"的主题设计及时间安排亦如此。每月的第一天,班报编辑部负责出版新一期《丑小鸭报》,给孩子们一个尽情倾吐心声的芳草地。孩子们在分享中提高了阅读与表达能力,增强了班级的凝聚力。已经有近百篇习作和绘本在省市级刊物上发表。

亲子活动日,做好活动主人。亲子活动日主要有两个时间:一是每年的六一儿童节。我们为庆祝六一儿童节设计了系列亲子活动：一年级"庆六一亲子大联欢"，二年级"亲子童话剧汇演"，三年级"十岁成长仪式"，四年级"亲子母语节"，五年级"亲子游泳比赛"，六年级"亲子书画展览"，按计划实施，给孩子们的童年烙上快乐音符。亲子活动部精心安排好每一次亲子活动，为提高活动质量保驾护航。二是每学期期末。"期末庆典"是父母们检阅儿童一学期学习成果的盛典，每一个孩子都登台展示自己的作品，分享自己的成长故事。家委会全员出动，为他们摄影摄像，颁发奖品，编发报道。主席汇总大家的意见，代表家委会向班主任提出宝贵建议，推动班级教育可持续发展。

家教研讨日，做好茶座侍者。我们在班上开设了"樊老师茶座"，重点关注亲子关系、心理健康和父母阅读。每期"樊老师茶座"聚焦一个话题，邀请一名嘉宾做主题发言，并进行案例解读，然后是自由对话，最后是好书分享。班级家委会课程开发部提前一周接受家长报名，确定名单，一般为10~15人，时间为1小时，基本都安排在闲暇之时。一般一个月一次，一个学期开设四五次，期初就安排好每一期的主题，家长可以根据兴趣、需要以及时间自主选择参与。

由于班级家委会的热情工作和倾情付出，班级父母团队的凝聚力日益增强。家委会成员深入班级教育各个层面的管理工作中，增强了班级归属感和集体荣誉感。他们的工作积极性影响着广大父母，大家全心全意地忙碌着、服务着，都希望班级教育更有效，希望自己的孩子更优秀。他们参与的活动越多，就越理解学校和老师的付出。因此，挑剔的父母越来越少，乐于付出的志愿者越来越多，大家群策群力贡献教育智慧和力量，推动班级教育、学校教育不断前行。

第二节 家委会组织活动散记节选

"丑小鸭"成长足迹之一——崇明东平森林公园一日游

经过家委会紧张而有序的筹备,2014年9月13日,"丑小鸭"班的孩子们在班主任樊老师的带领下,在家长的陪同下,开始了东洲小学生涯的第一次集体活动,享受了幸福快乐的一天。

虽说天公不作美,但绵绵细雨根本挡不住孩子们欢快的脚步。大家一起烧烤、一起表演、一起合影、一起玩乐……天真无邪的孩子们在这里收获了朋友、收获了快乐。话不多说,有图有真相,赶紧上照。期待通过这只言片语的描述和无比精彩的照片,让大家永远记住这一天,记住孩子们成长的每个精彩瞬间。

"丑小鸭"成长足迹之二——梨园欢歌

2014年9月21日,"丑小鸭"班的孩子们如约前往常乐镇王天怪家种的梨园里采摘大吉梨,享受丰收的喜悦和活动的快乐。

正如樊老师所描述的那样,"丑小鸭"叽叽喳喳,大吉梨嘻嘻哈哈。到了梨园,孩子们好动的天性全都展露无遗,纷纷跑到梨园中,采摘了自己心目中最大的那只梨。手捧着亲手摘下的大梨,"丑小鸭们"的快乐也定格在那一刻。

路边的野花野草也成了孩子们此行的另一大乐趣。大家撒开脚丫奔跑在田间路头,充分享受着大自然赐予我们的清新与欢愉。最后,谢谢王天怪妈妈给我们提供了这次活动的机会。

明年我们还会再来,大吉梨,你们欢迎吗?

"丑小鸭"成长足迹之三——海宁寺亲子游戏节

樊老师在第十周的每周师言中如是说:经历是一位好老师,能丰富孩子的生活,拓宽孩子的视野,启发孩子的想象,让孩子收获经验。经历丰富的孩子自信、开朗,好奇心强,也乐于合作。尽可能多地创造机会吧,让孩子多参加一些集体活动,不断丰富孩子的经历,为孩子的健康成长积蓄能量。

简短的几句话,道出了在孩子成长过程中"经历"的重要地位,于是,海宁寺一日游也就应运而生了。对孩子们来说,这注定又是一次快乐的成长经历。

在杨力铮姐姐的精心策划和全情赞助下,"丑小鸭们"在爸爸妈妈的陪伴下于2015年5月17日上午齐聚海宁寺,开展了亲子游戏节活动。

序幕在师生共同演绎的"动感小苹果"中拉开。接下来的两人三足、运瓶接力、单脚跳、按数抱团等游戏,让孩子们在合作中感受了快乐,享受了亲情,对团队力量有了概念。每次游戏之后的小奖品以及额外设置的抽奖环节,更是给所有的孩子带来了惊喜,给在场的家长们带来了感动。

午餐都是自备的,大家铺上垫子席地而坐,共同分享着各家准备的美食。就在孩子们你一调羹我一筷子的节奏中,炒饭没了,馄饨光了,幸福感和归属感却更强了。

灼热的太阳没有挡住孩子们爱玩的天性。午餐过后的自由活动时间,孩子们在爸妈的陪同下,拿出风筝,取出钓具,尽情地放飞,安静地垂钓,享受着成功和收获的乐趣。

看着孩子们在玩乐中满足的模样,我们做家长的也倍感幸福。陪着孩子一起经历成长,在我看来,就是送给孩子最珍贵的礼物。

在家委会的组织下,"丑小鸭"班开展了很多亲子活动,我们在常乐湾踏青,在忠孝园感恩,参观景瑞现代农业园,采访黄海边渔民,观光临江科技小城,体验垂钓的乐趣,探究叠石桥家纺城的繁荣……孩子们经历丰富了,视野开阔了,所见所闻、所思所感都将积淀为成长的智慧和力量。

第三节 《丑小鸭报》(第一期修改)

写给孩子——

亲爱的"丑小鸭们":

你们听过"神笔马良"的故事吗?其实,你的手中也有一支神笔。不信?赶快拿起笔来,把你看到的写下来,把你想到的写下来,把你感到好玩的事物写下来,把你的梦想写下来,把你的快乐写下来,把你藏在心里的话写下来……写着写着,你会发现,你的小眼睛更亮了,你的想象力更丰富了,你说起话来更生动了……慢慢地,你就能真正拥有一支神笔,想什么,就能让神笔用文字写什么。老师、家人和朋友读了以后,就更了解你的喜怒哀乐,也会更喜欢你。

"丑小鸭们",还不赶快拿起笔来写几句?樊老师期待着你的作品在《丑小鸭报》上发表。

樊老师
2015年3月25日

致"丑小鸭"

你是狗尾草	你是毛毛虫
绿油油的叶	青幽幽的头
毛茸茸的穗	胖乎乎的身
迎着春光	顺着树干
摇呀 摇呀	爬呀 爬呀
你的梦在哪里	你的梦在哪里
你是蒲公英	你是丑小鸭
黄灿灿的花	灰沉沉的翅
轻盈盈的伞	柔弱弱的脚
乘着清风	拨着清波

飞呀 飞呀　　游呀 游呀
你的梦在哪里　你的梦在哪里

樊老师

优秀写话选登

春天来了,我家地里的油菜花开放了。一朵朵金灿灿的油菜花,就像一个个漂亮的小姑娘,在绿色的地毯上跳舞。

(黄楠涵)

一场春雨,唤醒了油菜花。它们一个一个开花了,黄黄的,亮亮的,漂亮极了。一大片一大片,就像黄黄的毯子。

(施铮炎)

春天来了,小草长出来了,碧绿碧绿的。
春天来了,油菜花开了,金黄金黄的。
春天来了,燕子飞回来了,叽叽喳喳的。
春天来了,我穿上新毛衣……

(蔡卓琳)

春天来了,天气变暖和了,公园里的花开了,柳树发芽了,鸭子在水面上做游戏,小鸟在树上玩耍。小朋友们在广场上放风筝,在公园里爬假山,在田野里看油菜花,玩得可开心了。

(汤思怡)

冬爷爷刚走,春姑娘就带着春风和春雨来了。
春风吹绿了小草,吹红了桃花,吹来了燕子,吹醒了青蛙。
春雨滴滴答答地下,那滴滴答答的声音就像在说:"春天来了,春天来了。"小春笋听到了春雨的叫唤,也好想出来看看春天的景色。于是，它们用力冲破泥土，掀翻石块，一个一个从土里冒出来，当小春笋看到春天的时候，它快乐地说："呀，春天真美丽啊！"

（陆潘妮）

  五颜六色的花在树上开放了，散发出浓浓的香味。绿油油的小草从田野里冒出来。一只只可爱的燕子从南方飞回来了，在树上说悄悄话。蜜蜂在花朵里采蜜，小朋友在公园里吹泡泡、放风筝。
  我喜欢春天。

（陆亦辰）

  星期五，有一个叔叔给我们上课，教大家折纸飞机。同学们非常喜欢这样的手工课，学得特别认真。
  下课铃一响，同学们像小鸟一样飞了出去，拿着纸飞机比谁的飞得高，比谁的飞得远。这时的小操场就像飞机场一样热闹。

（季琦哲）

  星期五，一个叔叔到教室给我们上课，教同学们折纸飞机。大家都很开心，学得特别认真。下课铃声一响，我们拿起纸飞机，到操场上去放飞，看着纸飞机高高飞起，我们心里非常激动。非常感谢叔叔教会我们折纸飞机。

（蔡博宇）

  星期五，蔡卓琳的爸爸教我们折飞机。我们开心极了！他还给我们讲好玩的故事，把我们逗得哈哈大笑。回家了，我迫不及待地跟姐姐分享了这件事。姐姐叫我折一个看看。虽然我的飞机飞得不高也不远，但是姐姐还是很喜欢它。因为我又学会了一个新本领——折纸飞机。

（杨力铮）

春天来了,燕子飞在天空中,在天空中跳舞;风筝飞在蓝天上,在蓝天上玩耍;太阳挂在高空中,在高空中微笑。

(张宸尧)

春天来了,小草从泥土中钻出来了,像给大地披上了一条绿毯子。金黄色的油菜花开了,引来了一群蝴蝶在花丛中飞来飞去。

(黄沈宇)

今天,我和妈妈从店里准备回家的时候,滴滴答答下雨了。我对妈妈说:"下雨了!"妈妈赶紧到店里拿伞来撑。雨点落到伞上,"砰砰砰"像滑滑梯一样滑下去,真好玩。

(韩宇轩)

雨点落在雨伞上,在雨伞上滑滑梯。雨点落在叶子上,在叶子上跳舞。雨点落在操场上,在操场上做操。雨点落在玻璃上,在玻璃上画画。

(张馨文)

雨点落在花伞上,在花伞上跳舞;雨点落在屋顶上,在屋顶上弹琴;雨点落在禾苗上,在禾苗上滑滑梯。

(陆一言)

今天,我跟小伙伴们一起去种树。我们一起浇水,一起拍照留念。我看着含笑的叶子在风中随风飘动,我心想:小树小树,快快长大吧,和我们一起快乐地成长吧!

(杨力铮)

今天下午,我和老师、同学们还有叔叔去种树,叔叔把树根插在泥土里,然后把泥土盖上去,之后同学们浇水,浇完水,同学们一起拍了一张照。我们终于学会了种树,真的很开心。

(陈晓敏)

今天,我们"丑小鸭"班在樊老师的带领下,在大操场的花坛边种下了一棵小树——含笑。我们给小树浇了水,还和小树一起拍了照。我希望小树和我们一起快乐地成长。

(季家铭)

植树

今天,天阴沉沉的,可是,我们"丑小鸭"班的小朋友却格外高兴,因为,我们迎来了一位新朋友——小树苗含笑。

下午第三节课,我们排着整齐的队伍来到了操场的东北角,一起种下我们的班树含笑。叔叔们把小树轻轻地放进坑里,培上泥土,我们一个接一个地为小树浇上水。小树苗一下子有了精神,瞧,笔直的树干,柔嫩的枝条,碧绿的叶子,多神气呀!

我们围着小树拍了全家福,希望小树快点长大,也希望自己快乐成长,天天向上。

(陈思睿)

星期天,我和妈妈在镇上买了小树苗准备种树。

首先,我和妈妈找了一个松软的地方,用小铲子把泥土铲开,把小树苗插进土里,再用小铲子把小树苗的根埋进松软的泥土里。然后,我小心翼翼地把水浇在可爱的小树苗上。我看着小树苗心想:"你一定要茁壮成长。"

(倪嘉颢)

星期五,袁逸阳的妈妈给我们上了一节课,在这节课上我知道了秘鲁国,了解了秘鲁是在南美洲,首都在利马,还学会用西班牙语说"你好"和"我爱你"。袁妈妈还给我们带来了好吃的糖果。

(江可馨)

今天天气非常好,我和爸爸妈妈去公园,公园里有高高的假山和清澈的小溪。我们走上小桥,可以看见小鱼儿开心地游来游去,我们的心情更好了。

(陈家帆)

今天,我种下了一颗龙眼的种子,它又圆又大,像一颗圆圆的眼睛。我希望它快快结果,这样我就能把它带到学校里,和大家一起分享龙眼那甜甜的味道了。

(龚 克)

我家有三只公鸡,今天,我想给它们吃一顿丰盛的午餐。我拿着铲子来到田里,给它们挖蚯蚓。一开始挖不着,但是我没有放弃,最后挖出了很多。我看着公鸡们抢着吃,心里真高兴呀!

(黄沈宇)

3月22日　　星期日　　晴

昨天,我和妈妈找来一个杯子,往里面装了一些新鲜泥土。我把几粒花生种下去,再给它浇了水。今天起床后,我马上去看它,可它还是老样子,躲在泥土里睡觉呢。我一定要好好照顾它,让它快快长大。

(季琦哲)

第三章 同构"健康教育课程",探寻健康生活方式

第一节 家与校——儿童健康教育的双翅

教育部颁布了《中小学健康教育指导纲要》(教体艺〔2008〕12号),要求中小学广大师生牢固树立"健康第一"的理念,以"珍爱生命、健康生活"为主题,把健康教育融入学校教育教学的各个环节,提高教学水平,丰富健康教育的载体、形式、内容和方式,努力提高健康教育教学质量。

健康教育包括健康的行为与生活方式、疾病预防、心理健康、生长发育与青春期保健、安全应急与避险五个领域,与儿童的家庭生活息息相关。"在我们的课程实施中,要自觉地、有意识地将学生课内课外、校内校外的生活连成一体,把课程带出课堂,使课程延伸和扩展到课堂之外,让课堂教育的作用辐射到整个生活,而不是仅仅满足于课堂上的效果。"(摘自鲁洁《再论"品德与生活""品德与社会"向生活世界的回归》)只有充分发挥每一个家庭的健康教育力量,才能真正落实健康教育,提高健康教育的质量和效果。

一、开设茶座,共享理念

家庭教育具有连续性和终身性的特点。父母的健康理念对孩子的成长影响深远。我们可以开设班主任茶座(也可以是任课

老师茶座），父母可以根据自己的时间和需要自主报名参加。通过聊天轻松地分享健康教育理念，使广大父母获得课程价值认同，积极主动地参与课程实施，为儿童的健康成长保驾护航。班主任茶座可以现场分享，交流更真切；也可以通过网络在线分享，不受时间和空间的限制，参与的面更广；还可以书面分享，简单易行。

1.聊理念

要让家长理解课程理念，了解课程内容，这是家庭教育与学校教育同步实施的前提。比如"你会游泳吗？"一课，我们可以通过茶座告诉家长，本课的目标是了解游泳对于身体健康的好处，鼓励儿童学会游泳，掌握游泳安全小常识。我们要引导儿童通过游泳锻炼身体，培养儿童的运动习惯，提升运动能力，增强体质，享受运动带来的乐趣，同时也能掌握一种生存本领。家长有了这样的教育理念，就会增强运动意识，积极主动地创造条件让孩子学会游泳，尤其是会做好家里的后勤保障，配合学校实施课程，确保课程实施效果的可持续发展。

2.聊学情

只有在充分把握学情的基础上开展课堂教学才是有效的。通过班主任茶座来了解学情不失为一条有效的路径。比如"早睡早起"一课关注的是学生的作息习惯，如果父母没有按时作息的健康理念和习惯，没有与学校教育同步的教育与训练，那么课堂教学再精彩也不可能帮助儿童养成良好的作息习惯。因此，在上这节课前，我们可以通过茶座做广泛深入的调查，充分了解每一个学生及父母的作息时间、睡眠习惯和家庭环境，尤其要了解学生独立睡觉的情况。向家长说清楚学校要求和课程设想，让家人做好充分准备。

3.聊方法

有时候，父母已经有与课程一致的教育理念，但是因方法不当而收效甚微。我们可以通过班主任茶座，打通家庭之间的文化界限，发挥优秀家庭的指导作用，共享教育方法和智慧。如"早睡早起"一课，帮助学生独立睡觉是教学难点。课堂上虽然已经指导学生逐渐学会独立睡觉的方法，但是，如果没有父母的同步引领，效果是难以保证的。因此，我们可以在茶座上组织家长分享好办法，相互启发。比如：

陆潘妮的爸爸：我女儿喜欢听故事，她躺着听"小雨姐姐讲故事"，听着听着就睡着了。

龚克的妈妈：晚上，让孩子吃一些能帮助睡眠的饭菜，我经常做小米饭、鱼，孩子吃得香，也睡得香。

杨力铮的妈妈：我儿子在上小学的第一天就独立睡觉了，因为我告诉他，你长大了，跟幼儿园小朋友不一样了。圣诞老人看到独立睡觉的小朋友，就知道他不是幼儿园的孩子，所以圣诞礼物也不同。儿子很相信，就乖乖地一个人睡觉了。他如愿地收到了"圣诞老人"的好礼物。

二、开放课堂，共享课程

开放性是健康教育课程的基本特征之一。本课程面向儿童的整个生活世界。课堂从教室延伸到家庭、社区以及儿童的其他生活空间。

1.父母进课堂

我们可以改传统课堂为亲子课堂，将课堂随时向父母开放，让父母了解孩子的课堂学习情况，努力创设与课程完全同步的家庭中生活环境，使学生在家庭享受到和学校完全一致的、相辅相成的、相得益彰的教育，顺利完成家庭生活和校园生活的自如切换。

如"早睡早起"一课，父母如果有时间有兴趣，就可以和孩子一起参与课堂学习，一起在课堂上玩游戏，了解孩子不能做到早睡早起的原因，习得一些帮助儿童养成早睡早起好习惯的有效方法。这样，孩子就不会晚上长时间看电视、玩电脑；家长也不会睡懒觉。这就实现了杜威所说的"道德是对一种生活方式而非另一种生活方式的选择"，道德教育要回答的终极问题就是"人应当如何生活？"的问题。"道德教育的根本目的主要不是道德知识的获得，而在于引导人们去选择、建构有道德的生活、生活方式。"（摘自鲁洁《德育课程的生活论转向——小学德育课程在观念上的变革》）

父母在课堂上的发言也极具魔力，富有课程意义。请看"早睡早起"一课的教学片段：

师：有的小朋友已经做到了早睡早起，从来不迟到。他们为什么能做到呢？我来采访几个小朋友。

施铮炎：我爸爸妈妈都是东洲中学的老师，爸爸说，如果我起晚了，爸爸妈妈上班就会迟到，要扣工资的。所以我要早点睡。

施铮炎的爸爸：非常感谢我的儿子，他每天晚上都按时睡觉。他睡了，我就能安心备课。每天早上，我一叫他，他就马上起床。这样，我们就能按时把他送到学校，然后去上班，不会迟到。

……

师：看来，早睡早起，不让家人操心，就是承担家庭生活责任，照顾家人的表现。

学生听到父母和老师在全班小朋友面前表扬自己，非常开心，觉得自己做得好，要持之以恒。别的孩子非常羡慕施铮炎受到表扬，也会更加努力。这样的积极心理有助于儿童良好习惯的养成。

2. 家庭变课堂

在家里由父母对孩子进行安全与健康教育具有亲缘性，家庭氛围轻松和谐，教育方式更加注重潜移默化，能真正做到因材施教，是一种充满生活特色的情感感化和实践陶冶。每一个家庭的安全隐患都不一样。学生遇到意外伤害事故大部分都是发生在假期，发生在家里。这些意外伤害事故主要有溺水、交通事故、烧烫伤、坠落和被拐骗等。究其原因，大多是由于家长安全意识薄弱、监管不力造成的。防患于未然是预防事故发生的最好办法。我们务必要引领家长增强安全意识和监管意识，切实承担起监护责任，加强对孩子的教育和管理。如"别伤着自己"一课要让学生了解家庭生活中常见的安全问题，形成基本的安全意识。老师在课堂上的教学受时间和空间的限制，而家长在家里则可以随时进行，现身说法，更能生动形象地、具体地给孩子传授相关的安全知识和技能，不断加强孩子们的安全意识和自我保护意识，提高孩子们避灾防险、自救逃生的能力，严防意外事故的发生。因此，我们可以建议父母在家里给自己的孩子专门上一堂安全教育课，真正把安全教育落实到生活中。教师可以提供一些参考方案或者参考提纲，比如：

找一找：家里哪些地方可能有危险？（厨房有刀具、煤气；阳台栏杆不高；卧室有蚊香；电梯有失控的时候；陌生人敲门、遇到恶劣天气等）

学一学：怎么做更安全？（不碰厨房里的刀具、煤气；不攀爬、不倚靠阳台栏杆；蚊香要远离窗帘、床单；一个人不坐电梯；陌生人敲门不开；遇到恶劣天气向家长求助等）

聊一聊：电视机突然起火了怎么办？晚上突然停电了怎么办？被开水烫伤了怎么办？

拍一拍：家长把自己家里存在安全隐患的地方拍下来，在班级里交流防范措施，给其他家庭以启发。

家庭教育还有一个优势，有些安全教育可以根据实际情况相机进行，比如带孩子游泳时讲怎样防溺水，暑假旅游途中讲防晒、饮食卫生等安全旅行常识，走进电影院时养成首先找安全出口的习惯……只要家长认同了健康教育课程理念，增强了课程意识，就能随时随地对孩子进行安全生活教育。

这样，父母就不仅是我们的研究对象，同时也是课程的研究者和实施者，他们会积极与学校同步实施健康教育，努力探究适合自己孩子的方式或方法，引导孩子在家里注意安全与健康。

三、开通渠道，共享资源

教材是健康教育课程实施的主要载体，但只局限于教材是远远不够的。我们可以从学校、全班每一个家庭和网络收集、整理、优选相关的课程资源，打包成集，通过班级博客、微信群和QQ群、超星网等平台，推送给家长，供他们选择性学习。家庭与家庭之间也形成分享圈，使每一个家庭的优质健康教育资源活起来，流动起来，充分发挥其教育作用。

1. 丰富的微课资源

我们可以制作或者从国家教育资源网等权威专业网站选择一些相关的微课，供父母选择。如"别伤着自己"一课，《学会报火警》《火灾如何逃生》《电的秘密》《陌生人敲门》等微课就很适合孩子和父母在家里学习。这样，孩子和父母就可以自由安排时间，根据需要选择内容，针对性更强。

2. 优秀的安全教育平台

中国教育学会开发的安全教育平台专门有学生版和家长版课程，内容丰富。如"2018年平安暑假专项活动（学生版）"中有防止溺水、注意水上安全、旅游安全、消防安全、网络安全、饮食卫生等方面的内容，生动形象，还有方法指导。我们要经常提醒、督促父母及时和孩子一起学习，增长安全知识，防患于未然。

3. 生动的动画片

小学生都喜欢看动画片，我们可以向父母推荐相关动画片，让学生从动画片里习得自我保护的智慧。如"别伤着自己"一课，建议家长在家里让孩子看动画片《消防安全大本营》《大耳朵图图照看小豆丁》等，让孩子了解日常生活中应该怎样注意消防安全，哪些是有危险的，该怎么防范，碰到危险该怎么处理。

4.精彩的绘本

绘本对儿童好习惯的养成有积极作用。故事内容使平时教育中的抽象概念具体化,人物形象能够为儿童树立良好的榜样,人物特征传递给儿童责任感、爱、自信等价值观。我们应根据课程的实际需要,为家庭提供获取高质量绘本的简便且有效的途径,以便他们能够将其更好地应用于家庭健康教育中。比如,上"别伤着自己"一课时,我们可以向家长推荐绘本《你不能受伤》《一个人在家我不怕》《煎锅起火了》《小身体大学问:我受伤了》《小身体大学问:小心,有毒》《苹果猪触电了》《狐狸和魔法铜像》《大人糖豆》等,这些绘本为本课学习内容带来了更为丰富、形象、多元的解读,很适合孩子和父母一起阅读,丰富家庭成员的安全知识,提升儿童自我保护的智慧和能力。

四、开发活动,共享生活

健康教育课程视儿童的生活为宝贵的课程资源。课程学习本身是儿童生活的组成部分,是儿童在教师的指导下真实体验健康生活、主动参与健康生活、创造安全健康生活的过程。《中国儿童德育发展报告(2017)》中有一项关于儿童最喜欢的学校德育方式调查,数据显示位列前三位的分别是主题实践活动(33.34%)、讲故事(24.80%)和各种形式的榜样示范(22.98%)。儿童最喜欢做中学、听中学、看中学。因此,我们可以通过活动引领儿童过健康安全的生活。

1.开展朋友圈分享活动

人民教育出版社李莉在"道德与法治"培训会上强调:进一步加强对儿童心理的研究,让教学更有针对性和实效性。小学生喜欢被表扬,老师和父母的表扬最有影响力。我们可以建议父母把孩子的好行为拍下来,如孩子独立睡觉,发到朋友圈和班级微信群分享,告诉孩子"我看到了你在努力,看到了你的进步!"并动员大家给孩子点赞,以肯定孩子的好行为,使之得以巩固和加强。好习惯一般坚持21天才可以养成。因此，至少在朋友圈分享21天，也可以分享一个学期甚至更长时间，直到孩子养成习惯。

2.开发主题实践活动

除了上好健康教育课外，我们还可以开发亲子主题实践活动，打破家庭各自为政的局面，分享健康生活智慧，互相启发，阔步前行。比如：

活动一：游戏嘉年华

每一个家庭出一个摊位，设计一个适合孩子在家里玩的小游戏。全班家庭之间互访，分享游戏。

活动二：安全大本营

以"家中的安全与健康"为内容，设计闯关游戏，以家庭为单位进行竞赛，顺利闯关者获胜。

3.进行好习惯展播活动

父母平时观察孩子在家的表现，及时拍下有助于养成安全健康生活好习惯的镜头，如认真洗手、安静地吃饭、独立睡觉、按时起床等，在教室的墙报上进行主题展览。学生看到自己的良好表现被小伙伴关注，被老师和父母表扬，便心生得意之情，也会更加努力。同时，儿童也能从同学的优秀表现中受到启发，见贤思齐，自觉培养良好习惯。

五、开展评价，共享成果

健康教育旨在改造儿童的生活，引导儿童通过评价反思自己的生活，发现、挖掘、积累健康生活智慧，珍爱生命，健康生活。

比如"早睡早起"一课，课堂教学只是开启了作息习惯培养，但养成良好的作息习惯需要一个长期的过程。早睡早起的时间儿童与父母共在，而且一年级的学生时间概念模糊，所以需要父母提醒孩子上床睡觉。早上，即使有小闹钟叫，有的孩子由于睡得香也未必能听到，需要父母叫醒。孩子在父母的提醒下乐意早睡早起，就已经实现了课程目标。当然，要养成早睡早起的好习惯需要长期坚持训练。父母一方面要以身作则，另一方面可以督促孩子每日自评。每周末，父母对孩子的表现进行鼓励性评价，还可以实施奖励措施，以巩固孩子的好行为，养成良好的作息习惯。教师可以通过家访、数字平台等及时了解孩子早睡早起习惯的养成情况，每月在班上进行点评鼓励，并把这项内容列入期末健康教育课程评价之中，以学生平日的表现为依据进行总评，以强化早睡早起的好习惯（表3.1）。

表3.1 早睡早起自评表

	星期一	星期二	星期三	星期四	星期五	星期六	星期天
晚上8:00睡觉	☆	☆	☆	☆	☆	☆	☆
早上6:30起床	⊙	⊙	⊙	⊙	⊙	⊙	⊙

备注：具体的睡觉和起床时间可以根据学生的实际情况，以他自己制定的作息时间表为准。

在健康教育教学中特别需要注意的两个问题：

1.家校合作，有边有界

家校合作的目的是让家庭更像家庭，而不是把家庭变成学校。因此，家校合作必须划定清晰的边界。由于家庭生活方式是个体化的，其生活领域也是相对隐私的，因此，我们可以积极引导学生过健康安全的家庭生活，但不能过度干预学生的家庭生活，以免逾越了应有的边界，引发家长的逆反心理。

2.家校合作，理解在先

因健康教育的内容涉及儿童的家庭生活习惯，所以我们特别需要父母的合作。但是在实际工作中，总有父母不合作，或者伪合作。这是因为有些父母和老师的教育理念不一样，有些父母确实没有与学校合作共育的能力,也有些父母是因为工作繁忙,没有时间。我们首先应理解父母,然后尽力引导和帮助,绝不能责备父母。

亚里士多德说:"人是被习惯塑造的。"如果能激活每一个家庭的健康教育热情,吸引每一位父母参与健康教育课程的实施,就能形成巨大的家校共育合力,有效地帮助儿童在家庭中形成良好的安全与健康的生活习惯。家与校是健康教育的双翅。儿童插上这样一对有力的翅膀,一定能飞得平稳、自由、高远。

第二节 班级健康教育课程计划
(四年级第二学期样例)

一、指导思想

以《中小学健康教育指导纲要》为指导,以促进健康为核心,认真落实健康第一的指导思想,培养学生的健康意识与公共卫生意识,掌握必要的健康知识和技能,促进学生自觉地采纳和保持有益于健康的行为与生活方式,减少或消除影响健康的危险因素,增强学生体质,促进学生健康成长,为一生的健康奠定坚实的基础。

二、教材简析

本学期仍把培养学生的健康意识、提高学生的健康素质作为根本出发点,注重实用性和实效性。主要引导学生培养良好的睡眠习惯;关注自己的体重体型,预防肥胖;关注自己的情绪变化,初步学会调控情绪;掌握游泳安全常识与火灾逃生技能;初步了解生命的意义和价值,树立保护生命的意识,感受身体的变化,预防性侵害。做到突出重点,循序渐进,不断强化和促进健康知识的掌握、健康技能的提高、健康意识的形成、健康行为和生活方式的建立。

三、学情分析

通过三年多的学习,学生已经初步养成一些良好的健康生活习惯,了解保护眼睛、预防近视眼的知识;了解食品卫生基本知识,初步树立食品卫生意识;初步了解烟草对健康的危害;了解肠道寄生虫病、常见呼吸道传染病和营养不良等疾病的基本知识及预防方法;了解容易导致意外伤害的危险因素,熟悉常见的意外伤害的预防与简单处理方法;了解一些日常生活中的安全常识,掌握地震逃生技能;初步了解生命的意义和价值,有一定的保护生命的意识。

四年级的学生处于自我意识形成的关键时期,但是一部分学生学习生活情绪化,不懂得调控情绪。他们对生命的意义和价值缺乏更深入的探究,对自己的身体不够了解,对性侵知之甚少,不懂得时时处处自觉保护身体,不会合理安排课外作息时间,缺乏预防疾病的意识和知识,对游泳常识知之甚少,部分学生还不会游泳,尚未自觉养成良好的运动习惯。

四、课程目标

(1)了解体育运动对健康的作用,初步学会合理安排课外作息时间,养成每天运动1小时的习惯,保证充足的睡眠。

(2)了解游泳对于健康的好处,争取学会游泳,经常游泳,掌握游泳安全常识。

(3)掌握火灾逃生技能。

(4)学会关注自己的身体变化,预防肥胖,调控自己的情绪,预防性侵。初步了解生命的意义和价值,树立保护生命的意识。

五、教法与学法

教法:讲授、示范、演示、组织游戏等。

学法:探究、实践、训练、讨论、欣赏、游戏等。

五、课程内容（表3.2）

表3.2 课程内容安排

课次	学习内容	学习目标	导学策略
1	我运动我健康（健康行为与生活方式）	（1）了解体育锻炼有利于促进生长发育和预防疾病。 （2）学会科学地进行体育锻炼，养成锻炼习惯。 重点：学会科学地进行体育锻炼。 难点：养成体育锻炼习惯。	（1）通过观察、采访、交流等策略引导学生了解体育锻炼有利于促进生长发育和预防疾病。 （2）继续组织亲子徒步、足球俱乐部、游泳比赛等活动，评选运动小达人，鼓励学生持之以恒，巩固良好的运动习惯。 （3）开发体育锻炼自主读本，拓展健康教育时空。 （4）指导学生制订运动计划，鼓励养成体育锻炼习惯。
2	情绪红黄蓝（心理健康）	（1）知道什么是情绪，了解情绪的表现形式，能够描述自己和同伴的情绪。 （2）学习保持健康情绪的方法。 重点：学会调控情绪的方法。 难点：灵活运用调控情绪的方法。	（1）通过游戏引导学生理解情绪及表现形式。 （2）通过观看动画片、情境表演，引导学生学会调控情绪。 （3）课后，开一次主题班会"我的情绪我做主"，实践调控情绪的方法。 （4）邀请国家二级心理咨询师顾向红老师到课堂指导，鼓励学生到"莲心岛"向心理老师求助，以调控情绪。

续表

课次	学习内容	学习目标	导学策略
3	你会睡觉吗？（健康行为与生活方式）	（1）懂得睡眠对健康的意义。 （2）了解睡眠卫生要求，初步养成良好的睡眠习惯。 重点：了解睡眠卫生要求，养成良好的睡眠习惯。 难点：自觉按时睡觉，早睡早起。	（1）课前，教师要了解学生的睡眠情况。 （2）教学时可以通过视频案例解读，引导学生了解不注意睡眠卫生的危害。 （3）播放轻音乐，体验听音乐有助于睡眠。 （4）教师要与家长联盟，建议各家庭给孩子营造良好的睡眠环境，通过每日评星策略，鼓励并督促学生按时睡觉，保证充足的睡眠时间。
4	预防肥胖（疾病预防）	（1）了解肥胖对健康的危害。 （2）懂得预防肥胖，培养学生关注身体和健康的意识。 重点：关注自己的身体，预防肥胖。 难点：减肥。	（1）课前与肥胖学生的家长联系，了解原因，找到对策，鼓励他们通过合理饮食和体育锻炼使身体匀称。 （2）听"小小演说家"演讲《胖子的烦恼》，了解肥胖的危害。 （3）利用社团活动时间开设"减肥训练营"。 （4）减肥得有一个过程，教师要经常提醒有关同学持之以恒。

续表

课次	学习内容	学习目标	导学策略
5	你会游泳吗？（安全应急与避险，健康行为与生活方式）	（1）了解游泳对于身体健康的好处，鼓励学生学会游泳。 （2）掌握游泳安全小常识。 重点：学习游泳安全常识。 难点：掌握游泳安全常识。	（1）通过观察、采访、分享等策略引导学生了解游泳对于身体健康的好处。 （2）教师要与家长联系，动员家长与孩子一起游泳，增强体质。 （3）运用多媒体课件帮助学生学习游泳安全常识。
6	身体的秘密（生长发育与青春期保健）	（1）通过观察、体验、分享，引导学生关注并悦纳身体的发育变化，体验成长的快乐。 （2）引导学生明确身体警戒线，认识什么是性侵，通过视频了解性侵害的五种主要形式。 （3）通过情境讨论，习得遭遇险境保护自己的方法，培养学生珍爱自己、珍爱生命的生活态度。 重点：关注自己的生长发育，提高防性侵意识。 难点：遇到险境能机智逃离。	（1）通过观察、交流、看图等策略引导学生感受身体的变化，懂得保护身体隐私部位，不被任何人触碰。 （2）通过观看视频、创设情境、小组讨论，引导学生了解性侵害的主要形式，学习自我保护的方法。

续表

课次	学习内容	学习目标	导学策略
7	突遇火灾怎么办（安全应急与避险）	（1）了解火灾逃生方法。 （2）学会报火警。 重点：学会火灾逃生方法。 难点：灵活运用火灾逃生方法。	（1）通过观看微课、模拟报警等策略掌握报火警的方法。 （2）通过小组探究、模拟演练，引导学生学会火灾逃生。 （3）推荐动画片《消防安全大本营》，拓展学习时空。

六、课程实施

（1）开展整体融合型健康教育。结合"道德与法治"课程，融合心理教育、安全教育，通过学科教学和班队会、晨会、社团活动、综合实践活动、板报等多种宣传教育形式开展健康教育，向学生传授健康知识和技能。努力把健康教育的触角伸展到教育过程的各个环节，把课堂内教学与课堂外教学活动结合起来，发挥整体教育效应。

（2）教师自主学习，求专业成长。争取机会参加健康教育师资培训，向书本学习，向实践学习，开展以知识传播与技能培养相结合的教学研究工作，努力提高开展健康教育的水平。

（3）创建健康教育资源库。加强教学资源建设，积极开发健康教育的教学课件、教学图文资料、音像制品、自主读本等教学资源，强化健康教育的实施效果。

（4）实施星级评价，以评促学。

（5）创设有利于学生健康成长的校园环境，充分发挥"莲心岛"心理咨询室的作用，充分利用互联网等自媒体拓展提供健康服务的时空,为学生践行健康行为提供支持,以实现促进学生健康发展的目标。

七、课程评价

将健康教育学习过程和学习效果作为评价重点,包括学生健康意识的形成、基本知识和技能的掌握,以及卫生习惯、健康行为的养成等。

附:

四年级第二学期健康教育评价方案

亲爱的同学,通过一学期的学习,你一定增强了健康意识,增长了健康知识和基本技能,养成了良好的健康生活习惯。现在请你根据下面表格中的内容先自我评价,在相应的星级涂上颜色。然后请小组同学、父母和老师为你评星级。数一数每个栏目得了几颗星,满10颗星可以获得一张彩虹卡。集满5张彩虹卡就可以获得一张"健康快车"的车票,成为"健康小天使"。没有集满5张彩虹卡的小伙伴要加油,努力养成健康的生活习惯,争做健康小天使。

班级_____ 姓名_____

评价内容	自己评	小组评	父母评	老师评	彩虹卡
每天运动1小时	☆ ☆☆ ☆☆☆	☆ ☆☆ ☆☆☆	☆ ☆☆ ☆☆☆	☆ ☆☆ ☆☆☆	红卡
身材匀称体重正常	☆ ☆☆ ☆☆☆	☆ ☆☆ ☆☆☆	☆ ☆☆ ☆☆☆	☆ ☆☆ ☆☆☆	橙卡

续表

评价内容	自己评	小组评	父母评	老师评	彩虹卡
爱护身体 警惕性高	☆ ☆☆ ☆☆☆	☆ ☆☆ ☆☆☆	☆ ☆☆ ☆☆☆	☆ ☆☆ ☆☆☆	黄卡
养成良好的 睡眠习惯	☆ ☆☆ ☆☆☆	☆ ☆☆ ☆☆☆	☆ ☆☆ ☆☆☆	☆ ☆☆ ☆☆☆	绿卡
学会游泳 掌握安全 常识	☆ ☆☆ ☆☆☆	☆ ☆☆ ☆☆☆	☆ ☆☆ ☆☆☆	☆ ☆☆ ☆☆☆	青卡
保持健康的 情绪	☆ ☆☆ ☆☆☆	☆ ☆☆ ☆☆☆	☆ ☆☆ ☆☆☆	☆ ☆☆ ☆☆☆	蓝卡
掌握火灾 逃生技能	☆ ☆☆ ☆☆☆	☆ ☆☆ ☆☆☆	☆ ☆☆ ☆☆☆	☆ ☆☆ ☆☆☆	紫卡
我申请为 自己加星 理由：	☆ ☆☆ ☆☆☆	☆ ☆☆ ☆☆☆	☆ ☆☆ ☆☆☆	☆ ☆☆ ☆☆☆	金卡

总计（　　）张彩虹卡

健康快车票

八、实施原则

（1）健康知识传授与健康技能传授并重原则。
（2）健康知识传授与健康技能传授呈螺旋式递进原则。
（3）健康知识传授、健康意识与健康行为形成相统一原则。
（4）总体要求与地方实际相结合原则。
（5）健康教育理论知识和学生生活实际相结合原则。

九、创新之处

1.课程校本化

结合学生的成长需要和实际生活安排课程内容，充分利用学校"莲心岛"心理咨询室,鼓励学生多向心理老师请教。

2.方法实用化

课程实施中,教师授予操作性强、实用且有效的方法与技能,学生易懂易学,能在实际生活中运用,以提升健康素质。

3.师资专业化

本课程由班主任(兼任"道德与法治"课程)、体育老师、校医和心理老师联合实施。充分发挥各自的专业特长,整合道德与法治教育、心理教育、安全教育,统筹安排,跨界融合。

4.评价多元化

针对四年级学生好胜心比较强的心理特点,实施多元化的星级评价,给予学生自我评价和申请加分的权利,并颁发"健康小天使"奖状,奖励"健康快车票",充分激发学生的学习热情,以评促学,注重实效。

第三节 班级健康教育课程(四年级样例)

我运动我健康

一、教材简析

"我运动我健康"是健康教育校本教材四年级下册第1课,主要包括四部分,分别是:你喜欢哪些运动、体育锻炼有哪些好处、运动要有准备、运动要注意安全。第一部分主要引领儿童了解适合本年龄段的运动项目,同伴间互相启发,分享经验。第二部分通过图文,让学生了解运动对生命的意义,激发运动热情。第三部分通过图文创设情境,引导儿童科学锻炼。最后一部分"运动要注意安全",图文并茂,传授运动安全常识,提高安全意识。教材符合四年级学生的生理特点和心理特点,准确、生动、贴近生活,充满生活智慧。

二、学情分析

四年级的学生已经具有一定的运动经验,普遍对做操、踢足球、打羽毛球等运动比较熟悉,但对于运动对生命的意义思考甚少,很多同学尚未养成良好的运动习惯。近年来,儿童在参加体育锻炼时受到伤害的事件也时有发生。因此,对儿童进行运动安全教育迫在眉睫。

本课将着重引领学生懂得运动对生命的意义,找到适合自己的运动方式,了解多种运动项目,学会在运动中进行自我保护的方法,鼓励学生主动养成良好的运动习惯。

三、教学目标

(1)了解体育锻炼有利于促进生长发育和预防疾病。

(2)学会科学地进行体育锻炼,养成锻炼习惯。

重点:学会科学地进行体育锻炼。

难点:养成体育锻炼习惯。

四、教学准备

(1)让学生观察自己及家人喜欢哪些运动项目。

(2)制作课件。

五、教师自我分析

教师观察本班学生参加体育锻炼的情况,向体育老师了解他们的运动习惯及水平。教师自身应有良好的运动习惯。

六、教学策略

主要通过观察、体验、小组探究、观看视频、情境讨论等策略实施教学。

七、教与学的方法

教法:讲授法、情境法。

学法:操作法、讨论法、体验法。

八、教学流程

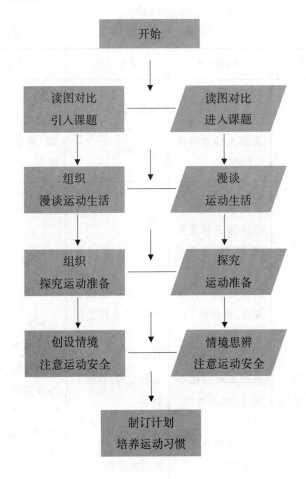

九、教学过程(表3.3)

表3.3 教学过程

活动环节	教师活动	学生活动	设计意图
课前预习	提前两周布置学生观察同学、自己及家人参加哪些运动项目。	观察:同学、自己及家人参加哪些运动项目。	引导学生关注身边人的运动习惯,带着问题进课堂。
活动一:读图对比,引入课题(3分钟)	1.出示一组图:中国孩子和美国孩子运动习惯对比。启发比较:仔细观察,你读懂了什么? 2.2000多年前,古希腊人深深体会到运动的益处。出示: 如果你想强壮,跑步吧! 如果你想健美,跑步吧! 如果你想聪明,跑步吧! 3.揭示课题。	1.观察一组图:中国孩子和美国孩子运动习惯对比。比较思考:读懂了什么? 2.读古希腊人的号召。 3.进入课题。	一上课就让学生通过读图比较,能很快吸引学生的注意力,激发他们思考,认同本课话题的意义。

续表

活动环节	教师活动	学生活动	设计意图
活动二：漫谈运动生活（17分钟）	1.组织交流：你喜欢哪些运动？它给你带来哪些乐趣？ 2.采访运动爱好者：你有什么运动习惯？是怎样养成的？有了运动习惯，你的身体发生了哪些变化？ 3.表扬经常参加班级徒步活动的同学。组织学生分享徒步故事。 4.老师讲述自己的运动生活及体验。	1.交流：你喜欢哪些运动？它给你带来了哪些乐趣？ 2.运动爱好者接受采访：你有什么运动习惯？是怎样养成的？有了运动习惯，你的身体发生了哪些变化？ 3.听徒步爱好者讲述徒步故事。 4.听老师讲述自己的运动生活及体验。	通过师生分享运动生活，让学生了解运动与生命的意义，激发热爱运动的热情。

续表

活动环节	教师活动	学生活动	设计意图
活动二：漫谈运动生活（17分钟）	5.小结：运动和阳光、空气、水一样，被称为生命与健康的源泉，适度的运动对我们的生长发育非常重要，不仅能使我们拥有强健的体魄，还能让我们收获快乐，充满生命的活力。 6.分享资料（如跑步的好处），引导学生认识运动对生命的意义。	5.懂得：运动和阳光、空气、水一样，被称为生命与健康的源泉，适度的运动对我们的生长发育非常重要，不仅能使我们拥有强健的体魄，还能让我们收获快乐，充满生命的活力。 6.分享资料（如跑步的好处），认识运动对生命的意义。	
活动三：探究运动准备（8分钟）	1.让学生用笔在作业纸上圈出哪些衣服适合运动。 2.运动着装有讲究。你提醒同学们注意什么？	1.用笔在作业纸上圈出哪些衣服适合运动。 2.了解运动着装的讲究及注意事项。	通过完成作业激发每一个学生的学习热情，帮助学生了解运动着装有讲究，懂得运动前换上合适的衣服。

续表

活动环节	教师活动	学生活动	设计意图
活动三：探究运动准备（8分钟）	3.小结：参加体育活动前要换上宽松、舒适的服装，面料最好要有弹性，能透气、吸汗，鞋子要防滑。请将身上佩戴的胸针、发卡、眼镜等坚硬、锐利的物品取下。保持运动服装的清洁，根据季节、天气及时增减衣服。 4.出示运动配件，组织交流：做哪些运动时用到它们？ 5.提问：运动前，你做热身运动吗？请示范。组织集体模仿。 板书：做好准备。	3.懂得：参加体育活动前要换上宽松、舒适的服装，面料最好要有弹性，能透气、吸汗，鞋子要防滑。请将身上佩戴的胸针、发卡、眼镜等坚硬、锐利的物品取下。保持运动服装的清洁，根据季节、天气及时增减衣服。 4.认识运动配件：头盔、护目镜、护腕、护膝、护腿板。 交流：做哪些运动时用到它们？ 5.交流：运动前，你做热身运动吗？示范，集体模仿。	集体模仿运动爱好者的热身运动，体验热身的感觉，强化运动准备意识。

活动环节	教师活动	学生活动	设计意图
活动三：探究运动准备（8分钟）	6.小结：做准备活动可以增强肌肉和关节的弹性与伸展性，大大减少手指和脚踝的挫伤、肌肉的拉伤以及腰部扭伤等意外伤害事故。热身运动要由慢到快、循序渐进，以感到身体轻松有力、全身发暖、略微出汗为宜。	6.懂得：做准备活动可以增强肌肉和关节的弹性与伸展性，大大减少手指和脚踝的挫伤、肌肉的拉伤以及腰部扭伤等意外伤害事故。热身运动要由慢到快、循序渐进，以感到身体轻松有力、全身发暖、略微出汗为宜。	
活动四：创设情境注意运动安全（10分钟）	1.出示四个情境及小组活动单：（1）选择其中的一个情境，讨论：危险在哪里？应该怎么做？	1.根据情境及小组活动单开展小组活动。	通过创设情境，组织思辨，引领学生懂得运动时注意自我保护，"授之以渔"，提高自我保护能力。

续表

活动环节	教师活动	学生活动	设计意图
活动四：创设情境 注意运动安全（10分钟）	（2）推选一名代表准备向大家汇报。 （3）时间：3分钟。 情境一：一个学生前滚翻动作不对。 情景二：几个男孩在人多的地方踢足球。 情境三：一个男生从双杠上摔下来，下面没有保护垫子。 情境四：平平独自下河游泳。 2.组织分享，相机板书：注意安全。 3．出示特别提示，组织解读：注意检查运动场地和器材，排除安全隐患。	2.分享小组活动成果。 3.解读特别提示。	

续表

活动环节	教师活动	学生活动	设计意图
活动四：创设情境注意运动安全（10分钟）	注意运动的动作要领，动作要规范。 运动时要采取必要的保护措施；对于易于发生危险和动作难度较大的运动，应在家长或老师的保护或帮助下进行。 随时关注身体状况，出现头晕、呕吐、腹痛等身体不适时，要及时终止运动或减轻运动强度。 4.教学生对照教材中的量表进行运动量自测。 5.组织游戏：运动后，可以这样吗？可以的打"√"，不可以的打"×"，用手臂表示。	4.对照教材中的量表进行运动量自测。 5.游戏：运动后，可以这样吗？可以的打"√"，不可以的打"×"，用手臂表示。	

续表

活动环节	教师活动	学生活动	设计意图
活动四：创设情境注意运动安全（10分钟）	6．小结：一次完美的体育锻炼，一定要注意运动后的调整。可以适当地慢走放松、拉伸。切不可马上洗冷水澡、吃冰激凌，也不可以马上坐下休息。	6．懂得：一次完美的体育锻炼，一定要注意运动后的调整。可以适当地慢走放松、拉伸。切不可马上洗冷水澡、吃冰激凌，也不可以马上坐下休息。	
活动五：制订运动计划，培养运动习惯（2分钟）	1．出示：《我的运动计划表》，指导学生制订运动计划。 2．组织分享，提出修改建议。 3．组织交流：你有哪些收获？鼓励学生向家人宣传运动的好处及常识。 4．播放视频《我们爱运动》。	1．制订运动计划。 2．分享，互相提出修改建议。 3．交流：有哪些收获？准备怎样向家人宣传运动的好处及常识？ 4．欣赏视频《我们爱运动》。	歌曲十分切题，生动形象。用唱歌的形式总结，深受学生喜欢，画龙点睛，帮助学生巩固所学知识，提高运动意识。制订运动计划，旨在鼓励学生积极参加体育锻炼，主动养成良好的运动习惯。

续表

活动环节	教师活动	学生活动	设计意图
板书	做好准备 注意安全	我运动 我健康	

写给家长：

您的孩子已经在课堂上制订了运动计划，敬请您提出修改意见，并鼓励、督促孩子按计划锻炼身体。建议您和孩子一起运动，培养良好的锻炼氛围和运动习惯，这将让您的孩子终身受益。谢谢您的支持与配合！

你会游泳吗？

一、教材简析

"你会游泳吗？"是健康教育校本教材四年级下册第2课，教材分三部分，分别是：多样泳姿、游泳的益处、游泳安全常识。第一部分主要引领儿童认识各种泳姿及特点。第二部分通过图文让学生了解游泳对身体健康的好处，激发儿童积极参加游泳活动的热情。第三部分通过图文创设情境，引导儿童掌握游泳安全常识。教材符合四年级学生的生理特点和心理特点，准确、生动，贴近生活，有助于引领儿童掌握游泳这项生存本领，养成良好的锻炼习惯。

二、学情分析

四年级的学生有的已经学会游泳，掌握了一两项游泳技能；有的正在学习游泳；也有的还没有开始学。学生普遍对游泳的好处有所了解,但对于游泳安全关注甚少,缺乏必要的自我保护意识。近年来,儿童溺水案件时有发生,很多案件就是因为儿童缺乏游泳安全常识造成的。

本课将着重鼓励学生学会游泳本领,引领学生学习游泳安全常识,学习自我保护的方法,教育学生注意游泳安全。

三、教学目标

(1)通过观看视频,师生分享,引导学生了解各种泳姿,感受游泳的乐趣。

(2)通过参与阅读图文、采访等活动,引导学生了解游泳的好处。

(3)通过情境讨论,习得游泳安全常识,培养学生珍爱生命的生活态度。

重点:掌握游泳安全常识。

难点:学会游泳。

四、教学准备

(1)布置学生观察会游泳的人。

(2)制作课件,准备泳镜、泳帽、耳塞等游泳装备。

五、教师自我分析

教师了解学生是否会游泳。教师自身最好会游泳,并掌握游泳安全常识。

六、教学策略

主要通过观察、体验、小组探究、观看视频、情境讨论等策略实施教学。

七、教与学的方法

教法:讲授法、情境法。

学法:欣赏法、讨论法、体验法。

八、教学流程

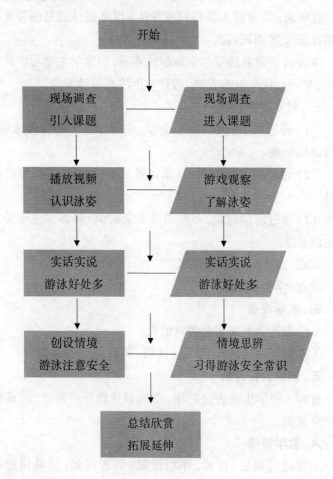

九、教学过程(表3.4)

表3.4 教学过程

活动环节	教师活动	学生活动	设计意图
课前预习	提前两周布置学生观察生活中会游泳的人。	观察:生活中经常游泳的人与其他人有什么不一样?	引导学生观察生活,带着问题进课堂。
活动一:现场调查——话游泳(3分钟)	1.播放几张奥运会游泳冠军的照片,猜猜他们是谁。 2.现场调查:你会游泳吗? 3.揭示课题。	1.看几张奥运会游泳冠军的照片,猜猜他们是谁。 2.现场调查:你会游泳吗?会游泳的举手。 3.进入课题。	一上课就让学生猜猜奥运游泳冠军,能很快吸引学生的注意力,激发学习兴趣,让他们带着好奇心进入话题。
活动二:欣赏游戏——泳姿缤纷美(17分钟)	1.组织交流:你的生活中哪些人经常游泳?你看到了哪几种泳姿?游泳者跟别人有什么不一样? 预设:经常游泳的人身体好、身材好、气色好。 2.播放视频:青少年游泳比赛。 3.组织交流:你看到了哪几种泳姿?	1.交流:你的生活中哪些人经常游泳?你看到了哪几种泳姿?游泳者跟别人有什么不一样? 2.观看视频:青少年游泳比赛。 3.交流:你看到了哪几种泳姿?	通过观看视频并交流,生动、形象地让学生了解四种泳姿,感受其特点,激发学生学习各种泳姿的热情。

续表

活动环节	教师活动	学生活动	设计意图
活动二：欣赏游戏——泳姿缤纷美（17分钟）	4.组织游戏：请会游泳的同学做动作，让大家猜这是什么泳姿。预设：蛙泳、仰泳、蝶泳、自由泳。5. 采访：你会哪一种泳姿？有什么特点？6.小结：仰泳、蝶泳、蛙泳、自由泳各有所长。蛙泳比较容易学会，速度比其他泳姿慢。仰泳也容易学会，速度不如自由泳与蝶泳快。自由泳是最快最有效的泳姿，可以做到用最小的体能消耗来进行长距离游进。蝶泳是四大泳姿中最漂亮也是难度最大的一种泳姿，要求身体像海豚一样做波浪起伏动作，速度快，而且好看好玩。	4.游戏：会游泳的同学做动作，让大家猜这是什么泳姿。5. 接受采访：你会哪一种泳姿？有什么特点？6.听老师讲授，了解仰泳、蝶泳、蛙泳、自由泳各有所长。	

续表

活动环节	教师活动	学生活动	设计意图
活动二：欣赏游戏——泳姿缤纷美（17分钟）	但消耗太大，不适合长距离游。7.分别播放四种泳姿的视频，欣赏并感受其特点。	7.观看视频，欣赏四种泳姿并感受其特点。	
活动三：实话实说——游泳好处多（8分钟）	1.邀请经常游泳的同学做嘉宾，模拟《实话实说》节目，聊游泳有哪些好处。老师做主持人，启发交流，其他同学都可以补充。2.教师结合自身的游泳经历分享游泳体会。3."何博士"说游泳。游泳的十大好处。4.板书：游泳好处多。	1.模拟《实话实说》节目，聊游泳有哪些好处。2.听老师讲述游泳经历，分享游泳体会。3.听"何博士"说游泳的十大好处。	首先通过模拟《实话实说》节目，请同学分享游泳的好处。然后听老师讲述亲身经历和切身体会。最后听"何博士"说游泳的十大好处，从生活中来，层层深入，螺旋上升到科学和健康层面，引领学生充分感受游泳的好处，鼓励学生经常游泳。

续表

活动环节	教师活动	学生活动	设计意图
活动四：情境思辨——安全不能忘（10分钟）	1.出示五个情境及小组活动单： （1）讨论以下情境，这样可以吗？为什么？ （2）推选一名代表准备向大家汇报。 （3）时间：3分钟。 情境一：明明刚吃完晚饭，就去游泳。 情景二：小刚打完篮球，就马上跳进泳池。 情境三：小亮在家门前的小河里游了好几个小时，晒得皮肤都黑了，仍然不肯上岸。 情境四：小云去游泳，爸爸叫他做准备运动，可小云说太麻烦了，不做没关系。	1.按照小组活动单要求进行小组活动。	通过创设情境，组织思辨，引领学生学习游泳安全常识，教育学生注意游泳安全。

续表

活动环节	教师活动	学生活动	设计意图
活动四：情境思辨——安全不能忘（10分钟）	情境五：小米游泳后就直接穿上衣服，他说一直在水里就等于洗好澡了，不用再洗澡。 2.组织大家分享小组活动成果，并板书：安全不能忘。 3.请同学示范准备运动，组织大家模仿。 4.小结游泳"七忌"： （1）忌饭前饭后游泳。 （2）忌剧烈运动后游泳。 （3）忌在不熟悉的水域游泳。 （4）忌长时间曝晒游泳。 （5）忌不做准备活动即游泳。 （6）忌游泳时间过久。 （7）忌无视泳后卫生。	2.组织大家分享小组活动成果。 3.模仿同学做准备运动。 4.读游泳"七忌"。	

续表

活动环节	教师活动	学生活动	设计意图
活动五：欣赏总结，拓展延伸（2分钟）	1.播放视频：《花样游泳》。 2.交流：学了本课，你有哪些收获？ 3.总结：游泳有益于健康。游泳要注意安全。	1.观看视频：《花样游泳》。 2.交流：学了本课，有哪些收获？ 3.懂得游泳有益于健康。游泳要注意安全。	《花样游泳》生动形象地展示了游泳的艺术魅力。用欣赏的形式总结，深受学生喜欢，能激发学生学好游泳的热情，主动培养良好的游泳习惯。
板书	你会游泳吗？ 游泳好处多 安全不能忘		

写给家长：

您的孩子已经在课堂上了解了游泳的好处，学习了游泳安全常识。敬请您鼓励、督促孩子学会游泳，已经会的要经常游泳。建议您和孩子一起游泳，强身健体。谢谢您的支持与配合！

你会睡觉吗?

一、教材简析

"你会睡觉吗?"是四年级第二学期第3课,教材分三部分,分别是:连环画《胖胖怎么啦?》、情境图《为什么睡不好?》、"何博士"说睡眠。第一部分连环画主要通过胖胖的故事引领儿童关注自己的睡眠情况。第二部分通过情境图,引领学生从生活中探究睡眠不好的原因。第三部分通过"何博士"说睡眠,引导学生学习科学睡眠的方法,主动培养良好的睡眠习惯。教材符合四年级学生的生理特点和心理特点,准确、生动、贴近生活,充满生活智慧。旨在帮助学生了解生活方式与健康的关系,建立健康的生活方式,了解充足睡眠对学生生长发育的重要意义,教育学生养成良好的睡眠习惯,为健康的体魄奠定基础。

二、学情分析

四年级的学生应该每天睡足10小时。但调查发现,很多同学的睡眠时间少于10小时,有的同学甚至不足8小时。几乎有一半学生没有午睡习惯。他们知道要按时睡觉,睡眠充足,但往往要等父母催促才睡觉,真正能自觉做到早睡早起的不多。学生普遍缺乏睡眠,严重影响身体健康,也影响了学习效率。

三、教学目标

（1）了解按时作息、充足睡眠对生长发育的重要意义。

（2）了解科学的睡眠方法,保证每天睡足10小时,初步养成良好的睡眠习惯。

重点:养成良好的睡眠习惯。

难点:自觉按时睡觉。

四、教学准备

课件、投影仪、一块遮眼布。

五、教师自我分析

教师观察本班学生上课的精神状态,了解学生的睡眠情况。掌握相关的科学睡眠知识。

六、教学策略

主要通过小组探究、活动体验、交流分享等策略实施教学。课堂教学的设计从学生实际出发,形式活泼多样,体现学生的特点。通过以小组为基本活动形式,以帮助、自助、互助为基本原则,以每个人的参与为目标,让学生在多想、多说、多体验、多感悟的活动中充分思考、总结,经过比较、选择、整合之后,得出自己的结论,并逐步形成自己的见解,最后落实到行动中。通过讨论分析、谈话沟通、行为训练等方式,使学生理解睡眠的意义,习得科学的睡眠方法。

七、教与学的方法

教法:讲授法、情境法。

学法:操作法、讨论法、体验法。

八、教学流程

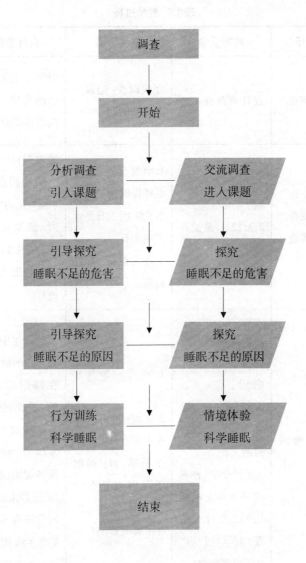

九、教学过程（表3.5）

表3.5 教学过程

教学环节	教师活动	学生活动	设计意图
课前调查	设计调查表。	完成调查：记录一周睡眠时间。	引导学生关注自己的身体，带着问题进课堂。
活动一：分析调查，引入课题（3分钟）	1.组织小组交流。 2.3月21日是世界睡眠日。 3.揭示课题。	1.小组交流：一周的睡眠时间。 2.了解3月21日是世界睡眠日。 3.进入话题：好好睡眠。	通过对自己真实生活的调查，吸引学生的注意力，激发探究欲望，师生以饱满的精神进入学习过程。
活动二：探究睡眠不足的危害（12分钟）	1.播放动画片片段《胖胖怎么啦？》。 2.组织交流：胖胖为什么上课直打哈欠？ 3.组织分享：你有过睡眠不足的经历吗？有什么感受？对学习生活产生了哪些影响？	1.观看动画片片段。 2.交流：胖胖为什么上课直打哈欠？ 3.分享：自己睡眠不足时有什么感受？对学习生活产生了哪些影响？	人的一生中有三分之一的时间是在睡眠中度过的。充足的睡眠是解除疲劳、恢复体力、精力和保持健康的重要保证，但由于有的同学没有养成良好的生活习惯，导致睡眠不足。

续表

教学环节	教师活动	学生活动	设计意图
活动二：探究睡眠不足的危害（12分钟）	4.总结睡眠不足的危害： （1）影响生长发育，长不高，容易近视眼，眼袋下垂，黑眼圈，皮肤晦暗苍白。 （2）影响大脑的创造性思维，导致学习成绩下降。 （3）导致神经衰弱等疾病的发生。	4.听老师总结睡眠不足的危害。	通过观看动画片的方式，激发学生的学习兴趣，引导学生了解睡眠不足的危害。
活动三：探究睡眠不足的原因（15分钟）	1.出示活动单，布置小组活动任务。 活动单： （1）分享各小组成员的作息时间表。 （2）讨论：时间去哪儿了？ 2.组织讨论：时间都去哪了？	1.小组活动： （1）分享各小组成员的作息时间表。 （2）讨论：时间去哪儿了？ 2.全班分享。	

续表

教学环节	教师活动	学生活动	设计意图
活动三：探究睡眠不足的原因（15分钟）	3.启发引导：睡眠不足的原因是什么？ 4.教师总结睡眠不足的原因： （1）不会合理安排作息时间。 （2）容易受他人干扰。	3.思考并交流：睡眠不足的原因是什么？ 4.听老师总结睡眠不足的原因。	通过分析自己的作息时间表进行自省，感悟到合理安排作息时间能拥有足够的睡眠时间。
活动四：行为训练，科学睡眠（10分钟）	1.播放视频：《何博士教你睡好觉》。 2.组织分享：怎样能保证充足的睡眠，你有什么金点子？ 预设：早睡早起有规律，睡前泡脚、喝牛奶、听音乐、不在床上玩手机…… 3.组织讨论： （1）为什么睡觉前不能吃得过饱？	1.观看视频：《何博士教你睡好觉》。 2.分享保证充足睡眠的金点子。 3.讨论老师给出的话题。	

续表

教学环节	教师活动	学生活动	设计意图
活动四：行为训练，科学睡眠（10分钟）	（2）为什么睡觉前不能喝浓茶、咖啡？ （3）为什么睡觉前不能看惊险电视，不能听恐怖故事？ （4）为什么睡觉前要用热水泡脚？ （5）看图，哪种睡姿好？ 4.指导情境体验：听着音乐睡眠。 5.指导学生修改自己的作息时间表。 6.分享：美国芝加哥大学通过研究显示，睡眠质量不好，会增加患癌症的风险。	4.情境体验：听着音乐睡眠。 5.修改自己的作息时间表。 6.分享老师搜集的资料。	

续表

教学环节	教师活动	学生活动	设计意图
活动四：行为训练，科学睡眠（10分钟）	7.总结：希望同学们养成早睡早起的好习惯，保证每天睡足8~10小时，快乐生活，健康成长。 8.每天给自己评分，做到按时睡觉的，涂星星☆；做到按时起床的，涂太阳☉。一个星期做一次总结，看看自己有没有天天做到早睡早起，上学不迟到。		通过观看视频，听权威人士讲科学的睡眠方法，并现场践行感受，有利于帮助学生落实到生活中，逐步养成良好的睡眠习惯。
板书设计	好好睡眠 睡足十小时 睡眠好 身体好		

附:
一周早睡早起点赞表

	星期一	星期二	星期三	星期四	星期五	星期六	星期天
晚上8:00睡觉	☆	☆	☆	☆	☆	☆	☆
早上6:30起床	☉	☉	☉	☉	☉	☉	☉

写给家长:

您的孩子已经在课堂上了解了按时作息、睡足10小时对生长发育的重要意义,学习了科学的睡眠方法。课堂上发了一张《一周早睡早起点赞表》,要求学生每天给自己评分,做到按时睡觉的,涂星星☆;做到按时起床的,涂太阳☉。一个星期做一次总结,看看自己有没有天天做到早睡早起,上学不迟到。敬请您鼓励、督促孩子按计划早睡早起,培养良好的作息习惯,这将让您的孩子终身受益。谢谢您的支持与配合!

预防肥胖

一、教材简析

"预防肥胖"是四年级第二学期第4课,教材分三部分,分别是:胖胖的烦恼、都是贪嘴惹的祸、预防肥胖我有办法。第一部分主要引领儿童了解肥胖有哪些危害,提高警惕。第二部分通过案例解读,引领儿童探究肥胖的原因,鼓励学生学会管理自己的身体。第三部分通过图文创设情境,引导学生学习预防肥胖的方法。教材符合四年级学生的生理特点和心理特点,准确、生动,贴近生活,富含受用一生的生活智慧。

二、学情分析

四年级的学生知道肥胖不利于健康,但不懂得如何管理自己的身体,有的学生因为饮食不均衡,又没有运动习惯,身体自然会发胖。本课将着重帮助学生了解管理身体的方法,教育学生养成良好的饮食习惯和运动习惯,预防肥胖。

三、教学目标

(1)了解肥胖对身体的危害。

(2)懂得通过均衡饮食和合理运动来管理自己的身体。

重点:了解肥胖对身体的危害,懂得如何管理身体。

难点:减肥。

四、教学准备

(1)布置学生观察自己的身体是否肥胖。

(2)制作课件。

五、教师自我分析

教师具有与本课内容相关的知识储备,掌握必要的减肥方法。

六、教学策略

主要通过小组探究、游戏活动、交流分享等策略实施教学。

七、教与学的方法

教法：讲授法、情境法。

学法：操作法、讨论法、体验法。

八、教学流程

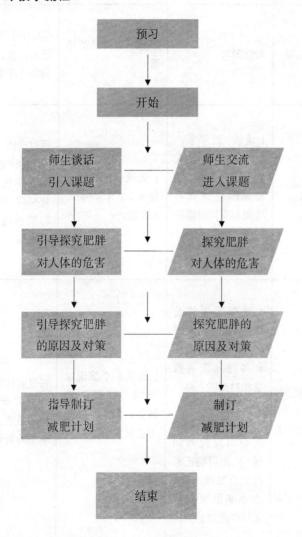

九、教学过程（表3.6）

表3.6 教学过程

教学环节	教师活动	学生活动	设计意图
课前预习	布置预习。	观察：称自己的体重。	引导学生关注自己的体重，带着问题进课堂。
活动一：师生交流，引入课题（3分钟）	1.谈话：近年来，小学生肥胖的人数呈上升趋势。主要原因是饮食不均衡和生活习惯不健康。 2.揭示课题。	1.交流：你的体重是多少？正常吗？ 2.读题。	通过交流，吸引学生的注意力，激发学生的探究兴趣，以饱满的精神进入学习状态。
活动二：探究肥胖对健康的危害（12分钟）	1.小学生生长发育快，新陈代谢旺盛，所需要的能量和各种元素的数量相对比成人高。如果饮食不合理，营养摄入不均衡，就会出现营养问题，从而影响正常的生长发育。播放小小演说家视频《胖胖的烦恼》。	1.欣赏小小演说家视频《胖胖的烦恼》。了解肥胖是不正常现象。	通过欣赏演讲，探究肥胖对健康的危害，引起学生的警觉。

续表

教学环节	教师活动	学生活动	设计意图
活动二：探究肥胖对健康的危害（12分钟）	2.组织交流：肥胖有什么不好？ 3.总结： （1）活动不方便。 （2）增加心脏负担，造成缺氧。 （3）引起心理问题。 4.讲述：一项研究表明，为数不少的小学生患上了糖尿病、高血压、高血脂等，都跟肥胖有关。	2.交流：肥胖有什么不好？ 3.听教师总结肥胖的危害。 4.了解肥胖会导致疾病。	
活动三：探究肥胖的原因及对策（20分钟）	1.出示活动单：在小组内讨论：是什么原因使身体肥胖？ 2.组织分享。 3.总结方法： （1）饮食清淡。定时定量，少吃甜食、零食，多吃蔬菜和水果。 （2）加强运动。	1.按照小组活动单的要求开展小组活动。 2.分享小组活动成果。 3.和老师一起总结预防肥胖的方法。	通过小组活动，探究肥胖的原因，分享生活智慧，习得减肥好方法。

续表

教学环节	教师活动	学生活动	设计意图
活动三：探究肥胖的原因及对策（20分钟）	（3）生活规律，合理安排睡眠时间。 （4）保持心情舒畅。		
活动四：总结延伸，开放课堂（5分钟）	1.组织自查：按公式计算自己的标准体重，对照现在的体重，看看自己是否偏胖。 2.启发思考：我为什么偏胖？ 3.组织讨论：是不是越瘦越好？ 4.指导制订减肥计划。 5.组织交流。	1.自查：按公式计算自己的标准体重，对照现在的体重，看看自己是否偏胖。 2.反思：我为什么偏胖？ 3.讨论：是不是越瘦越好？ 4.制订减肥计划。 5.交流。	
板书	预防肥胖 饮食均衡　积极锻炼		

写给家长：

您的孩子已经在课堂上了解了肥胖对身体的危害，懂得通过均衡饮食和合理运动来管理自己的身体。敬请您注意调节孩子的一日三餐，做到荤素搭配，饮食均衡，并鼓励、督促孩子按计划锻炼身体。建议您和孩子一起运动，培养良好的锻炼氛围和运动习惯，这将让您的孩子终身受益。谢谢您的支持与配合！

学会调控自己的情绪

一、教材简析

"学会调控自己的情绪"是四年级第二学期第5课，教材分三部分，分别是：勾画情绪脸谱、破解情绪密码、情绪来了我有办法。第一部分主要引领儿童了解常见的几种情绪。第二部分通过解读图文，引导学生关注自己的情绪，理解为什么会产生这样的情绪，了解情绪给自己的生活带来了哪些影响。第三部分通过图文创设情境，引导学生学习调控情绪的方法。教材符合四年级学生的生理特点和心理特点，准确、生动、贴近生活，有助于引导学生学会调控自己的情绪。

二、学情分析

四年级的学生对人体的外部器官及其功能已有所了解，但对于人体的内部器官及其功能知之甚少。他们知道要保护视力、听力，避免身体外部受伤，但不懂得如何保护内部器官。本课将着重帮助学生了解人体主要器官及其功能，教育学生学会保护自己的身体。

三、教学目标

（1）了解常见的情绪及其产生的原因，懂得及时调整情绪很重要。

（2）学习调节情绪的基本方法，保持积极、乐观、向上的情绪状态。

重点：学习调节情绪的基本方法，保持积极、乐观、向上的情绪状态。

难点：掌握调节情绪的基本方法。

四、教学准备

课件、投影仪、情绪图标、彩虹贴图。

五、教师自我分析

教师具有与本课内容相关的知识储备，掌握必要的调节情绪的方法。

六、教学策略

主要通过心理体验、游戏活动、交流分享等策略实施教学。

七、教与学的方法

教法：讲授法、情境法。

学法：操作法、讨论法、体验法。

八、教学流程

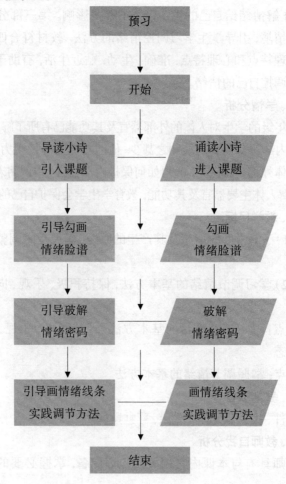

九、教学过程（表3.7）

表3.7 教学过程

教学环节	教师活动	学生活动	设计意图
课前预习	布置预习。	观察：自己有过哪些情绪？在什么情况下产生的？	引导学生关注自己的情绪，带着问题进课堂。
活动一：诵读小诗，引入课题（3分钟）	1.组织游戏：抓宝贝。 规则：把左手食指放在同桌右手心，同时，让同桌把左手食指放在你的右手心，当听到老师报3时，左手逃出，右手抓住宝贝。 2.导读小诗《快乐》《生气》。 3.板书：情绪。 4.揭示课题。	1.游戏：抓宝贝。 2.诵读小诗《快乐》《生气》。 3.理解情绪的意思。 4.进入课题。	通过游戏把学生的注意力吸引到课堂上来，体验快乐情绪。通过诵读两首小诗歌《快乐》《生气》，感受这两种情绪，从而理解情绪的意思。
活动二：勾画情绪脸谱（12分钟）	1.组织游戏：情绪气象台。根据老师的描述说情绪。	1.游戏：情绪气象台。根据老师的描述说情绪。	

续表

教学环节	教师活动	学生活动	设计意图
活动二：勾画情绪脸谱（12分钟）	2.根据游戏在彩虹图上点出：喜怒忧思悲恐惊。 3.出示小组活动单：在生活中，你有过什么情绪？是因为什么？在小组内交流。 4.小结：每个人都会产生情绪，这很正常。	2.在游戏中认识其中情绪：喜怒忧思悲恐惊。 3.小组活动：在生活中，你有过什么情绪？是因为什么？在小组内交流。 4.认识到生活中因某事产生情绪是正常的。	通过游戏、分享生活经验，帮助学生认识生活中常见的七种情绪。
活动三：破解情绪密码（20分钟）	1.播放视频：《图图看电视》。 主要内容：图图正在看电视，妈妈叫图图去吃饭。图图不肯，妈妈关了电视机。图图生气了，发火了。妈妈把图图拉进房间禁闭。 2.组织讨论： （1）图图的情绪是怎样的？为什么会产生这种情绪？ （2）这时，妈妈会怎么想？	1.观看视频：《图图看电视》。 2.讨论： （1）图图的情绪是怎样的？为什么会产生这种情绪？ （2）这时，妈妈会怎么想？	通过观看视频，激发学生的学习兴趣，用生动的动画形象引导学生理解情绪产生的原因，学会换位思考。

续表

教学环节	教师活动	学生活动	设计意图
活动三：破解情绪密码（20分钟）	3.指导情境表演：图图看电视（启发学生换位思考）。 4.出示心理图像：正看是老头，倒过来看是美女像。 5.小结：图图和妈妈都站在对方的位置想一想，就不会那么生气了。	3.情境表演：图图看电视（邀请一名家长参与）。 4.欣赏心理图像：正看是老头，倒过来看是美女像。 5.理解换位思考有利于化解不良情绪。	
活动四：实践调节方法（5分钟）	1.采访：你遇到过不顺心的事吗？当时是怎么想的？现在有什么新的想法？其他同学有什么建议？ 2.小结方法： 运动——把烦恼变成汗水蒸发掉 倾诉——找家人或好朋友说出烦恼 哭泣——让不开心随眼泪流走 听音乐、画画等——转移注意力	1.交流：你遇到过不顺心的事吗？当时是怎么想的？现在有什么新的想法？其他同学有什么建议？ 2.和老师一起小结调节情绪的方法。	师生、生生互动，分享智慧，互相启发，习得调节情绪的方法。

续表

教学环节	教师活动	学生活动	设计意图
活动四：实践调节方法（5分钟）	3.组织体验活动：画情绪线条。（播放轻音乐）选择一种颜色画一条生气的线。选择一种颜色画一条悲伤的线。选择一种颜色画一条快乐的线。选择一种颜色画一条此时此刻最能表达你情绪的线。4.组织视觉分享，交流发现。5.总结：同样的情绪，不同的人有不同的表达方式。因为不同，所以我们的世界就像彩虹一样五彩缤纷。6.引导朗诵小诗《快乐》。7.布置实践作业：用彩笔画一幅画，表达自己的一种情绪。	3.活动体验：画情绪线条。选择一种颜色画一条生气的线。选择一种颜色画一条悲伤的线。选择一种颜色画一条快乐的线。选择一种颜色画一条此时此刻最能表达你情绪的线。4.视觉分享，交流发现。5.理解：同样的情绪，不同的人有不同的表达方式。因为不同，所以我们的世界就像彩虹一样五彩缤纷。6.朗诵小诗《快乐》。7.实践作业：用彩笔画一幅画，表达自己的一种情绪。	运用音乐营造氛围，通过"画情绪线条"引导学生体验表达情绪，领悟同样的情绪，不同的人有不同的表达方式。培养学生相互包容的健康心理。

续表

教学环节	教师活动	学生活动	设计意图
板书	学会调控自己的情绪 换个角度想一想　　　情绪		

写给家长：

您的孩子已经在课堂上了解了常见的情绪及其产生的原因，懂得了及时调整情绪很重要。学习了调节情绪的基本方法。敬请您关注孩子的情绪变化，鼓励孩子运用学到的方法自我调节，保持积极、乐观、向上的情绪状态。这将让您的孩子终身受益。谢谢您的支持与配合！

身体的秘密

一、教材简析

"身体的秘密"是四年级第二学期第6课，教材分三部分，分别是：身体在变化、身体警戒线、"大灰狼"来了我有办法。第一部分主要引领儿童关注青春前期自己身体的发育。第二部分通过在图上标注，让学生明确身体的隐私部位，了解性侵的主要表现形式。第三部分通过图文创设情境，引导学生防范性侵。教材符合四年级学生的生理特点和心理特点，准确、生动、贴近生活，蕴含丰富的生活智慧。

二、学情分析

四年级的学生身高、体重增长加快，进入青春期的早期阶段。但是他们的大脑还没有跟上变化，心理还不是很成熟，情绪变化比较大。儿童性发育时间已经提前。2015年，由国内6家知名儿童医学中心组成的联合调查组的调查研究结果显示：我国儿童性发育的时间从原来普遍认为的10~12岁提前到女孩9.5岁，男孩11.3岁，2.9%的女孩和1.44%的男孩被诊断为儿童性早熟。我们班就有一例性早熟。

学生普遍对人体的外部器官及其功能有所了解，但对于人体的隐私部位关注甚少，缺乏必要的保护意识。近年来，儿童遭遇猥亵和性侵犯的案件时有发生，很多学生对于自己遭受的伤害茫然不知，或由于羞于启齿而隐瞒。

本课将着重引导学生关注青春前期自己身体的变化，明确身体的警戒线，了解性侵的主要表现形式，学习自我保护的方法，教育学生保护好自己的身体。

三、教学目标

（1）通过观察、体验、分享，引导学生关注并悦纳身体的发育变化,体验成长的快乐。

(2)引导学生明确身体警戒线,认识什么是性侵,通过视频了解性侵害的五种主要形式:"眼睛警报""嘴巴警报""手警报""拥抱警报""独处警报"。

(3)通过情境讨论,习得遭遇险境保护自己的方法,培养学生珍爱自己、珍爱生命的生活态度。

重点:关注自己的身体发育,提高防性侵意识。

难点:遇到险境能机智逃离。

四、教学准备

(1)布置学生观察自己的身体变化。

(2)制作课件、身体发育变化图、人体挂图、板书贴纸、作业纸等。

五、教师自我分析

教师观察本班学生青春前期的变化,了解学生的生长发育情况及心理反应,引导儿童学会保护自己,预防性侵。

六、教学策略

主要通过观察、体验、小组探究、观看视频、情境讨论等策略实施教学。

七、教与学的方法

教法:讲授法、情境法。

学法:操作法、讨论法、体验法。

八、教学流程

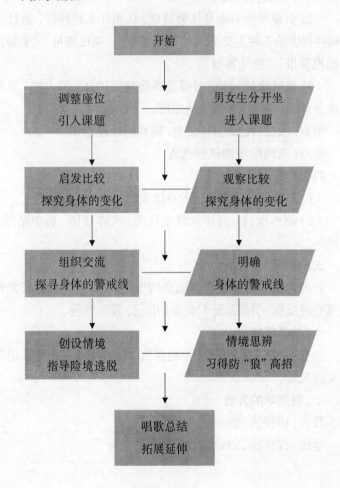

九、教学过程(表3.8)

表3.8 教学过程

活动环节	教师活动	学生活动	设计意图
课前预习	提前两周布置学生观察身体的变化。	观察:身体有哪些变化?	引导学生关注自己的身体变化,带着问题进课堂。
活动一:调整座位,引入课题(3分钟)	1.师生问好时组织男生、女生分开就座。 2.揭示课题:(探究)身体的秘密。	1.在老师的引导下,男生、女生分开就座。 2.进入课题:(探究)身体的秘密。	一上课就让男生、女生分开就座,能很快吸引学生的注意力,激发学习兴趣,让他们带着好奇心进入话题。
活动二:探究身体的变化(17分钟)	(一)组织交流:了解身体的变化 1.组织交流:从一年级到四年级,你发现自己的身体有哪些变化? 2.启发思考:你的身体还将发生哪些变化?让学生写在作业纸上。	(一)交流:了解身体的变化 1.交流:从一年级到四年级,发现自己的身体有哪些变化? 2.思考:我的身体还将发生哪些变化?写在作业纸上。	

续表

活动环节	教师活动	学生活动	设计意图
活动二：探究身体的变化（17分钟）	3.分别出示男生、女生青春期发育变化卡。如：长大后男生会长喉结、长胡子；女生胸部会变大……让学生对照，自主打"√"。 4.小结：这些都是青春初期身体的正常变化。 5.分享资料，引导学生认识性早熟，并学习预防策略。 出示：由国内6家知名儿童医学中心组成的联合调查组在对18707例年龄在6~18岁的孩子的调查中发现，有2.9%的女孩和1.44%的男孩被诊断为性早熟。 （一般认为，如果女孩在8岁以前就发现乳房发育，10岁以前月经初潮，就有可能是性早熟。）男孩9岁以前睾丸发育，出现第二性征，并伴有体格的过速发育，也可能是性早熟。）	3.对照老师出示的男生、女生青春期发育变化卡，符合的打"√"。 4.了解：这些都是青春初期身体的正常变化。 5.说说性早熟及其原因。 懂得预防性早熟：少吃补品、洋快餐和反季节水果。	

续表

活动环节	教师活动	学生活动	设计意图
活动二：探究身体的变化（17分钟）	预防性早熟：少吃补品、洋快餐和反季节水果。 （二）组织看图：男生看男生的成长发育图，女生看女生的成长发育图。 （三）组织换图看：男生看女生的成长发育图，女生看男生的成长发育图。	（二）看图：男生看男生的成长发育图，女生看女生的成长发育图。 （三）换图看：男生看女生的成长发育图，女生看男生的成长发育图。	现实生活中，儿童性发育时间已经提前到女孩9.5岁，男孩11.3岁。通过观察、体验、分享，让学生了解自己及异性身体的发育过程，引导学生悦纳身体发育变化，感受成长的快乐。
活动三：探寻身体的警戒线（8分钟）	（一）引导学生认识隐私部位 1.让学生用笔在作业纸上分别圈出男生、女生身体的隐私部位。 2.把人体图贴在黑板上，让一名学生分别圈出男生、女生身体的隐私部位。	（一）明确隐私部位 1.用笔在作业纸上分别圈出男生、女生身体的隐私部位。 2.一名学生上黑板用小磁铁分别标出男生、女生身体的隐私部位。	通过完成作业激发每一个学生的学习热情，帮助学生明确身体有哪些隐私部位，懂得这些部位需要特别保护。

续表

活动环节	教师活动	学生活动	设计意图
活动三：探寻身体的警戒线（8分钟）	3.出示：泳衣覆盖的地方就是隐私部位。 （二）引导学生了解性侵的常见表现 1.播放动画片：《防性侵的五种警报》。 2.组织交流：防性侵有哪五种警报？ 3.出示一组图片，让学生判断：以下情境哪些是安全的？哪些是危险的？这属于什么警报？	3.明确身体的隐私部位。 （二）了解性侵的常见表现 1.观看动画片：《防性侵的五种警报》。 2.交流：防性侵有哪五种警报？ 3.根据情境判断：哪些是安全的？哪些是危险的？这属于什么警报？做"√""×"的手势回答。	据报道，性侵儿童案件中，受害人群呈现逐渐低龄化趋势，尤其以8~14岁的学生居多。通过看动画片，让学生了解性侵的主要形式，教育学生提高警惕。
活动四：情境思辨，习得自卫方法（10分钟）	（一）创设情境，引导学生怎样对付陌生人 1.出示四个情境及小组活动单： （1）选择其中一个情境，讨论应该如何应对。 （2）推选一名代表准备向大家汇报。	（一）解读情境，学会怎样对付陌生人 1.根据活动单开展小组活动。	

续表

活动环节	教师活动	学生活动	设计意图
活动四：情境思辨，习得自卫方法（10分钟）	（3）时间：3分钟。 情境一：在公共汽车上有人不怀好意地触碰我时，我该怎么办？ 情景二：傍晚，文文一个人走在路上，有人尾随，文文该怎么办？ 情境三：红红一个人走在放学的路上，一个叔叔开着车说："小妹妹，到哪里去？搭我的车吧？" 情境四：平平正在玩微信，有人和他聊天，邀请他看非常刺激的电影，并要求平平不要告诉别人。平平该怎么办？ 2.组织学生分享防"狼"高招，并板书： 勇敢说不 机智逃离 拒绝诱惑	2.各小组分享防"狼"高招。	

续表

活动环节	教师活动	学生活动	设计意图
活动四：情境思辨，习得自卫方法（10分钟）	（二）创设情境，引导学生警惕熟人 1.出示情境五：星期天，兰兰一个人在家做作业，隔壁的李叔叔过来敲门，兰兰一看是熟人，就开门让他进来了，但李叔叔却对兰兰动手动脚的，兰兰该怎么办？ 2.组织男生讨论：兰兰该怎么办？ 3.组织女生点评：男生的防"狼"高招是否可行？ 4.再生情境：兰兰斗不过老奸巨猾的李叔叔，受到了伤害。怎么办？ 出示： A.不愿意上学了 B.报警 C.悄悄告诉妈妈	（二）解读情境，学会警惕熟人 1.解读情境五：星期天，兰兰一个人在家做作业，隔壁的李叔叔过来敲门，兰兰一看是熟人，就开门让他进来了，但李叔叔却对兰兰动手动脚的，兰兰该怎么办？ 2.男生讨论：兰兰该怎么办？ 3.女生点评：男生的防"狼"高招是否可行？ 4.思考：兰兰不幸受害，该怎么选择？为什么？	

续表

活动环节	教师活动	学生活动	设计意图
活动四：情境思辨，习得自卫方法（10分钟）	5.告诉学生：生命第一。无论发生了什么事都要告诉妈妈，必要时勇于报警。 6.启发思考：从这个案例中可以吸取什么教训？ 7.出示：儿童性侵实施者构成图。指导学生解读，引导学生发现熟人性侵案例多。	5.懂得生命第一。无论发生了什么事都要告诉妈妈，必要时勇于报警。 6.思考：从这个案例中可以吸取什么教训？ 7.解读儿童性侵实施者构成图。懂得警惕熟人性侵。	通过创设情境，组织思辨，引导学生既要对陌生人倍加小心，也要警惕熟人，层层深入，"授之以渔"，引导学生学会处理险境，教育学生时时刻刻注意保护自己。
活动五：唱歌总结，推荐资源（2分钟）	1.出示：身体发肤受之父母。 2.总结：身体发肤受之父母。我们每个人的身体是父母送给我们的最好的礼物。这堂课，我们一起探究了身体的变化，明确了身体的警戒线。如果遇到"大灰狼"，我们就勇敢说"不"，机智逃离、拒绝诱惑，必要时勇于报警。	1.朗读：身体发肤受之父母。 2.读板书：勇敢说不 机智逃离 拒绝诱惑	

续表

活动环节	教师活动	学生活动	设计意图
活动五： 唱歌总结， 推荐资源 （2分钟）	万一不幸受害，请告诉自己：生命第一。 我们的身体还有很多很多秘密等着我们去探索。 3.推荐好书《成长可以无忧》。推荐几个网站。 4.播放歌曲视频《宝贝安全歌》。	3.认识好书《成长可以无忧》。知道老师推荐的网站。 4.跟唱《宝贝安全歌》。	歌曲十分切题，生动形象。用唱歌的形式总结，深受学生喜欢，画龙点睛，帮助学生巩固所学知识，提高自我保护的意识和能力。推荐好书和网站，旨在鼓励学生带着问题走出课堂，自主学习，发现身体更多的秘密，让自己青春前期成长无忧。
板书	身体的秘密　　勇敢说不　　机智逃离　　拒绝诱惑		

写给家长：

您的孩子已经在课堂上明确了身体警戒线，认识了什么是性侵，了解了性侵害的主要形式，学习了遭遇险境时保护自己的方法。敬请您关注孩子的身体变化，多提醒孩子注意自我保护，培养学生珍爱自己、珍爱生命的生活态度。这将让您的孩子终身受益。谢谢您的支持与配合！

学会火灾逃生与求助

一、教材简析

"学会火灾逃生与求助"是四年级第二学期第7课，教材分三部分，分别是：火灾逃生演练图、报火警儿歌、火灾求助图文。第一部分主要引领儿童掌握火灾逃生技能。第二部分通过儿歌让学生掌握报火警的要领。第三部分通过图文创设情境，引导学生学会火灾求助。教材符合四年级学生的生理特点和心理特点，准确、生动，贴近生活，操作性强。旨在帮助学生了解火灾的危害，学会火灾逃生与求助，懂得保护自己。

二、学情分析

四年级的学生对于火灾的危害有所了解，也参与过消防演习，但真正完全掌握火灾逃生技术的不多，会火灾求助的同学也不多。本课将着重帮助学生了解火灾逃生知识，训练逃生技能，学会火灾求助。

三、教学目标

（1）了解火灾逃生方法。

（2）学会火灾求助、报火警。

重点：学会火灾逃生方法。

难点：学会火灾求助。

四、教学环境

课件、投影仪、多功能火灾报警电筒。

五、教师自我分析

教师具有与本课内容相关的知识储备,对学生有足够的影响力。

六、教学策略

主要通过小组探究、活动体验、交流分享等策略实施教学。课堂教学的设计从学生实际出发,形式活泼多样,体现学生的特点。通过小组为基本活动形式,以帮助、自助、互助为基本原则,以每个人的参与为目标,让学生在多想、多说、多体验、多感悟的活动中充分思考、总结,经过比较、选择、整合之后,得出自己的结论,并逐步形成自己的见解,最后落实到行动中。通过讨论分析、谈话沟通、行为训练等方式,使学生习得科学的火灾逃生和求助方法。

七、教与学的方法

教法:讲授法、情境法。

学法:操作法、讨论法、体验法。

八、教学流程

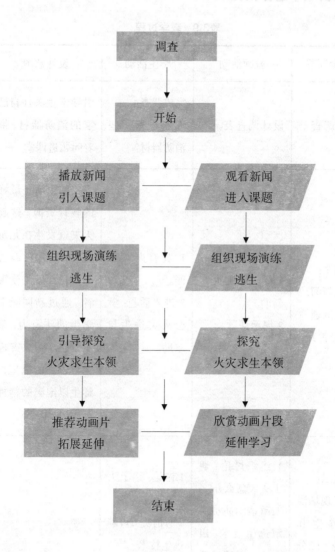

九、教学过程（表3.9）

表3.9 教学过程

教学环节	教师活动	学生活动	设计意图
课前调查	设计调查表。	完成调查：你家里有哪些消防器材？	引导学生关注自己家的消防器材，带着问题进课堂。
活动一：播放新闻，引入课题（3分钟）	1.播放一则火灾新闻。 2.揭示课题。	1.观看火灾新闻。 2.进入话题：学会火灾逃生与求助。	真实的生活是最好的教育资源。这起火灾就发生在儿童真实的生活中，身边的小伙伴就是受害者。通过新闻吸引学生的注意力，激发学生学习火灾逃生与求助的欲望，师生以饱满的精神进入学习状态。
活动二：组织现场演练逃生和报警（12分钟）	1.组织讨论：遇上火灾怎么办？ 2.邀请消防员讲解逃生技术。出示：一捂嘴二低头三弯腰。	1.讨论：遇上火灾怎么办？ 2.听消防员讲解逃生技术。	

续表

教学环节	教师活动	学生活动	设计意图
活动二：组织现场演练逃生和报警（12分钟）	3.消防员指导消防逃生演练。 4.组织分享感受与经验。 5.组织情境判断。出示火灾逃生情境，请学生判断是否正确。 预设：不乘电梯、不跳楼、使用灭火毯。	3.在消防员的指导下进行消防逃生演练。 4.组织分享感受与经验。 5.情境判断。根据老师出示的火灾逃生情境，请学生判断是否正确。	火灾的危害激发了儿童学习逃生、预防火灾的强烈欲望，趁热打铁，请消防员现场指导儿童进行火灾逃生演练，拨打火警电话。儿童格外专注。诵读儿歌能更好地帮助儿童记住报火警的要领，以备急需时准确报警。
活动三：学习火灾求助方法（20分钟）	1.组织学生尝试报警。 2.邀请消防员指导报警。 3.PPT出示儿歌：报警早，损失小，"119"，要记牢。	1.尝试报警，互相补充报警要领。 2.聆听消防员的指导。 3.齐读儿歌。	

续表

教学环节	教师活动	学生活动	设计意图
活动三：学习火灾求助方法（20分钟）	说清地址和起因；说明火势大和小；说明里面是否还有人；抢救生命最重要。 4.出示活动单。 活动单： （1）在小组内探究多功能声光报警手电筒的使用方法。 （2）向同学介绍。 5.组织分享。	4.小组活动： （1）在小组内探究多功能声光报警手电筒的使用方法。 （2）向同学介绍。 5.全班分享。	组织儿童通过小组合作探究多功能声光报警手电筒的使用方法，满足儿童的好奇心，让儿童在动手、动脑和分享中了解其功能，掌握使用方法，以防火灾逃生求助之用。
活动四：拓展延伸，巩固所学（5分钟）	1.组织学生交流本课的学习收获。 2.播放视频《消防大队秘密多》。	1.交流本课学习收获。 2.看视频《消防大队秘密多》。	

续表

教学环节	教师活动	学生活动	设计意图
活动四： 拓展延伸， 巩固所学 （5分钟）	3．推荐动画片《消防大本营》。 4．总结：遇到火灾不要慌，立即逃生，勇于求助，生命第一！	3．欣赏动画片片段《消防大本营》。 4．懂得遇到火灾不要慌，立即逃生，勇于求助，生命第一！	消防知识很多，儿童需要不断地学习。向儿童推荐动画片《消防大本营》，旨在引领儿童在喜闻乐见的动画片中习得更多的消防知识，提升自我保护的能力。
板书设计	学会火灾逃生与求助 一捂嘴二低头三弯腰 不慌　不坐　不跳		

写给家长：

您的孩子已经在课堂上了解了遇到火灾时逃生的方法，也学习了求助和报火警的方法。敬请您和孩子在家里每月演练一次，多提醒孩子注意消防安全，培养孩子珍爱生命的生活态度。这将让您的孩子终身受益。谢谢您的支持与配合！

第四章 共营"班主任茶座",优化家校共育文化

第一节 班主任茶座——煮一锅家校共育的"石头汤"

一天晚上,一个学生的父母约我到"老树咖啡"聊孩子的事,他们因为儿子的叛逆烦恼不已。恰巧,偶遇两位朋友,一位是我同行,另一位也家有男孩。我们聊了一个多小时,感觉轻松又深入,他们说"豁然开朗"。我想,如果是白天在办公室说这件事,会是怎样的感觉呢?严肃?愤怒?抑或产生对立情绪?我顿悟:同样的事,在不同的时间、不同的环境,怀不同的心态来做,效果迥异。我又想起绘本《石头汤》,故事中的村民在福禄寿的导引下纷纷拿出饺子、绿豆、百合、胡萝卜……煮出一锅美味的石头汤,领悟到如何在合作与分享中获得快乐。于是,我想,何不主动邀约若干家长"闲聊",在分享与探讨中生长教育智慧,共煮一锅家校共育的石头汤呢?就这样,"班主任茶座"诞生了。

当下,我们正处于信息技术飞速发展的时代,然而,广大家长仍迫切希望与班主任进行面对面的沟通,这种沟通的价值是网络无法比拟的。"班主任茶座"为班级家庭教育共同体建设搭建了成员之间面对面沟通的平台,推动班内家庭教育的均衡、整体、和谐、高位互动式发展,提高班级教育合力,全面提升班级的教育质量。

一、自主·合作·融通——班主任茶座的服务理念

"班主任茶座"是基于闲暇的、以聊天为基本形式的、以对理想的家庭教育的欲求为核心的、以培养儿童健全人格为宗旨的小组活动。"班主任茶座"与传统的家长会具有本质的区别。

1.改强制要求为自主选择

传统的家长会一般由班主任确定时间、地点和内容,要求家长参加,很少考虑家长有没有需要和时间。家长难得有机会就自己孩子的情况单独和班主任交流,即使交流也难以深入,因为班主任来不及满足全班家长的沟通需求。"班主任茶座"让家长拥有自主选择权,可以根据自家情况及话题有选择地参加。"班主任茶座"一学期有多次,每次参与者仅15人,共同探讨怎样教育"我"家孩子的问题,大大增加了家长与班主任或者嘉宾对话的机会。正如一位家长所言:"我喜欢到班主任茶座和大家聊孩子,这完全是我自己的事,轻松、自由,畅所欲言。一年来,我在改变,孩子也在改变。真心感谢班主任茶座。"

2.变领导教育为平等合作

"班主任茶座"完全颠覆了传统意义上班主任与家长的沟通方式,班主任的教育职能发生了根本性的转变。传统的家长会是以教师为中心的,教师是专家,家长是受教育者,二者是领导与被领导、教育与被教育的关系(如图1)。"班主任茶座"则是以孩子为中心,以话题为纽带,家长和教师是为探讨某一共同话题而形成的平等对话关系。同时,家长与家长之间也是平等合作关系,共同探讨教育孩子的话题(如图2)。

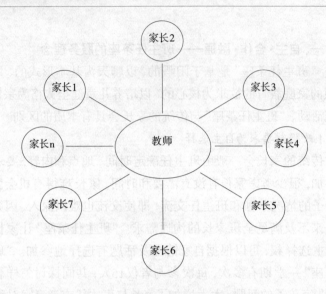

图1 传统家长会的模式

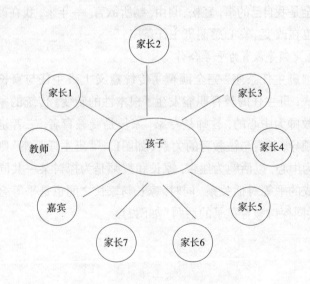

图2 班主任茶座的模式

在传统的家长会上，家长往往是被动地听从教师的安排，信息传输主要是学校向家长的单向传输，家长参与度不够，家校互动不足，学生更没有表达观点的机会。而"班主任茶座"则不同，首先，家长是自主报名参加的，心态是积极主动的。其次，家长常常带着问题来，主动与老师及其他家长一起探讨教育孩子的问题，他是有目的地参与活动。再次，有时家长携子一起参加，孩子也同样享有平等的发言权。在这样特殊的情境之下，家长往往理智占优势，有些亲子沟通问题现场就能解决一部分。

3. 化彼此隔阂为相互融通

"好的教育实践从来就不是孤立的活动，而永远是发生在人与人之间，共同分享、相互激励，并最终在人与人的相互关系之中彼此成全的活动。"传统的家长会虽然也安排优秀的家长代表发言，但是一般是单向的，鲜有家长之间形成对话，共同探讨教育问题。家长群体中，既有道德修养高、教育理念先进、教育经验丰富的人，也有文化水平不高、几乎不懂教育的人。目前，大多数家庭仍延续着"各独亲其亲，各独子其子"的家庭教育形式，基本上是"克绍箕裘"的状态，虽同属一个班级，可家庭与家庭之间教育水平相去甚远。我们以"班主任茶座"的方式实现了家庭之间的相互沟通，体现出鲜明的"破壁"功能：它改变了家长各自为政的局面，打通了家庭之间的文化界限，分享优质教育资源，交流先进的家庭教育理念与经验，努力使班级成为优质家庭教育资源的集大成者。班主任做好组织协调、牵线搭桥工作，让班级中家庭教育的高手充分发挥引领和指导作用，尽最大努力为每一个孩子营造良好的家庭成长环境，促进儿童健康成长。

二、精选·笃行·分享——班主任茶座的操作策略

1. 精选：精益求精

"班主任茶座"在准备阶段精心选择主题，精心选择嘉宾，精心选择书籍，也精心选择时间和地点。

（1）精选主题求实在。

家长的需要就是"班主任茶座"的需要。朴素而实在是"班主任茶座"选择主题的第一追求。主题主要来源于家长，由家长委员会负责搜集后建成话题库，然后班主任和家长委员会共同整理、提炼，大致形成系列，预留空间供补充。我们努力选择家长感兴趣且具有现实意义的话题，希望能真正帮助家长解决家庭教育中的实际问题。表4.1是一（4）班第一学期"班主任茶座"安排表，从内容上来看，主要引导家长培养儿童良好的阅读习惯，这对于一年级新生家长来说是最需要的。

表4.1 一（4）班第一学期"班主任茶座"安排表

时间	主题	主讲嘉宾	地点
9月	孩子注意力不集中怎么办	施健（特级教师、中国家庭教育专业委员会理事）	学校二楼圆桌会议室
10月	绘本：为儿童打开一扇窗	樊健（班主任）	学生F的家里
11月	培养书虫有妙招	梅子（学生家长）	阅读中心底楼阅览室
12月	倾听孩子内心的声音（一）	顾向红（国家二级心理咨询师）	学生G的家里
1月	怎样让孩子爱上数学阅读	秦妹（数学老师）	阅读中心数学阅读馆

家庭教育的进步绝不是一蹴而就的。因此，我们主张"班主任茶座"主题成阶梯式。如"倾听孩子内心的声音"这一话题，安排三期，分别在一年级、四年级和六年级。一年级学生刚入学，家

长往往比较焦虑。"班主任茶座"旨在引领家长确立儿童视角，培养倾听孩子心声的意识，从而宽容孩子、鼓励孩子，让孩子尽快融入小学生活。四年级的孩子自我意识明显增强，"班主任茶座"的目的是指导家长学会倾听孩子内心的声音，理解这个年龄段孩子的需要，努力做孩子的朋友，共建和谐的家庭生活。六年级的孩子开始进入叛逆期，通过"班主任茶座"指导家长走进孩子的心灵，努力做孩子的知己和助理，倾听、理解而非教育，帮助孩子释放情绪，顺利度过心理断乳期。家长参加一期有收获，参加相关的几期更有收获。

（2）精选嘉宾求实效。

嘉宾的良莠决定了"班主任茶座"的质量。因此，精选嘉宾是关键。班主任是最重要的主讲人。班主任主讲的优势是对学生非常了解，能和家长的话题进行无缝对接，能切实有效地解决比较多的家庭教育问题。

当然，班主任的专业水平也是有限的。因此，我们邀请能人做客班主任茶座，为家长指点迷津。嘉宾中有名师、专家，如本校的校长、特级教师、心理咨询师等，也有任课老师、家长和学生。家长中也不乏教育高手，有选择地邀请他们做客"班主任茶座"，能让其他家长倍感亲切，也更容易接受来自他们的教育理念和先进经验。如探讨亲子阅读问题，请做得好的家长主讲，因为有切身体验，能现身说法，因而更生动，更有说服力；优秀学生本身就是最好的案例，邀请个性鲜明的学生做客"班主任茶座"，给家长的引领更形象生动。我们学校开设"满天星"讲坛，第一位开讲者是六（1）班的班长，口若悬河，妙语连珠。于是，特邀她做客"班主任茶座"，让家长见识优秀学生的口才，引导家长鼓励孩子阅读、分享、展示，积极培养孩子卓越的语言表达才能。

（3）精选书籍求实现。

"教育的灵魂就是引导着人不断去欲求美好事物，以个体心灵中不断萌生的对美好事物的欲求来激励、引导个体生命的自我成长。"相比解决家庭教育中的实际问题,"班主任茶座"更高位的追求是激发家长自主学习的内驱力,不断更新生活理念,成为促进孩子成长的活教材,实现亲子共同成长的理想。家长不可能经常听到教育专家的报告,也不可能每次都参加"班主任茶座",而书恰好能满足家长学习的愿望,是实现理想的家庭教育的捷径。每期"班主任茶座"都安排好书分享活动。人人可以是分享者,就一本书发表1分钟演讲。日后,大家在班级博客和微信群里跟帖分享,彼此启发。分享哪一本好书,均需和班主任预分享后确定,以确保书籍的品位。

2. 笃行:脚踏实地

"苏格拉底所代表的教育实践是建立在个人喜好之上的,与好的朋友一起教授、分享、追求好的事物。"每期"班主任茶座"都聚焦一个话题,邀请一名嘉宾主讲并进行案例分析,然后自由对话、分享好书。班级家长委员会提前一周接受家长报名,确定参加本期"班主任茶座"的名单,一般为15人,时间为1小时,基本都安排在闲暇之时。地点则根据需要自由选择,有时在学校的圆桌会议室,有时在某学生家里,有时则安排在茶室,氛围更好,交流更轻松。"班主任茶座"一般一个月一次,一个学期开设四五次,期初就安排好每一期的主题,以便家长可以根据兴趣、需要以及时间自主选择参与。"班主任茶座"的基本操作流程如下:

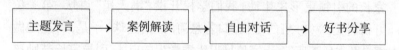

有时也根据需要临时调整。比如,在实际家庭生活中,总有个别孩子很特别。因此,我们开设"班主任特需茶座",家长可以主动与班主任预约,然后由班主任约请相关人员一起探寻智慧策略，以求家庭教育的个性化和理想化。

对于家长在"班主任茶座"中提出的典型案例，我们进行跟踪探讨，集体梳理，观察孩子的动态变化，分析孩子的进步情况，及时总结经验教训，以切实帮助家长找到巧妙、有效的方法，促进家庭教育的可持续发展。

3. 分享：集思广益

"教育在闲暇中，教育的基础性条件是闲暇，甚至可以说教育即闲暇，年长者与年轻人在一起的自由交流，就构成了教育的基本形式。""班主任茶座"搭建了分享平台，旨在激发每一个家庭对理想的家庭教育的向往，引领家长在闲暇之余聊聊孩子的事，促成家庭之间彼此开放，以积极的心态和孩子共同成长。

"班主任茶座"除了现场分享，还有场外分享。打开班级博客，家长们能看到家长委员会制作的《班主任茶座简报》，能读到参与者的心得体会，能欣赏到现场照片，也可以质疑或提问。班级微信群和QQ群拓展了彼此间的对话时空，不断生成新的教育智慧和新的话题。

比如，在第四期班主任茶座"倾听孩子内心的声音（一）"之后，在班级博客里，我读到了这样的文字：

家长1：我们收获颇丰，比如，小孩遇到困难会对家长哭鼻子，现在我懂了，哭泣其实是一种求助，是对父母的信任。这时，应鼓励孩子而不是责备。

家长2：以前，我从来不知道孩子心里的想法。每次带回家的课堂小练习只要是做错题，我都会对着她一阵火吼。听了顾老师的讲述，我明白了，应该给孩子解释的权利。

家长3：换一个视角，体会孩子的不易。换一种身份，试着和孩子做朋友。换一种心态，相信孩子会做得更好。少说多听，孩子会对你敞开心扉……

三、引领·促进·构建——班主任茶座的价值追求

1. 引领家长认识孩子

随着社会的发展,尤其是中国特有的独生子女现象强化了家长对家庭教育的关注。家长对教育的需求越来越多,要求也越来越高,主动参与班级教育,与教师共同教育孩子的愿望越来越强烈。一般家长面对的就是自己的孩子,由于没有比较,大多数家长都对自己的孩子在认识上存在偏差。家长只有跳出家庭看孩子,才能比较客观全面地认识自己的孩子,才能悦纳孩子。"班主任茶座"给家长搭建了分享平台,家长与教师及时交换有关孩子的资讯,使家长对自己孩子的发展情况有越来越全面的认识。家长与家长之间畅所欲言,让家长把孩子放在群体中观察,容易发现自己家孩子的优势和长处,也能清醒地认识到自己孩子的不足,有利于家长不断调整家庭教育策略,改进家庭教育方法,促进儿童的个性发展。

2. 促进班主任与家长互动成长

当前,无论是社会还是学校,与教育相关的讲座不少,主讲的几乎都是教育专家,但是他们对本班孩子的实际问题不甚了解,因此很难对症下药,这就好比隔靴搔痒,难以真正解决问题。家庭教育需要专家引领,更需要孩子生活圈内有专业素养的普通人相助。而班主任对本班孩子的各方面情况最了解,在教育理论和经验等方面比一般家长专业些,通过"班主任茶座"把先进的教育理念和良好的教育方法分享给家长,针对性更强,能更好地促进家长教育智慧的生成。况且,"班主任茶座"由于人数比较少,班主任与学生及家长之间拥有比较理想的沟通距离,大大增加了自然对话的机会,既避免了全班开家长会的鞭长莫及,又消除了教师与家长一对一交流的紧张和顾忌。

教育一直都是双方共同成长的过程。"班主任茶座"也促进了班主任的专业成长。班主任在组织、参与"班主任茶座"的过

程中产生了研究兴趣,以及向往美好专业发展的愿望,并从主讲嘉宾的发言中学到先进的教育理念和有效的家庭教育实践经验,从学生、家长与他人的对话中搜集到鲜活的、个性化的案例,启发思考,督促研究,使自己在专业发展的道路上越走越远。

3. 构建班级家庭教育共同体建设范式

"班主任茶座"以儿童发展为理想,以话题为纽带,以分享合作为宗旨,以提升亲子关系为重点,以实践反思为方式,优化班级家庭教育方式,强化班级家庭教育共同体的管理模式和运作方式的研究,使班级家庭教育集成化、有序化和精致化,从而建构起具有共同教育愿景的班级家庭教育共同体新的生活世界,探索一条班级家庭教育共同体发展的新思路,以形成班内家庭教育均衡、协调、优质发展的基本范式,揭示普遍规律,并由此辐射,为其他班主任提供可参考的策略,使全校范围内家庭教育得以优化,教育质量全面提升。

理想的教育永远指引着朝圣者不断探索、前行。家校共育的研究永无止境。我呼吁,班主任都来开设茶座,煮好家校共育的"石头汤",为儿童的成长汇聚力量,创造教育智慧!

第二节 "班主任茶座"典型案例

(樊老师茶座第2期)培养书虫我有妙招

时间:2014.12.18

地点:教育大厦二楼报告厅

参与家长:

陆潘妮的爸爸妈妈、张馨文的妈妈、韩宇轩的妈妈、季琦哲的妈妈、姜文婕的爸爸、严舒文的爸爸、王浩杰的妈妈、祁敏瑞的妈妈、陈家帆的爸爸、季家铭的妈妈、张慧琳的妈妈、黄晨榆的妈妈、张哲浩的妈妈、陈思睿的妈妈

嘉宾：书香家长梅子
主持人：樊健

活动一：介绍梅子

梅子，一个四年级孩子的妈妈，新教育萤火虫海门站首批核心义工，全国新教育萤火虫项目优秀义工，南通市"十佳"好妈妈，海门市"十佳"好妈妈，海门市优秀儿童阅读推广人，海门市优秀家庭教育代表，曾获"东小2012—2013学年度特殊贡献奖"。

活动二：梅子讲述亲子阅读故事

我是一个比较爱跟孩子一起读书的妈妈，自从今年六月份在女儿的班主任刘老师的推荐下加入了"萤火虫"这个旨在推广亲子阅读的纯公益组织后，收获真的是很大！"萤火虫"亲子共读公益项目秉承"阅读，点亮心灯"的理念，在各位分站站长与优秀志愿者和义工的协助下，朝向"点亮自己，照亮他人"的方向发展。

我们可以参与网上交流，在论坛中、在QQ群里与优秀的阅读推广人诸如童喜喜、李一慢等著名儿童作家以及经验丰富的父母们共同探讨孩子阅读中的各种问题。通过这些交流，我也明白了，作为家长，应该珍惜孩子童年的岁月，给孩子最有营养的童书。因为真正好的儿童文学，并不是说明一个道理，而是给你一种感情，给你一种审美的感受，当你感受了一些美好的感情，一些非常复杂的生活情感通过童话传递到你的心里去以后，它会在你的心里留一辈子，对一个孩子来说，就是在书香中长大。

孩子的阅读起点很重要。借用著名作家刘绪源老师的话说，现在的儿童文学有三类，一种是药品，有什么治什么。小孩子哪里做得不好，就在书里教育你，而好的文学作品是有意味却无意识，这一点我深有体会。像《爱丽丝梦游仙境》这本书，你说孩子能读出一定的道理吧，恐怕说不出。但孩子就喜欢读，而且重要的是读完后能获得一种审美的愉悦感。第二类，刘老师称之为可乐派的，孩子们读着会上瘾，但其实是软饮料。第三类是水果派，是真正的好作品。这样的作品是慢慢酝酿的，它有一个生根、发芽、成树、结果的过程。孩子们阅读后获得的是真正的营养，通过咀嚼才能被吸收。孩子的阅读起点很重要，如果一开始接触的是"水果类"作品，他慢慢地培养了自己的审美情趣和口味，这个时候再读"可乐"作品，他未必会喜欢。所以我们做家长的，要帮孩子们把好这第一关，把他们引向好的作品，别以为孩子小，其实他们的审美情趣是需要培养的。面对孩子小学六年，作为家长，我们心里要明白，一年一年，孩子最应该读哪些优秀的童书。既不能拔苗助长，过早地读那些深奥的名著，也不能老是停留在一个阶段、一个水平，而应该是有序递进的，这样孩子的阅读才会慢慢有深度，孩子的思考也逐渐会有深度。随着孩子阅读经验的丰富，我们可以还给孩子自由选书的权利。我女儿上了小学就开始自己选书。我也会给她推荐好书，如果她不爱看，我也不强求，先放着，说不定哪天她又感兴趣了。

给孩子营造一个温馨的阅读环境很重要。我家里比较安静，我把一些好书放在书架最显眼的位置，沙发上、餐桌上、床头甚至是卫生间里，永远都散落着几本书。这些书会立刻吸引她的注意力，于是她顺手就捧起来读。女儿在家随时随地都可以阅读。有一些家庭，一吃完晚饭，客厅里就响起嘈杂的电视声。自己都爱看电视不爱看书，怎么能指望孩子能静下心来看书呢？罗尔德·达尔在他的那本《查理和巧克力工厂》中就曾写道：对于孩子，我们永远、永远、永远不可以让他们走近你的电视机！最好就是，根本不放那个傻玩意儿！对的，我们都知道电视能让孩子们安静下来，他们只要一看电视，就不会去爬窗台，不会打架，不会闹翻天，我们也就可以安心烧饭、洗碗、刷锅，但你有没有想过，它对你的孩子有什么影响？它使我们的头脑乱糟糟，使我们的想象力丧失,它搅乱人心,它使小朋友变愚蠢,使他们再也不能理解幻想和童话世界!明智的做法是,爸爸妈妈们哪怕不爱看书,手里也抓一张报纸!报纸是轻松读物,比较容易读。关键,你读报的行为给孩子树立了一个典范:爸爸妈妈也在读。每一个父母都应该成为孩子的阅读榜样!

培养孩子的阅读习惯很重要。我的女儿婧怡是一条地地道道的小书虫。只要有书在,她就能立刻安静下来。每晚睡前,为了多看一会儿书,她总要跟我讨价还价,据理力争。出门去玩,我也一定会揣上几本书在包里。当我们无聊地等车、等上菜或排队时,我就赶紧拿出书。甚至每次女儿生病去医院挂水,她也特别提醒我别忘了带书!我还特意给女儿刻了一枚属于她的小书章。每回新书运到家,她就开心地取出印章边盖边说:"这些都是我的书!"

其实培养一条小书虫,也不是什么难事。只要父母肯花心思,花时间,就一定能帮助孩子养成良好的阅读习惯。

女儿还不到一岁的时候,一个偶然的机会,我从网上知道了"亲子阅读"这个概念,知道了有一种适合孩子看的书叫作"绘本"。于是每晚灯光下,我都搂着女儿,读着绘本上的故事,陪伴女儿度过温馨美妙的睡前时光。《猜猜我有多爱你》《鼠小弟》《大卫,不可以!》……女儿迷上了这些设计精美的绘本,经常咿咿呀呀地指着要我给她讲故事。睡前依偎在妈妈怀里看书,成为女儿的一种期盼。

女儿十个月开始说单字,一岁说两三个字的简单词语……惊讶于她突飞猛进的语言能力,我更加坚定地每晚给她讲绘本故事。当别家孩子在一遍遍读着字卡,痛苦地认字时,女儿已经在多次的绘本阅读中轻松地认识了那些常见字。女儿读了五年的绘本,我考虑到她该慢慢过渡到读字书了。如何让孩子把注意力从图转移到文字上来呢?所选的书图不能多,文字一定要有趣,要

第四章 共营"班主任茶座",优化家校共育文化

贴近孩子的生活,能一下抓住孩子的心。诸如《幸福的种子》这套书就是不错的选择。我选择了《窗边的小豆豆》,每晚睡觉前都给她读一章。这本书描述了一个非常美好的学校——巴学园,以及小豆豆在里面快乐成长的故事。女儿被深深地吸引住了。一天,她上床躺下又喊我念这本书,我故意找了个借口:哎呀,妈妈在洗脸,你先等一会儿。哪知,她已经迫不及待地想知道后面的内容了。于是等我过去时,看到她已经捧着书自己读了起来。虽然她还不完全认识里面的字,但磕磕碰碰地也能理解大概意思。关键,里面的内容特别吸引她,所以生字也不能阻挡她的热情。而我,也就顺理成章地把字典介绍给了她,就这样,女儿顺利地过渡到了看文字书的阶段,识字量也随之猛增。

回顾自己的亲身经历,我认为,要让孩子喜欢上阅读,最重要的是家长要和孩子一起读!美国有一本著名的《朗读手册》就倡导父母们:大声给孩子读书吧!朗读,能让孩子更快地进入书中情境,让孩子们更轻松地理解书里的内容。如果,你再能惟妙惟肖地模仿一下书中的角色,那孩子一定会立刻被你吸引住!到那个时候,想不让孩子看书都难啰!我不知道在座的家长有没有这种感受,其实,大声为孩子朗读,真的是一种特别美妙的享受!我建议家长从充满童心的童诗入手,最好找个周末的下午,悠闲的时光,亲子一起朗读、背诵儿童诗,给孩子美的享受。

阅读,不是语文学科,而是一切学科入门和提升的工具。所谓智力,其实就是阅读能力。专家说过,孩子14周岁以前,都非常需要进行亲子共读,当然随着孩子年龄的增长,亲子共读的方式也在不断变化。孩子小的时候,可能需要一点点读给孩子听,等孩子渐渐长大了,可以让孩子读书给你听,听孩子给你介绍,可以和孩子同读一本书,然后各自轻松地聊一聊,交流彼此的感受,等等。总之,要让孩子觉得读书很有意思,因为通过读书,和父母之间有了共同的语言密码,不再成为家里的陌生人。

相信书的强大力量吧。和孩子一起读书,一起在书中感受故事的精彩,词语的优美,一起回味历史的厚重沉淀,体验自然的美妙天成,探索科学的新奇和未知,让孩子感受读书的乐趣!

"爱看书的孩子不会变坏,爱看书的孩子学习不会差!"让孩子没有任何压力地去读书,快乐地去读书吧!当读书这件事在她心里留下的只有快乐与喜悦时,她变成小书虫的日子就为期不远了!

活动三:自由对话(略)

活动四:推荐好书《朗读手册》(略)

(樊老师茶座第10期)怎样帮助孩子提高语文成绩?

时间:2016年3月28日

地点:阅读中心三楼阅览室

主讲人:樊健

参与家长:

张哲浩的妈妈、张馨文的妈妈、曹旸的妈妈、杨力铮的妈妈、韩宇轩的妈妈、倪嘉灏的妈妈、黄沈宇的妈妈、顾珈榕的妈妈、李雨欣的妈妈、张佳杰的妈妈、周思涵的妈妈、江可馨的妈妈、季琦哲的妈妈、张宸尧的妈妈、陈晓敏的妈妈

引言

语文学习成绩的提高靠的是日积月累,得用文火慢慢煨,功到自然成。不要以为今天来参加了一期茶座就能找到灵丹妙药,孩子的语文成绩一下子就提高了,那是不可能的。当然,如果我们认真研究孩子的学习情况,帮助孩子找到科学的最适合自己的学习方法,是可以帮助孩子提高语文成绩的。

科学研究已经发现,学习的效果取决于一个人的智商、努力程度和学习策略。其中,智商只起10%的作用,努力程度起40%的作用,而学习策略起到了50%的作用。

所以，面对孩子的学习成绩问题，我们首先要分析，他是不够聪明、不够努力还是学习方法不当。在这里，我们就是希望帮助那些方法不当的孩子，掌握最科学合理的学习策略，从而提高学习效果。

在同一班级、听同样的老师上课、做同样的作业、智商也差不多的孩子，为什么有的孩子学习成绩很好，而有的孩子却不理想呢？

最主要的原因有二：一是不够努力；二是学习方法不当。

活动一：主题演讲《帮助孩子找到适合自己的学习方法》

学习策略主要是指学习的方式和方法，它影响着个体对知识的吸收、理解和记忆。每一个儿童都有自己不同于他人的学习方式和方法。心理学家早就发现儿童由于性格、气质、兴趣、爱好等不同而产生了不同的个性化的学习方式。有的孩子操作能力很强；有的孩子具有良好的语言能力，能说会道，善于交流和沟通；有的孩子在安静的屋子里学习状态最佳，而有些则需要背景声音。

研究表明，当孩子在最符合自己的学习方式的环境中，当新的或难的知识能够激发他们强烈的主动学习积极性时，当他们在学习中明白如何发挥他们自己的能力时，他们才会获得最大的成功。所以，了解自己孩子的个性特点，根据孩子的特点选择最适宜于孩子的学习方法，使孩子形成一套自己独特的学习模式，才是帮助孩子提高学习成绩的科学途径。

（看PPT）学习的主要方式有四种：视觉型、听觉型、运动型和混合型。

1.视觉型学习方式

视觉型学习者是一个敏锐的观察者，他们通过自己的眼睛获取外部世界的信息。如果您的孩子能够通过看，包括阅读、观察、看图表，获得最佳的学习效果，那么他就属于视觉型学习者。

我就是一个视觉型学习者，比较喜欢看，看电视也喜欢看字幕，感觉更清晰。

视觉型学习者的主要能力表现：

·在有示意图或图片的指导时，能装配起任何东西而不需要帮助；

·当记忆或回忆事情时爱闭上眼睛；

·对细节有一定的洞察力；

·擅长玩拼图游戏；

·阅读比听能使他们理解得更好；

·最好的记忆方式是用心灵的眼睛记忆画面；

·喜欢穿干净、颜色搭配协调的衣服；

·有丰富的想象力；

·课余时间爱看电视、电影，玩电子游戏。

视觉型学习者对第一次看到或读到的东西能记住70%~75%。

互动：对照一下，谁的孩子属于视觉型学习者？请举手！

如何使视觉型学习者最充分地利用自己的长处来学习呢？

·用提纲或图示表示想法（把知识转化为视觉形象，如思维导图）

·标示重点（用红色笔做标记，如古诗中关键字的解释）

·记录下各种琐事（用记事本随时记录需要记住的事情，如：抄写作业要求）

·画示意图（如理解连绵起伏；《詹天佑》中的"人"字形铁路）

对于视觉型学习者来说，表扬并不能真正激励他们，小红旗、五角星、对他们微笑、点头才是他们喜欢的奖励。

2. 听觉型学习方式

如果你的孩子能够通过听别人的解释或谈论而获得最多的

知识、达到最佳的学习效果,那么他就是听觉型学习者,言语表扬足以使他们感到高兴、满足和兴奋。

听觉型学习者的主要能力表现:

·听一遍口头指示后就可以照着做,不需重复多次;

·在学习中喜欢大声地朗读;

·喜欢交流、健谈,闲暇时喜欢通过听音乐、与人聊天或打电话的方式消磨时间;

·擅长辨别声音,对电视广告、歌曲等听一两遍即能重复;

·口头表达能力强,擅长讲故事。

听觉型学习者也有自己的弱点。如看实物模型,视觉型学习者能很快掌握,而听觉型学习者必须有人给予口头解释,一旦很难用语言解释时,就会很难理解。这些孩子喜欢与同学讲话,也许会违反课堂纪律,他们很容易被各种无关的声音刺激所干扰而分散注意力。

互动:对照一下,谁的孩子属于听觉型学习者?请举手!

如何使听觉型学习者最充分地利用自己的长处来学习呢?

·制作音频(如讲故事、发微信)

·编制口诀(可以将一些很难记忆的东西编成有韵律的句子,让孩子反复朗读,记住这些信息,如点戍横戍空心戊,又如我记得我的历史老师教我们记马克思的生辰,说马克思一巴掌一巴掌把资本家打得呜呜地哭,即1818年5月5日)

·口头作文(写日记,可先让孩子说,录下来,再让孩子听,听后可以重新说,说得更丰富一些,再录,最后,让孩子听着音频写下来)

·大声朗读(大声朗读有助于孩子理解所读的东西,在头脑中形成一个比较清晰的形象,以便于孩子对知识的理解和记忆。一日之计在于晨,早晨最适合大声朗读,所以,早读课上,我会带着孩子诵读一些国学经典,如果双休日、节假日、寒暑假在家里也

养成早上大声朗读的习惯,就一定能收获丰厚,尤其是对属于听觉型学习方式的孩子)

3. 运动型学习方式

运动型学习者是一个"行动家",他们通过做而使学习具有效率。他们喜欢把自己的身体融入到学习活动中,喜欢触摸并操纵各种设备或材料。对他们来说,有肌肉参与的学习——做实验、参加演示、尝试错误、拆装物体,要比纯粹的视觉或听觉学习效果更佳。

运动型学习者的主要能力表现:

·喜欢体育运动、户外活动和动手制作;

·精力充沛,很难安静地坐着听讲;

·总是试图去摆弄他所看到的物体,喜欢拆装物体;

·能够领会身体接触时所表达的关爱与鼓励,如轻拍或抚摸背部;

·随着音乐摆动,经常用身体语言来表达自己的情感。

互动:对照一下,谁的孩子属于运动型学习者?请举手!

但是,由于现在学校中老师主要是用说和写的方式上课,孩子很少有机会动手学习,因而对运动型学习者来说十分不利。他们很容易在学校中成为学习落后者,甚至成为问题儿童。

对于这样的孩子,用什么样的方法使他们达到最佳的学习效果呢?

·提供动手机会(在家里完全可以满足他们动手实践操作的愿望,让孩子通过自己摆弄物体来理解各种概念,并学会解决问题)

·适当玩耍(让孩子在放学后开始做作业之前有一段自由玩耍的时间,特别是低年级,千万不要把孩子的时间安排得满满的,我有切身体会,做好一样又有一样,忙得喘不过气来,事情太多了我就什么也不想干了)

第四章 共营"班主任茶座",优化家校共育文化

·提高阅读能力(帮助孩子提高视觉学习的能力,与孩子一起静下心来阅读。帮助孩子集中注意力,在头脑中形成所阅读内容的影像。注意选择富有动作情节的阅读内容,孩子大脑中更容易产生生动的影像)

·随时记录(在家里给孩子准备一块白板,孩子可以自由书写、绘画,可以让孩子在白板上默写词语、造句等。我经常用这种方法让孩子订正,效果很好。也可以让孩子把每天要做的重要的事写在白板上,以帮助孩子形成良好的计划)

·可操作仪器辅助(选择一些可以操作的仪器帮助儿童学习,如地球仪,让孩子找出国家、海洋、大陆、高山、湖泊等)

4. 混合型学习方式

混合型学习者的主要能力表现:

·混合型学习者可以用两种甚至三种敏锐的能力来处理各种不同的知识,或是视觉与听觉的混合,或是视觉与运动的混合,或是听觉与运动的混合,甚至是视觉、听觉与运动三种能力的混合。

对于这样的孩子,我们首先要做的就是确定他们到底哪些能力较强,在处理问题时,他们习惯于怎样运用自己的各种能力。只有明确了孩子的能力混合情况后,才能进一步帮助孩子科学、合理地运用各种能力,协调一致地达到目标。

例如:有一个小男孩精力充沛、十分好动,喜欢玩打仗、抓坏人等游戏;他乐感很强,总爱跟着音乐摇摆、跺脚、拍手,广播、电视里的歌曲只听几遍就能学会,没事时爱哼唱;平时喜欢摆弄各种东西,玩积木时常常自言自语,如说"还缺个房顶""再有一座桥就好了"。

根据这些特点,我们可以初步判断他是听觉能力与运动能力相混合的学习者,在学习过程中应尽可能地使孩子有机会运用这两种能力,比如,配上背景音乐,先让孩子听,再让孩子来亲身表

演,以此帮助孩子记住故事内容,了解故事中人物的特点、性格和感情。

小结:(看PPT)好,现在我们来回顾一下,孩子的学习方式主要有哪四种?想要帮助孩子,我们首先要了解孩子,分析孩子语文学习成绩之所以不理想的原因,然后运用科学的策略引导孩子找到最适合自己的学习方式和方法。只有这样,才有可能比较快地提高孩子的学习成绩。

活动二:案例解读"怎样鼓励孩子更努力"

(1)逐个看孩子的作业本,比较、分析孩子的学习态度。

(2)分享激励策略。(评选课堂明星、作业之星等)

(3)给孩子展示的舞台。(讲童话故事比赛、"丑小鸭"讲坛、读书会等。我有切身体会,领导给了我任务,就想完成好,于是更努力。孩子也一样,所以给孩子任务就能更好地激励孩子更加努力,争取比别人做得更出色)

(4)做一名忠实的听众。(经常与孩子交流,倾听孩子汇报学习情况)

(5)积极支持孩子的想法。(季琦哲做小橘灯,成绩不一定立竿见影体现在试卷上,但对于培养学习兴趣一定是很有用的)

活动三:自由对话(略)

活动四:好书阅读分享(略)

(樊老师茶座第21期)父亲怎样与孩子相处

时间:2017年4月25日

地点:影视中心

主持人:樊健

嘉宾:顾向红(国家二级心理咨询师)

家长:姜文婕的爸爸、张慧琳的爸爸、黄驿超的爸爸、杨璐瑶的爸爸、陆潘妮的爸爸、张哲浩的妈妈

缘由

在对孩子的教育方面,我和他妈妈可能算不上合格的父母。我常年在外,平时主要靠他妈妈管教。但是我对他的要求一直很严,所以他会怕我,视频的时候也越来越不爱和我说话。我一直让她妈妈逼他改掉懒散和粗心的坏毛病。但尝试了很多方法,效果都不好。面对孩子的教育问题,突然发现我们是如此茫然。孩子屡教不改,我真想痛打一顿。可打完,他还是一如既往,不知悔改。樊老师,您教了那么多孩子,蔡蘅到您班上也一个学期了,有什么好的建议?我们非常愿意接受和尝试。(蔡蘅的爸爸)

实录

主持人:欢迎大家来到"樊老师茶座"。今天邀请的嘉宾是我们的老朋友顾向红老师,掌声欢迎!你们先向大家做个自我介绍吧!

(家长做自我介绍)

主持人:瑞典教育家哈巴特说,一个父亲胜过一百个校长,意思是说,在孩子的成长过程中,父亲的影响力是巨大的。今天,我们就来聊聊父亲怎样与孩子相处。首先,请听主题演讲《我是父亲》(略)。

主持人:接下来我们进入自由对话环节。请大家用一个词或者打个比方说说你们的父与子关系。

黄驿超的爸爸:我是大树,儿子是小鸟。

陆潘妮的爸爸:我和女儿已经成为朋友。

张慧琳的爸爸:有人说,女儿是爸爸前世的情人。我把女儿当情人,女儿的事是最重要的事。

杨璐瑶的爸爸:师生关系,很多时候,女儿是我的老师。

姜文婕的爸爸:现阶段,女儿和我是圆和圆心的关系,我是圆心,女儿是圆,我对她的爱就是不断延长的半径。

主持人:说得好!很有哲理。欢欢,从一个母亲的视角来看,你们家父子关系可以用哪个词来表达?

张哲浩的妈妈:兄弟,我十分嫉妒老公,儿子跟他更亲密。他们之间有很多秘密不让我知道。

主持人:那么,在孩子的眼里,你是怎样的父亲呢?请看大屏幕!(播放录像)

(张慧琳:我爸爸就像小鸡,有时毛茸茸的,很可爱;有时要啄我,很痛。

张哲浩:我爸爸像大猩猩,经常陪我玩。当我遇到危险的时候就保护我。

姜文婕:我爸爸像地球,很大很大,整天忙着在转。

杨璐瑶:我爸爸像哈密瓜,跟他在一起总是甜甜蜜蜜的。

陆潘妮:我爸爸像大熊猫,经常陪我去图书馆,他有很多创作发明,我跳皮筋用的皮筋就是爸爸亲手给我做的。

黄驿超:我爸爸像大老虎,有一次踢了我三脚,还说,"我拿刀杀死你"。)

主持人:听了孩子的话,你有什么感受?当然,老虎也有温柔的时候。我想起了一个月前发生的一件事,有一天,在大课间活动的时候,你儿子弄坏了一个羊角球。其实,这很正常,因为球比较旧了。但是,我希望你儿子勇于担当责任,学会处理事情。所以,我对他说,按班规,损坏公物要赔偿,你自己跟爸爸妈妈说。我想问,你知道这件事吗?

黄驿超的爸爸:不知道。

主持人:我们来反思,为什么孩子不跟你说?顾老师,你怎么看?

顾向红老师:怕爸爸惩罚吧!其实不必多虑,超超小朋友虽然说爸爸像大老虎,可是他说的时候满脸喜气,看来凶凶的爸爸并没有让他觉得很受伤。有位知名记者曾经说过,爸爸的一记耳光就像一个甜蜜的吻。因为那记耳光打醒了他。可见,父亲有时候是可以惩罚一下孩子的,只要这个惩罚不是侮辱性的,这反而会让孩子知道何为规则。

主持人:父亲的形象是由生活中的点点滴滴沉淀而成的。在与孩子的相处过程中,你们有什么经验愿意分享吗?或者有什么困惑,说出来,我们一起来探讨探讨。

陆潘妮的爸爸:我以前比较急躁,女儿一犯错就刨根问底,有时让女儿很不愉快。最近,我在一本书里读到,说孩子犯了错,不要急于处理,要让孩子有时间静下心来反思。等他愿意说的时候再与他交流。我尝试了一下,感觉真的不一样。

杨璐瑶的爸爸:向孩子学习,孩子会和你更亲。爱兵,你知道吗?你老婆到"百家讲坛"讲了"吸烟的危害",我女儿一回家就叫我不要吸烟,还画了一幅图(展示)贴在客厅正中央。她看见我吸烟就告诉妈妈,管得很严。我懂女儿的意思,希望我身体健康。所以说,女儿是我的老师。

张慧琳的爸爸:哎,这两天比较烦,我发现女儿带回来一个新的文具盒,她说是黄婧楠送的。后来打了黄婧楠妈妈的电话才知道,原来是女儿偷偷拿了压岁钱买的。有同学说,看到我女儿带了300多元,买了很多东西,还送给同学。我和她妈妈都很生气,竟然背着爸爸妈妈做这样的事,还撒谎。她妈妈恨不得要打她。我真不知道该怎么办?

主持人:如果这件事发生在你们家,你会怎么处理?

张哲浩的妈妈:先打一顿,然后再讲道理。

杨璐瑶的爸爸:这样的事在我女儿身上也发生过。那天,樊老师告诉我们,说女儿在学校吃零食。我问她,她告诉我,说午托班有同学吃零食,不给她吃,她就想争口气,自己也有零食吃,就悄悄地买了零食。

主持人:你是怎么处理的呢?

杨璐瑶的爸爸:让她写了一篇反思日记。

主持人：女儿知道错哪儿了吗？

杨璐瑶的爸爸：她在日记里说，今天很不快乐，都是零食惹的祸。我对不起樊老师。

杨璐瑶的爸爸：我知道，班级里有班规，不允许带零食零钱。樊老师，我能否提个建议，允许学生带零钱呢？

姜文婕的爸爸：我赞同！孩子总有一天要学会用钱的，早一点会用钱，能培养他的理财能力。

陆潘妮的爸爸：我不支持学生带零花钱，因为孩子身边有了钱，学习时会分散注意力。要培养孩子理财意识没有错，我们可以在双休日，到超市里，一边实践一边教呀！

主持人：你们的对话启发了我，我想开一节主题班会，听听孩子们的意见吧！现在请回到刚才的话题上来，如果这件事发生在你们家，你会怎么处理？

姜文婕的爸爸：我女儿也发生过这样的事。就在半个月前，女儿拿买书剩下的钱大请客，给晚托班的每一个小朋友买了一个冰激凌。晚托班的老师当天就告诉了我。我问她，她说："我一个人吃冰激凌，让大家都看着我吃，他们会不舒服，我也很别扭。"女儿能够考虑到小伙伴的心情，我很欣赏。所以我说了一个字："买！"

主持人：顾老师，你能否从儿童心理的视角跟大家说说，发生这样的事，父亲该怎么做，既不会伤害女儿，又能引导孩子理解规则？

顾向红老师：遇到这样的事，怎么处理没有固定的模式，但是有一条原则大家可以参考，就是首先要看到孩子行为背后的动机。张慧琳买这个文具盒可能是因为太喜欢了，忍不住要买，这也很正常。再说，三年级的孩子自我意识正在提升，也许她是想尝试自己做主。了解了孩子的动机以后，可以和孩子慢慢探讨，通过什么方式可以实现心中的愿望。如果是我，我会对女儿说，这个文具盒太漂亮了！我也很喜欢。你能跟我说说这个文具盒是怎么来的吗？可以通过怎样的途径得到喜欢的东西，又不违反规则呢？

主持人：顾老师的意思是说，首先与孩子共情，了解其动机。然后探讨解决问题的途径。张慧琳的爸爸，你受到启发了吗？

张慧琳的爸爸：我很受启发，回去和她妈妈商量一下，把这件事处理好，这是一个很好的教育契机。

张哲浩的妈妈：听了顾老师的一番话，我终于明白了，儿子为什么跟他爸爸那么亲密。他爸爸的做法就像顾老师说的一样，总是心平气和地和儿子说，还说儿子有道理，儿子就很容易接受他。不像我，易发脾气。看来，我得向我老公学习。

主持人：今年，孩子都十岁了，这是成长的关键点，他们已经走过人生的第一个十年。五月份，我们将为孩子们举行十岁成长仪式，到时，父母可以为孩子送一份特别的礼物，送什么呢？你们考虑过吗？

陆潘妮的爸爸：送一套曹文轩的纯美小说，因为女儿爱看书，就让她徜徉在书海中吧！

张哲浩的妈妈：我想和他爸爸一起为儿子制作《成长影集》，用照片来和文字来与他分享成长故事，品味金色童年。

黄驿超的爸爸：我希望儿子成为一个勇于担当、懂得感恩的男子汉。所以，我想，今年六一节的时候，全家带上水果、糕点等礼物，到敬老院去看望老人，让儿子知道每个人都有老的时候，鼓励他孝敬老人，学会担当和感恩。

杨璐瑶的爸爸：我会送一张卡片，写上这样一句话：老爸戒烟，为女儿树立一个好爸爸的形象。

主持人：友情提醒，在孩子面前不能轻易承诺，一旦食言，对你女儿的影响是极坏的。你有几年烟龄了？真的能戒掉吗？据我所知，戒烟是很难的。

杨璐瑶的爸爸：为了女儿，我相信自己能做到。

主持人：今天，来自全国各地的老师们都听到了你的这句话，我相信你能做到！为你点赞！

顾向红老师：樊老师，如果杨璐瑶的爸爸有一天忍不住又抽了一根，我们要告诉杨璐瑶，宽容爸爸犯烟瘾。女儿不能要求爸爸一下子就做到，得给爸爸一段时间。

主持人：就像我们自己改掉坏习惯需要时间和空间一样，我们也要给孩子自我反省的时间和空间，耐心等待他们成长。

张慧琳的爸爸：我想问问女儿，她有什么心愿，帮女儿实现愿望。

姜文婕的爸爸：我让女儿单独去旅行，报一个夏令营吧，或者少儿旅行团，希望这次旅行成为她人生新的起点，培养独立能力，延长半径。

主持人：你们的礼物都很有创意，每一份礼物里都饱含着浓浓的爱意。我希望孩子们能透过这份礼物理解父母的良苦用心。

主持人：今天，我们聊了父亲怎样与孩子相处。最后，向大家推荐一套书《新父母教程》，是张文质老师编写的，相信大家读了以后会受到很多启发。其实，教育孩子是每一个父亲一生的课程。每一个男人最重要的事业就是做父亲。下一期"樊老师茶座"的主题是"父亲的运动影响力"，欢迎大家报名。好，今天我们就聊到这里，谢谢大家陪我聊天。也感谢在座所有的领导和老师听我们聊天，谢谢！

活动感悟

张哲浩的妈妈：这次的活动很有收获，孩子慢慢长大，各种各样的问题慢慢呈现出来了，如叛逆。作为母亲，我主要应做到三点——倾听、沟通和赞美，而不只是一味地责骂、贴标签，我要自我反省。

黄驿超的爸爸：通过这次活动，看了《没有人天生会做爸爸》这本书以后，我想要改变教育孩子的方式方法，不能来硬的，要来软的，沟通最重要。

陆潘妮的爸爸：家庭教育中平等的沟通很重要，我还在学习，并且一直学习下去，要以平等的沟通来处理孩子的问题，培养孩子思考问题、判断是非的能力。每个问题或者错误都是我们父母和孩子成长的阶梯。

张慧琳的爸爸：经过这次活动，我觉得应该要不断地学习，增强各方面的知识，尤其是儿童心理方面的知识。

姜文婕的爸爸："樊老师茶座"我们到底在讲什么？大潘讲沟通的平等，我说独立、自由，顾老师讲友善、宽容……我们说的不就是价值观念吗，不就是核心价值观24个字的部分内容吗？只是，我们谈论的不是政治，而是我们的生活和教育方式……我必须教给孩子真善美，也有责任告诉孩子规则。

备注：在2017年全国新教育开放周海门试验区开放活动中，呈现了"樊老师茶座"，主要呈现第三板块——自由对话。

（樊老师茶座第27期）父爱如何表达

时间：2018年1月3日

地点：影视中心（备茶，小圆桌）

主持人：樊健

嘉宾：顾向红（国家二级心理咨询师）

家长：姜文婕的爸爸、施嘉婷的爸爸、杨璐瑶的爸爸、陆潘妮的爸爸、冯蕴涵的爸爸妈妈

缘由

有个女孩多次悄悄拿同学的试卷，改上自己的名字，向爸爸妈妈报喜。原来，她的父母家庭教育理念分歧大，父亲与女儿一起生活的时间比较少。

实录

主持人：今天是新年的第一个周末，欢迎大家来到"樊老师

茶座"。今天邀请的嘉宾是国家二级心理咨询师顾向红老师,掌声欢迎!

一、为孩子取好名,表达父爱

主持人:今天我们从你孩子的名字开始聊起,你的孩子叫什么名字?名字里有怎样的含义?

姜文婕的爸爸:我女儿叫姜文婕,文静的文,女字旁的婕,是优雅、有教养、美好的意思。

杨璐瑶的爸爸:杨家有女初长成,小女取名璐瑶,是美玉的意思。孩子的成长是一个璞石成玉的过程。

施嘉婷的爸爸:我家宝贝叫施嘉婷,李嘉诚的嘉,舒婷的婷。希望女儿像李嘉诚一样有钱,像舒婷一样有才气。

陆潘妮的爸爸:北京奥运有五个福娃,其中有一个叫妮妮,我们家宝贝也取名妮妮,我和她妈妈一个姓陆一个姓潘,宝贝女儿就叫陆潘妮,是我们家的福娃。

冯蕴涵的妈妈:在我们家,爷爷奶奶喊孩子叫小金狗,我喊她妞妞,孩子他爸喊女儿涵涵,在学校里,女儿叫冯蕴涵,蕴藏的蕴,涵养的涵,希望女儿成为一个很有修养的人。

主持人:每一个孩子都是天使。从你们为孩子取的名字里,我能感受到你们浓浓的爱意。高尔基说,爱孩子是母鸡也会的事情。但是教育好孩子却是一门艺术。作为父亲,父爱如何表达才能更好地引领孩子成长呢?今天,我们就来探究这个话题。

二、优化孩子的生活,释放父爱

非常巧,你们几家都是女儿。有人说,女儿是父亲前世的情人。你们是怎样爱小情人的呢?

冯蕴涵的爸爸:一年前我女儿在乡下上学,去年9月,我想方设法把她转到东洲小学,让她上最好的学校,这就是我给她的爱。

主持人:不同的学习环境对孩子的影响的确不一样。给孩子创造优越的学习环境是父爱。

陆潘妮的爸爸：孩子一年级时，我第一次参加"樊老师茶座"时就听樊老师说，亲子阅读非常重要。我们一有空就给孩子讲故事，陪她看绘本，带她去图书馆。每个双休日有一天，我们全家泡图书馆，这周去海门图书馆，下周就去南通图书馆，女儿很喜欢去图书馆，已经养成非常好的阅读习惯。

主持人：没有人能教会孩子所有的东西，但是书可以。有了良好的阅读习惯，孩子终身受益。

姜文婕的爸爸：我做好自己就是爱孩子。我努力工作，快乐生活，言传身教，培养孩子阳光、开朗的性格。

主持人：当你成为最美丽的自己，孩子也就成为你所期望的样子。以身作则就是父爱。

施嘉婷的爸爸：我认为孩子身体健康是最重要的，所以我经常陪女儿运动，打羽毛球、游泳，每个星期，班级里有两次徒步活动，我们全家参与，几乎每次都参加，培养女儿的运动习惯就是父爱。

杨璐瑶的爸爸：我认为接受孩子的建议是更高级的父爱。我女儿从班级"百家讲坛"知道了吸烟的危害，一回家就强烈要求我戒烟，今年女儿十岁生日，我送给女儿的生日礼物是一张卡片，上面写了一句话：老爸戒烟，为女儿树立一个好爸爸的形象。用了半年时间，咔嚓，终于把十几年的烟瘾戒掉了。女儿很高兴，说爸爸进步了，我也要更加努力，改掉坏习惯。

主持人：因为爱女儿，所以愿意为她改变自己，这是伟大的父爱！为你点赞！

三、疗愈孩子的心灵，擦亮父爱

主持人：听了大家的分享，我感受到了，你们都非常爱孩子。那么你们的爱孩子感受到了吗？孩子的成长需要爸爸怎样的爱呢？

主持人：最近，我们班上发生了这样一件事……（讲班上发生的故事）。

一天，数学试卷刚发下来，张同学98分的试卷一转眼就不见了。

一个月后，有一天陈同学100分的数学试卷也不翼而飞。当天晚上，我在一位妈妈的朋友圈里看到她晒出女儿满分的数学试卷。

我和数学老师经过分析，明察暗访，终于破案了。原来，有个女孩多次悄悄拿同学的试卷，改上自己的名字，向爸爸妈妈报喜。

主持人：如果这件事发生在你们家，你会怎么处理？

杨璐瑶的爸爸：类似的事，我们家也发生过，她考砸了，试卷就不敢拿回家了，总说找不到了，我真不知道该怎么办。

施嘉婷的爸爸：先打一顿再说。这不是欺骗吗？这还了得！我非揍扁她不可。

杨璐瑶的爸爸：我反对专制和粗暴。

姜文婕的爸爸：我觉得这不能全怪孩子。其实这是孩子在自我保护，是对恶劣环境的一种自然选择，趋利避害是人的本能。

陆潘妮的爸爸：爱兵，我与你有同感。虽然孩子的做法不对，但是她的初衷是好的。打是不能解决问题的，应该和孩子好好聊一聊，帮助她靠自己的努力获得优秀的成绩。

冯蕴涵的爸爸：我觉得在责怪孩子之前首先要检讨自己，分数真的那么重要吗？我关注的是怎样做人。

冯蕴涵的妈妈：其实，刚才樊老师讲的故事就发生在我们家，我和他爸爸拼命挣钱，让她上最好的学校，可她就是不争气，还做这样的事，让我觉得很没面子，也很苦恼，不知道该怎么教育她。顾老师，我向你请教，我该怎么办？

冯蕴涵的爸爸：真的吗？你怎么不告诉我？

冯蕴涵的妈妈：我怕你怪我。

顾向红老师：首先为你点赞，在今天这个公众场合敢于说出女儿的事，说出自己的困惑，这需要多么大的勇气啊！我们换一个角度想一想，你女儿能想出这样的办法来应对自己的困惑，说明她很机智灵活，生命力非常旺盛。现在我们静下心来反思一下，我们做了什么，让女儿要用这样的方式来应对？

主持人：你对孩子的学习有怎样的要求？

冯蕴涵的妈妈：我要求考95分以上，我经常对她说，考不到95分别把试卷拿回来！现在想想，可能我平时太关注分数了。所以，上次女儿考了92分，就偷偷把同学100分的试卷拿回来，改成她的名字给我看。哎，我怎么就没看出来呢！

顾向红老师：冯蕴涵的爸爸，你知道这件事吗？刚才你说，如果是你，首先要反思自己，关注女儿如何做人。现在你知道了，有什么新的想法吗？

冯蕴涵的爸爸：这件事发生在我女儿身上，虽然我很生气，但并不感到意外。因为我和她妈妈在教育孩子的问题上是有分歧的。我关注孩子如何做人，其实分数没有那么重要。现在我更坚定了原来的想法，首先是做人，然后再谈分数。当然，我也要反思自己，可能因为忙，对女儿的关心少了点，竟然不知道她做了这样的事。

顾向红老师：在甲骨文中，"父"是一个人手里拿着一柄石斧，其最初意义便是"斧"，是力量与勇敢的象征，所以"斧"字意思引申为持斧之人，也就是值得敬重的人。爸爸关注孩子如何做人，格局比较大，比较高远。而妈妈一般关注眼前的事。这就是父爱与母爱的差异。建议爸爸妈妈多一些沟通，尽量在女儿的教育问题上保持一致的理念，以免孩子无所适从。我们曾经也都是孩子，要站在孩子的角度理解她的想法，顾及她的感受。

四、改变自己的言行，提升父爱

主持人：在孩子眼里，你是怎样一位父亲呢？我让每一个孩

子们给爸爸写了一封信,让我们来听听孩子的心声。(把书信发给现场的爸爸)

生1:爸爸,希望您以后不要拿我出气,有一次,因为您的工作失误而扣了25元工资,你非常生气。我给您倒了一杯水放在桌上,可您却给了我两拍子。我委屈得流出了眼泪。

生2:爸爸,你的宝贝不是我,而是你那珍贵的手机。你吃饭时看它,洗脚时看它,上洗手间看它,总之,一刻也离不开它。有一次,我跟你下棋,可你一边看手机一边下,一幅心不在焉的样子,你到底是爱我,还是更爱手机呢?

生3:有一次,我看见杂志上有好玩的"华容道",就缠着您帮我买。您答应我评上"丑小鸭明星"就马上给我买。现在我已经评上了,可您又改口说要评上"东小好学生"才给我买,亲爱的爸爸,不要不守信用啊!

……

主持人:听了孩子的心里话,你们有什么感受?

姜文婕的爸爸:我感觉说的就是我,至少大部分符合。在孩子纯真的眼里,我们的生活是病态的,也许我们自己已经麻木了。哎,有时真的也很无奈。

陆潘妮的爸爸:姜爸,我理解你,但是在孩子面前,还是要树立正面形象,你说是吗?

主持人:主席,看来,要做最好的自己,你仍需努力啊!

冯蕴涵的妈妈:孩子他爸,听了玩手机这段话,你有何想法?

冯蕴涵的爸爸:我明白你的意思,刷朋友圈花的时间是多了点,以后我会努力多抽点时间陪陪女儿,和她聊聊她的朋友圈。

冯蕴涵的妈妈:君子一言,驷马难追,我要看行动的!

主持人:爱孩子是一门艺术,从孩子的成长需要出发,选择孩子喜欢的方式去爱,才能真正走进孩子的心里,让爱转化为成长的力量。

五、阅读好书，延展父爱

主持人：今天我们聊了父爱如何表达，请大家用一句话说说父爱是什么。

陆潘妮的爸爸：父爱是用心灵陪伴，用智慧引领！

姜文婕的爸爸：父爱是承担和付出。

杨璐瑶的爸爸：父爱是悦纳、宽容和等待。

施嘉婷的爸爸：父爱是教给孩子规则，尊重孩子的选择。

冯蕴涵的爸爸：父爱是经常反思，想想我这样做，对孩子的成长好吗？

主持人：当然，父爱没有固定的表达方式：著名德育专家王开东老师是如何表达父爱的呢？给孩子写了一本温暖的书——《没有人天生会做爸爸》，今天，我把这本书推荐给大家。书的第一章就是《学会爱自己的孩子》。做好父亲是需要学习的，是一生的功课。每一个男人最重要的事业就是做父亲。

最后，我想用纪伯伦的诗句来结束今天的茶座："你的儿女，其实不是你的儿女。他们借助你来到这个世界，却非因你而来。你可以给予他们的是你的爱，却不是你的想法……"

主持人：下一期"樊老师茶座"的主题是"父亲如何发挥人格影响力"，欢迎大家报名。谢谢！

活动感悟

杨璐瑶的妈妈：有一天晚上，冯妈打电话跟我说，为了女儿的事烦恼不已，想让我帮她想想办法。正好我也在为女儿的事一筹莫展。我跟她提议，去找樊老师，她一定会给我们想要的答案。于是，就有了这期"樊老师茶座"。我旁听了全程，看着樊老师、顾老师为我们排忧解难，心里那份感动真的不是言语所能表达的。我一直想，如果我没有遇到樊老师，那么我还是那个焦虑的母亲。如果我没有遇到顾向红老师，那么我现在还是井底之蛙。"樊老师茶座"给我最大的收获是:清楚自己是什么样的母亲,今后要成为怎样的母亲;在教育孩子的问题上要看重什么,该放弃什么,这些都是富有价值的问题,值得我思考一辈子。如果说父爱是接纳、宽容和等待,那么母爱就是关注孩子成长的细节,抓住每一次机会赏识孩子。

备注:在2018年南通市小学校本课程体系建设专题研讨会上开放了"樊老师茶座"第27期,主要呈现第三板块——自由对话。

第五章 共筑"百家讲坛"，分享优秀家教资源

第一节 百家讲坛——为儿童打开许多窗

教育始于家庭，家庭对孩子成长的影响是不可估量的。古今中外，家庭教育成功的案例不计其数，但是，基本都是以家庭为单位进行的，鲜见集成化的家庭教育组织。大数据时代呼唤彼此开放、相互化育的家庭教育。其实，如果班主任用心挖掘，就会发现每一位家长都可以成为教育资源，更何况家长中不乏教育高手。在班级开设"百家讲坛"，组织家长轮流贡献家庭教育智慧，建构班级家庭教育发展共同体，能全面推动班内家庭教育均衡、整体、和谐、高位互动式发展，全面提升班级教育合力。

一、实现破壁——"百家讲坛"的价值追求

1. 畅通家庭之间分享渠道

家庭教育水平的高低将决定儿童的发展水平和家族的生命质量。"苏格拉底所代表的教育实践是建立在个人喜好之上的、与好的朋友一起教授、分享、追求好的事物。"一个班级中几十个儿童所在的家庭教育水平参差不齐。在班级开设"百家讲坛"，建构班级家庭教育发展共同体，让班级内部优秀家长的专业优势与普通家长的"民间"优势得以互补与整合，体现出鲜明的"破壁"功能：改变家长各自为政的局面，打通家庭之间的文化

界限，分享优质教育资源，优化对儿童生活世界之改造，形成班内教育均衡、协调、优质发展的基本范式，揭示普遍规律，由此辐射，促使全校范围内家庭教育的优化和教育质量的全面提升。

2.架设家校之间合作桥梁

"百家讲坛"内容极为丰富，它不像国家课程一样具有固定不变的教材，而是具有鲜活性、选择性、不确定性等特点，对儿童很具吸引力。它像牛奶一般流淌于国家课程之间，弥补了国家课程的不足，润泽了学校课程。例如，元宵节前，父母来到"百家讲坛"，手把手地教同学们制作创意灯笼。全校每个同学都把亲手制作的灯笼悬挂于校园，整个校园喜气洋洋，充满节日气氛，很好地补充了国家课程中"我们的民风民俗"一课，生动、充分地展示了元宵节的习俗和文化。

"百家讲坛"为分享优质教育资源搭建了平台。广大父母开发课程的意识明显增强，纷纷主动贡献优质教育资源，有的家庭甚至主动邀请家族里的优秀人才来给同学们讲课。陆一言的叔叔王建锋有一门绝活——雕刻洗衣液瓶，这一绝活还引起了央视的关注。前不久，他受央视邀请，前往《生活圈》栏目组录制节目，向全国观众展示了他的这门"绝活儿"。2018年5月18日，他应陆一言的邀请做客"丑小鸭"班"百家讲坛"，主讲"变废为宝"，深深吸引了同学们。大家在王叔叔的指导下纷纷动手实践，用矿泉水瓶、洗衣液瓶等制作花瓶、笔筒、收纳盒等，兴趣盎然。

全班每一位父亲都做客"百家讲坛"，很好地弥补了小学里女老师多、男老师少的缺憾，尤其在科技教育和培养运动习惯等方面起到了很好的作用。

班主任对这些来讲课的父母进行培训，共同选题备课，制作课件，激发了父母的教育热情和教育智慧，提高了父母与孩子的交流分享能力，让他们体验到与孩子分享智慧的快乐。例如，杨力铮的爸爸给同学们讲"探秘癞蛤蟆",活动结束后,他激动地对我说:"没想到孩子们对科学探究这么感兴趣,他们提的问题很好,非常有价值,我很受启发。以后有机会,我想再来跟同学们交流。"

二、建构课程——"百家讲坛"的实践追求

"百家讲坛"之"百家"指一个班的百名家长。每学期初,可以通过自主申报和班主任邀请相结合的方式,确定"百家讲坛"的主讲人和主题,制订"百家讲坛"计划表(表5.1),形成系列课程。"百家讲坛"极大地丰富了学校课程,激活了儿童生命成长的热情。

表5.1 一(4)班第一学期"综合百家讲坛"计划表

时间	主题	主讲人	职业或爱好
第2周	棉花·布·衣服	黄沈宇的妈妈	家纺厂工人
第4周	大米是怎么来的	陆潘妮的妈妈	农科所研究员
第6周	钓鱼的乐趣	姜文婕的爸爸	爱好垂钓
第8周	空中之王——纸飞机	蔡卓琳的爸爸	爱好航模
第10周	电的秘密	陈家帆的爸爸	物理老师
第12周	我小时候的故事	严舒文的爸爸	爱好写作
第14周	有趣的科学小实验	梁郁杰的妈妈	皮鞋厂工人
第16周	神奇的水	施铮炎的爸爸	化学老师
第18周	怎样养小金鱼	杨力铮的姐姐	爱好养小动物
第20周	神秘的秘鲁	袁逸阳的妈妈	在秘鲁做生意

从内容看,"百家讲坛"有单项的,也有综合性的。所谓单项讲坛,是指就一个内容,由不同的家长做客"百家讲坛"。比如,低年级每天邀请一位家长给孩子讲故事,一学期轮流下来,几乎每一个孩子的爸爸妈妈都到班上给孩子们讲过故事,不同的家

长讲不一样的故事,展示不一样的语言魅力,孩子们听得津津有味,感受着丰富的语言表达方式。

家长在各行各业,各有所长,也拥有不同的兴趣爱好。我们鼓励家长充分发挥自己的长处,到班上给孩子们展示风采,共享生活智慧和乐趣,形成综合性百家讲坛。我们每周邀请一名家长做客"综合百家讲坛"。几乎每一场"综合百家讲坛"都让孩子们喜出望外,收获颇丰。

1.成长故事——引领儿童扬起理想的风帆

每一位父母的成长史对于孩子的成长都具有独特的教育意义。因此,我们要用好这个鲜活的教材。杨力铮的父亲是一个优秀企业家,是研究蟾蜍的专家,拥有12项国家专利,中央电视台曾20多次邀请他拍摄专题节目,请他讲创业故事和科研成果。受儿子的邀请,他也来到了"百家讲坛",引导同学们探秘癞蛤蟆。杨力铮非常兴奋地告诉我:"我第一次听爸爸讲这些创业故事,觉得爸爸非常伟大!"

一个个了不起的父亲把自己的成长故事向孩子们娓娓道来,激发了儿童的梦想和智慧。

2.魅力百行——引领儿童热爱学习

父母的职业是一座富矿,孩子能从中受到很多启发。

杨璐瑶家有一个家纺公司,她的父母把操作间搬到了教室,分组指导同学们制作薰衣草枕头,让大家经历枕头诞生的全过程,还把同学们亲手制作的枕头作为礼物赠送给他们。同学们非常开心,纷纷自夸"又学会了一项新本领",甚至有的同学扬言:"我也要开公司,设计新产品。"

韩宇轩的爸爸是理发师,给同学们讲"从'头'开始";张慧琳的爸爸曾是一名空军,他带着大家认识各种飞机;杨力铮的妈妈在保险公司工作,就讲保险是怎么回事……儿童博览百行,激发了无限的想象力和无穷的学习动力。

3. 兴趣爱好——引领儿童热爱生命

由于共处同样的生活环境,所以父母的兴趣爱好对孩子的成长影响极其深远。我积极邀请有兴趣爱好的父母作客"百家讲坛",扩大他们对儿童成长的影响。陆薏帆的爸爸是一名书画收藏爱好者,他带着同学们欣赏民间画;冯蕴涵的爸爸是海门钓鱼协会的理事,他手把手地教孩子们垂钓;杨霆威的爸爸爱好篮球,他给孩子们讲"我爱篮球",还在班上组建了篮球队,每周带球队训练一次;张佳杰的爸爸是一名马拉松爱好者,他给孩子们讲马拉松,在班上组建徒步队,带着大家每周徒步5~7千米。

在父辈的影响下,儿童的兴趣爱好越来越广泛,也越来越持久。他们的生活态度、生活品位不断提高。

4. 趣味自然——引领儿童热爱自然

爱默生说,培养好人的秘诀就是让他在大自然中生活。蕾切尔·卡逊认为,那些感受大地之美的人,能从中获得生命的力量,直至一生。我们相信每一个父亲都可以开发出好课程。如果有困难,就到大自然中去开发。叶鑫怡的爸爸妈妈都是农民。轮到她家时,她爸爸十分为难,觉得没有什么可以讲给孩子们听。当时恰逢端午,我就给他出了个主意,教孩子们做苇叶风车。这位父亲豁然开朗。活动当天,他抱了一大捆芦苇到教室,每一根都是他精心挑选的,粗细均匀。他还用软布擦净了苇叶上的虱子。他给每一个孩子发了一根带叶芦苇,然后教孩子们折苇叶风车,还兴致勃勃地讲起了他小时候玩风车的故事。孩子们学得津津有味,下课了还意犹未尽。放学时,每一个孩子举着一根芦苇,顶着一个亲手制作的小风车,排着整齐的队伍走出校门,成为一道亮丽的风景,吸引了无数小伙伴的眼球。班级家委会主席说:"这是我见到的最好的礼物!"

姜文婕的爸爸带同学们去看海,看渔民是怎样捕鱼的;王天怿的爸爸带孩子们去他家的梨园采摘大吉梨;陆潘妮的爸爸妈妈带孩子们到景瑞现代农业科技园里种菜……爸爸妈妈们带着孩子们打开大自然绿色的课本，尽情探索，其乐无穷，实现"童年是属于大自然的"。

5.情趣生活——引领儿童热爱生活

父母的生活品质直接影响着儿童的生活观。高品质的生活需要全家一起创造。冯蕴涵的妈妈是烘焙高手，她分组教同学们做饼干。大家吃着自己亲手做出来的饼干，欣喜和满足。袁逸阳的爸爸妈妈常年在秘鲁做生意。过年回国后，到班上给孩子们讲述"神秘的秘鲁"，通过一组组照片和孩子们分享异国风情，教孩子们说秘鲁的语言，还和孩子们分享富有民族特色的秘鲁美食，深受孩子们的欢迎。陈禹如的妈妈心灵手巧，教同学们剪窗花，装饰家，增添喜庆气氛。同学们学得津津有味，爱不释手。汤思怡的妈妈带着大家探究酿造米酒的过程。杨力铮的妈妈带领同学们参加江苏省青少年发展基金会新华保险江苏分公司联合推出的"捐出一本书，献出一份爱"大型公益活动。

三、引领成长——"百家讲坛"的理想追求

1.促进儿童成长

走上"百家讲坛"的每一位家长都会成为儿童尤其是自己孩子的崇拜者、好朋友。家长讲述前准备时的认真态度，孩子都看在眼里，记在心里。家长讲述时或潇洒，或优雅，都会给孩子留下深深的印象。

施铮炎的爸爸是化学老师，给孩子们讲了"神奇的水"。在孩子们的眼里，他就像魔术师，让看起来普通的水一会儿变成红色，像西瓜汁；一会儿又变成乳白色，像牛奶。孩子们一个个瞪大了眼睛，充满了好奇。之后，我在亲子日记本上读到一位妈妈写的这样一段话：

儿子心心挂念同学爸爸在班级"百家讲坛"上所讲的化学实验，恳求我买了《少儿百科——化学》，来来回回翻看了n遍，各种

奇思妙想在他脑海里翻滚。我经不住他一次又一次地央求，给他网购了化学实验的基本器材。看着他戴上防护眼镜，一本正经地拿着试管做"实验"，我惊叹于他专注的神情。

施铮炎的爸爸再次做客"爸爸讲坛"，讲了"燃烧与灭火"后请同学们解释两年前的魔术"烧不坏的手帕"。季琦哲格外兴奋，自告奋勇与叔叔一起做实验。

最受益的是主讲者的孩子，孩子会为爸爸妈妈感到骄傲，也许还会因此而改变自己。例如，A内向，心理脆弱，自我防护得严严实实。可是，自从她爸爸做客"百家讲坛"之后，我发现她变了。记得那天，她爸爸给孩子们讲"空中之王——纸飞机"。A做主持人，虽然有点拘束，但是毕竟她经历了整个过程。她爸爸一边讲一边教孩子们折纸飞机，虽然讲得很清楚，但仍有孩子不会，不停地问。这时，他说："A会折，小朋友可以请教她呀！"于是，小朋友们一下子围到A的身边。A手里忙碌着，脸上绽开了笑容。从那以后，A不再孤单，经常和小伙伴一起折纸飞机玩。

2.促进父母成长

家庭教育不仅仅是父母长辈对孩子进行教育，孩子的言行也对父母长辈产生教育影响力。

姜文婕的妈妈做客"百家讲坛"时准备了"吸烟的危害"这样一个主题。我不同意，因为这与孩子的生活关系不大。可她坚持要讲这个主题，一是想提醒孩子远离二手烟；二是希望借孩子的力量倡导戒烟，因为姜文婕的爸爸爱吸烟。她给同学们讲了这个主题后，杨璐瑶一回家就画了戒烟标志，张贴在客厅最显眼的墙壁上，提议爸爸戒烟。在班级"十岁成长礼"上，杨璐瑶的爸爸赠送给女儿一份珍贵的礼物——一张卡片，上面写着："宝贝女儿，爸爸决定戒烟！"可喜的是杨璐瑶的爸爸真的戒烟了，他感慨地说："很多时候，女儿是我的老师。"这样的事例在我们班上举不胜举，我感到十分欣慰。

3.提升亲子关系

每一场"百家讲坛"准备阶段,学生是父母的合作伙伴,帮助父母一起准备教具;有的学生甚至可以称之为老师,听父母试教,帮父母纠正普通话,提出修改意见等。谁的父母来主讲,谁就是主持人、摄影师,也是助理,配合父母完成讲课任务。活动结束后把活动总结和照片发送到微信群分享。班主任颁发"百家讲坛"证书,并给家长和孩子拍合照留念。前期准备—现场讲课—活动总结,这一过程中亲子共处,齐心协力,合作完成,亲子关系得以提升。如施铮炎的爸爸做客"百家讲坛"之后,施铮炎的妈妈给我留言:

施铮炎可骄傲了,在主持上得到您的帮助,他很高兴。父子俩互相吹捧,乐在其中。他很期待陈家帆爸爸的物理课。

"百家讲坛"让孩子们能够"吃"着"百家饭",营养丰富,茁壮成长。

第二节 "百家讲坛"案例

("百家讲坛"第90讲)探秘蟾蜍

时间:2018年4月8日

地点:四(4)班教室

主持人:杨力铮

主讲嘉宾简介:

杨力铮的爸爸杨鸣泽是海门康泉蟾衣科技有限公司的创始人,获得国家12项发明专利,被授予"建国六十周年百名优秀发明家"荣誉称号。中央电视台曾20多次力邀他讲述创业史和科研成就。

活动过程

引子:

同学们好!我是杨力铮的爸爸。今天受杨力铮的邀请,我给大家讲讲我和蟾蜍的故事。我从1993年到现在一直在研究蟾蜍蜕下的那层很薄很薄的衣膜及蟾蜍耳后腺的白色浆液。我先后创办了海门平山野生动物养殖场、海门康泉蟾衣制药研究所、上海蟾宝生物科技有限公司等。这20多年经历了很多难以忘怀的故事,今天与大家分享其中的一部分。同学们如果想多了解一些,可以上我公司的网站http://www.hmkqcy.com浏览。

一、讲述创业史

（一）发现之初

一次与蟾蜍的亲密接触

1993年夏天,我20多岁,有一天,不小心被毛毛虫咬了,又痒又痛,很快肿起来了。我爷爷懂中医,就把手指头伸进一只蟾蜍的嘴里取唾液,然后把它抹在我的手指肿胀的地方,两三分钟后,肿痛神奇地消失了,也不痒了。

我十分好奇,就抓住一只蟾蜍想探个究竟,没想到蟾蜍一挣扎就溜走了,我手上只留下滑溜溜、黑乎乎的东西。我拿给爷爷看。爷爷告诉我这是蟾蜍脱壳,一般蟾蜍都是一边脱壳一边吃,很少留下来,他活了70多岁头一次看见蟾蜍壳。

从此,我对蟾蜍产生了极大的兴趣,简直达到了痴迷的程度。我翻阅了大量资料,发现蟾蜍浑身都是宝,包括粪便、舌头、肝胆等都是名贵的中药材,蟾衣可用于治疗肿瘤。我想用蟾衣来为癌症患者治病,造福人类。

于是,我买来了几千只蟾蜍养起来,观察蟾蜍的生活习性,我一刻不离地守候着蟾蜍,废寝忘食。通过长期观察,终于发现蟾蜍一个星期脱一次壳,从而摸清了蟾蜍的脱衣习性,掌握了大量的第一手资料。

一位高人的指引

我把蟾蜍脱下的壳送给一位癌症患者服用,可他不敢服用。于是我就到南通大学附属医院肿瘤科请教专家。专家们认为,蟾衣是好东西，但怎么服用，服用多少却没有研究过。专家教授建议我做毒理实验，从毒理性角度阐释其安全性。我觉得专家教授的话有道理。第二天，我就带着采集到的新鲜蟾衣赶到上海中医研究所。研究员缪俊看了蟾衣，翻阅了大量资料，兴奋不已，认为我采集的蟾衣有可能成为一种新的中药材。他把我引荐给上海中医药大学缪细泉。缪教授看了蟾衣后，对此也非常感兴趣。他告诉我，这可能是一个重大发现，但是对于其具体功效还不能下定论，需要科学试验。专家的认可给了我莫大的鼓励，开发蟾衣的想法在我心里萌生。

一位患者的启示

因为蟾衣，我结识了很多老中医，经常与他们讨论蟾衣的功效。前辈们经常表扬我好学、上进。原海门市交通局一名副局长，1994年感觉人突然消瘦，卧床不起，经上海肿瘤医院确诊，得了巨块型肝癌，打算回家休养，准备后事。经一位老中医推荐，抱着试试看的心态服用了蟾衣，连续服用了一个月，感觉有精神了，体重明显增加。一年后去上海肿瘤医院复查，肝部肿瘤竟然完全消失。这一喜讯极大地鼓励了我。但是没有理论依据，还不敢把蟾衣给癌症患者大量服用。创立企业，开发安全的产品已经迫在眉睫。

（二）探索之路

经过多年的摸索与经验的积累，2000年，我正式注册"海门康泉蟾衣科技有限公司"，聘请上海中医药大学缪细泉教授为技术顾问，从科研的角度支持研究所的发展。从2001年开始，缪教授的实验室系统地从蟾衣的急性毒性、慢性毒性、抗肿瘤动物试验及生物学研究方面进行了22项测试。最终结果确认该蟾衣对肿瘤细胞的增殖有持续抑制效果，没有副作用，安全可靠，但是不易被消化吸收。在随后的试验中，缪教授对各种中药剂型的吸收利用度进行了研究，发现在胶囊、片剂、口服液、冲剂、滴剂、丸剂等系列产品中,经高微粉碎后罐装的蟾衣制剂其口服吸收利用度最高。

于是,我赶到北京,委托北京某科研单位将蟾衣通过纳米粉碎技术粉碎成5000目左右的超细粉。回家后,我投资兴建厂房,招兵买马,蟾衣系列产品很快应运而生。

在创业阶段,搞毒理实验、开办公司几乎花光了我家所有的积蓄,最困难的时候连给孩子买一双棉鞋的钱都没有。杨力铮的妈妈多次劝我放弃蟾衣研究。可我想,如果此时放弃就前功尽弃了。于是,我咬咬牙坚持研究,硬是挺了过来。

(三)兴旺之时

公司的相关研究以及产品一经面世,全国各地来电、来函、来人咨询,求购蟾衣超细粉的患者络绎不绝,产品供不应求。发展到今天,研究所的产品已销往全国20多个省市。福建省中医药教授汤叔良看到报道后主动与我联系,并把蟾衣超细粉胶囊让癌症病人广泛服用,取得了令人惊异的治疗效果。他撰写了蟾衣治疗晚期恶性肿瘤490例临床研究报告,得出结论:晚期恶性肿瘤490例中服用蟾衣超细粉胶囊后,肿瘤缩小总有效率达40.24%,止痛效果总有效率达49.39%,白细胞增加总有效率达64.90%。他写信对我说:"您的首创蟾衣制剂药物让很多生命得到了延续,让很多个家庭充满生机和欢乐,正如一首歌里唱的'死神也望而却步'。"

(四)发展之际

产品销售的成功并没有让研究所停下科学研究的步伐,我们继续探究,优化产品,努力降低成本,为患者造福。因为康泉蟾衣声誉闻名遐迩,研究功底深厚,我受邀参与《中国药用陆生野生动物保护与可持续发展(利用)》一书的编写,主要撰写蟾衣的采集炮制、性味与归经、功能与主治、用法与用量、使用注意、古籍摘要、药理作用、临床应用与研究等方面的内容,填补了行业空白。在第六届中国名医论坛年会上，康泉蟾衣被推荐为100项重点推荐专利之一。

到目前为止，我已经在蟾衣和蟾酥的专业领域里获得国家发明专利12项，被国家知识产权局授予"建国六十周年百名优秀发明家"荣誉称号。中央电视台曾20多次对我特约专访。我在国家级刊物上发表学术论文10多篇，还写了一本书《蟾衣的研究》，收藏在国家图书馆。

二、观看中央电视台《走近科学》——寻宝癞蛤蟆

三、互动交流

杨力铮的爸爸：小朋友们有什么问题要提问吗？

年宇轩：蟾蜍为什么会蜕皮？

杨力铮的爸爸：这个问题听上去很简单，但要正确回答这个问题，据我了解，国内动物学专家也没研究过。

张凯天：蟾蜍会蜕皮，那么青蛙会不会蜕皮？

杨力铮的爸爸：自然界很多动物、植物会蜕皮，但我没发现青蛙蜕皮。我没有发现不等于青蛙不蜕皮。因为我没有研究过这个问题。

……

杨力铮的爸爸：小朋友提问很活跃，我感觉到小朋友确实很感兴趣。我们可以一起研究，下次有机会再交流，好不好？

（"百家讲坛"第10讲）**神秘的秘鲁**

时间：2015年1月23日

地点：一（4）班教室

主持人：袁逸阳

主讲嘉宾简介：

袁逸阳的爸爸妈妈都是南通东方巨龙纺织品有限公司的员工，被派往秘鲁负责国外销售公司，主要生产经营各式绣花布、

窗帘、台布、窗纱、毯被、服装、日用百货等。他们在秘鲁已经工作了十几年。

活动过程

引子：

同学们好！我是袁逸阳的妈妈。今天受袁逸阳的邀请，我给大家讲讲秘鲁。十多年前，我和袁逸阳的爸爸一起到秘鲁工作。（看照片）这是我们公司，这是我们公司开的店，商品琳琅满目，主要是纺织品，都是我们家乡叠石桥家纺城的特色产品。

一、介绍秘鲁的概况

（1）秘鲁在古印第安语中是"玉米之仓"的意思，因盛产玉米而得名。

（2）秘鲁的地理位置。（看地图）秘鲁位于南美大陆西部、太平洋西岸，北邻厄瓜多尔和哥伦比亚，东南与巴西和玻利维亚接壤，南接智利。

（3）认识秘鲁国徽。（看国徽图）这是秘鲁的国徽，中心图案为盾徽，盾面左上方是一只南美骆马，是秘鲁国兽，代表国家的动物资源，也是秘鲁民族的象征之一；右上方是一棵金鸡纳树，代表国家的植物资源；下半部为一只象征丰饶的羊角，代表国家的自然资源和矿藏。盾徽上端为一个绿色月桂花冠；两侧各有两面秘鲁国旗。

（4）认识秘鲁国旗。（看国旗图）这是秘鲁的国旗，由三个平行且相等的竖长方形组成，中间为白色，两侧为红色。中间白色长方形中间有秘鲁国徽图案。白色象征自由、民主、和平与幸福；红色象征人民在独立战争中取得的胜利，也表示人民对烈士的怀念。

（5）欣赏秘鲁的国歌《国家进行曲》。（播放秘鲁升旗仪式，听秘鲁国歌）

（6）认识秘鲁的国花、国树、国兽、国鸟。（看图）秘鲁的国花是向日葵。秘鲁人民对太阳怀有深厚的感情。国树是金鸡纳树。国兽是骆马,也叫羊驼。国鸟是安第斯冠伞鸟。

二、介绍秘鲁的景点

(1)欣赏秘鲁风光片:《美丽的秘鲁》。

(2)认识利马。(看图)利马是秘鲁的首都,最大的港口,是世界有名的"无雨城"。利马也是南美洲最重要的政治和商业中心。利马的中心是马约尔广场,广场中央有铜喷泉,四周有总统府、利马市政大厦、大教堂等。利马老城的建筑仍保持西班牙建筑的艺术风格特色。秘鲁外交部所在地托雷塔格莱宫室内保存着利马总督的马车、当年珍贵的油画和雕刻等。

利马因里马克河而得名,里马克为神的名称。据说以前在这里有一尊大神像,当人们朝拜时,藏在神像里面的僧人就大声说话,人们以为神像在同他们谈话,于是人们便用神的名称来命名这个地方,意为"会讲话的神"。

(3)游戏:猜猜这是秘鲁的哪一个景点?

出示图:利马总统府、利马圣马丁广场、马丘比丘、帕拉卡斯鸟岛、库斯科古城、的的喀喀湖……

三、介绍秘鲁的生活习俗

(1)秘鲁的风俗。

驱魔节:每年9月秋分后月圆的第一天举行驱魔节,所有的人都禁食,驱除病魔。

国家土豆日:5月30日是国家土豆日,人们欢庆节日,感谢土豆对人类作出的贡献。

皮斯科鸡尾酒节:每年2月的第一个星期六为皮斯科鸡尾酒节。皮斯科鸡尾酒是秘鲁的国酒,是秘鲁人的骄傲,被确认为秘鲁国家文化遗产。皮斯科鸡尾酒以葡萄汁为原料,经蒸馏酿制而成,加入柠檬汁、鸡蛋清、糖浆和冰块,清香爽口,成为秘鲁餐饮文化的象征。

打斗节：打斗节是秘鲁极富传统特色的迎新年节日，在一片草地上，观众们围坐一团，在歌舞表演和队列仪式后，真正的"打斗"就开始了。其实不是真正打斗，而是为了舒缓压力，使来年心情舒畅。按照惯例，参加打斗表演的人必须赤手空拳，可以一个人对一个人，也可以几个人对几个人。就像一个大聚会一样，让人们唱着、跳着、打着，将烦闷的心情一扫而光，以崭新的面貌迎接新年的到来。

（2）秘鲁的禁忌。

秘鲁人特别忌讳"死亡"这个字眼，如果用"死亡"来诅咒他人，必定会引起一场大斗殴。

忌讳"13"和"星期五"，认为这都是不吉利的数字和日期，遇其必将会大难临头。

忌讳乌鸦，认为乌鸦是一种不祥之鸟，会给人带来厄运和灾难。

忌讳以刀剑为礼品，认为送这些东西意味着隔断友谊。

忌讳吃海参一类奇形怪状的食品。

四、介绍秘鲁的美食

（1）欣赏美食图片：特色咖喱饭、铁板海鲜、大地之锅、辣椒鸡……

（2）连线游戏，把美食图片与美食名称连起来。

秘鲁法风奶油鸡、皮斯科酸味鸡尾酒、秘鲁海鲜炸物、青椒包肉、烤豚鼠、秘鲁炒牛肉、柠檬汁腌生鱼、土豆泥派、羊驼肉。

（3）分享从秘鲁带回来的小零食，有秘鲁特色夹心小饼、牛肉碎玉米饼、椒盐玉米粒、秘鲁甜甜圈、秘鲁大粽子等。

五、感受秘鲁的语言

（1）听一听。播放视频，听秘鲁人说话，猜猜是什么意思。

（2）学一学。

数数：1-10。

日常礼貌用语：你好、请、谢谢、对不起、再见。

六、学生提问（略）

结语：欢迎同学们到秘鲁来做客，到时候请袁逸阳当小导游，带着大家饱览秘鲁的名胜古迹，品尝秘鲁的美食，了解秘鲁的风土人情，感受异国他乡的独特魅力。

第三节 "百家讲坛"故事

"玩"出精彩人生
庄晓芳（季琦哲的妈妈）

在很多家长谈"玩"色变的时候，龙应台却认为"不懂得玩，确实是一种缺点"，"玩，可以说是天地之间学问的根本"，她提倡尊重孩子的个性和天性，让孩子在愉快的玩耍中学习和实践。

是呀，童年的时间很短，何不给孩子多留点美好的回忆。于是，在大多数家长奔波于各种学习班的时候，我就像个异类，总是陪着我那充满天性的孩子各种玩各种乐，一起感受着多样的童年。

有人说我这个妈妈心太大，怎么就不懂得抓住孩子的空闲期让他好好学习，不然怎么能跟上同学们奋进的脚步呢?！可在我看来，学习固然要抓，但是玩乐也不能丢啊，更何况，两者并不冲突。在很多时候，玩乐也是一种学习，而且能让孩子愈发爱上学习。从下面的镜头中，你应该就能看到一二。

玩乐——增强了求知欲望

儿子一心挂念施铮炎的爸爸在班级"百家讲坛"上所讲的化学实验，于是他恳求我买了《少儿百科——化学》，来来回回翻看了n遍。看了书之后，各种奇思妙想更是在他脑海里翻滚。于是，经不住他一次又一次地央求，我又给他网购了化学实验的基本器材。看他戴上防护眼镜，一本正经地拿着试管做着"实验"，我惊叹于他专注的模样，忍不住拍下发了朋友圈。原本以为老师会不屑于我这种放任不管的态度，没想到却得到了认可。朋友们的回复也给了我力量。是啊，既然人生是一场马拉松，又何必太在意起跑线上的速度。

虽然我不懂教育，在严教和乐学中，也经常会陷入两难，但我还是会倾向于听听孩子的想法，尽可能满足他好奇的心。

玩乐——锻炼了动手能力

孩子是个小书迷，不仅爱看书，更喜欢把书上看到的变成自己的。二年级的时候，在"品德与生活"课上，老师给他们讲了"小橘灯"。放学回家写完作业，他便独自忙活开了。切开橙子很轻松，但挖肉可就是技术活。第一次以橙子破肚而收工，第二次他就不敢大意了，一勺一勺小心翼翼，就怕一个不小心前功尽弃。好不容易搞定了第一步，他兴致更浓了。让我帮忙刻上镂空的字，自己还穿针引线做好提手，一个像模像样的小橘灯诞生了。为了让这个作品更加完美，他说服我用上蜡烛，但线很快就烧断了。他便又琢磨着去找合适的材料来替代……

每一次失败，每一个成功，都见证了他的努力。他满是笑意的眼睛，让我读到了他从中收获的快乐。

玩乐——收获了生存体验

偶然的一次机会，他迷上了纪录片频道的野外生存挑战。贝尔·格里尔斯，这位专门为超越危险和死亡而生的野外生存大师成了他的偶像。搭乘小船横越冰冷的北大西洋，从沙漠的流沙中死里逃生，在百慕大三角穿越鲨鱼成群出没的水域……一幕幕惊心动魄的场景我看了都觉得害怕，他却直呼过瘾，还跟着贝尔学会了不少野外生存的技能。于是，为了"检验"一下自己的真才实学，他便利用周末回乡下的好时机开始了自己的生存体验。三块砖搭成了灶，一口小锅放入鸡蛋加上水，点火添柴，便开始了他的早饭之旅。眼睛被烟熏着了,他才知道这时应该站在上风口;火烧着烧着就灭了,他便知道光有柴草和火源还不行,燃烧还要有空气的配合,不能一味地添柴了;水煮开了,但鸡蛋还不能吃,必须等鸡蛋浮起才算熟……一次小小的体验,不仅让他长了知识,还让他品尝到了"美食",自我感觉颇好。

乌黑的小手、沾灰的衣服……这些平时让我看了超级不爽的模样,瞬间也变得可爱了。

玩乐——丰富了童年生活

每个周末,他都有大把的时间可以用来玩,而且玩的花样也层出不穷。正如班主任樊老师给他第一本作文集写的序:爱看书,就捧起书;喜欢小动物,就和小鸡小鸭游戏;嘴馋了,就上树摘果子;无聊了,就讲一段笑话发到朋友圈;想旅行,就扑向大海……短短数字,就是他真实生活的写照。每一段经历,就这样被他用或可爱或顽皮的文字记录了下来,讲述着自己丰富多彩的童年生活。

这些,又何尝不是玩乐带给他的收获呢!

前段时间,《爸爸去哪儿4》开播,最火的当属沙溢和安吉这对父子了。在评论中就有人说道,最好的亲子关系不是父母有多威严,孩子有多听话,而是爸爸妈妈能用一颗天真的心和孩子共同成长。而我,正在享受这美好的过程,期待能看到孩子"玩"出精彩人生。

特别的生日礼物

杨璐瑶

我爸爸是个老烟鬼,嘴里总是叼着一支香烟,吞云吐雾,把门牙都熏得黄黄的。

有一天,姜文婕的妈妈来到"百家讲坛"给我们讲"吸烟的危害",还给我们看了很多图片,吸烟的人肝由原先的红颜色变成黑乎乎的。和吸烟的人在一起也会受到伤害,会让人生病,严重的甚至威胁生命。我听了毛骨悚然。

爸爸一回家,我就迎上去。"爸爸!"我大声说,"你不要再吸烟了,吸烟对身体不好,还会给我和妈妈带来危害。"

"是吗?好吧,我不吸烟了。"

我非常高兴。可谁知爸爸没有改,一直在偷偷地吸烟。我又气又恼,抢走他嘴上的香烟,他就说:"哎呀呀,我忘记了公主的话,对不起!"

为了时刻提醒爸爸戒烟,我在一张白纸上画了一个大大的戒烟标志贴在墙上,只要一进客厅就能看见。我想这样爸爸就不会忘记戒烟的事了。可爸爸却视而不见,还是天天吸烟,尤其是有客户时,几个人就把客厅搞得烟雾缭绕,呛得我不敢呼吸。我特别生气。看来只有使绝招了——藏烟。

晚上,爸爸睡觉的时候将外衣脱在沙发上。半夜,我偷偷地爬起来,将香烟拿了出来,藏在沙发的缝隙里。第二天一早,爸爸醒来摸摸口袋,自言自语道:"咦?我的烟到哪儿去了?"说完,翻箱倒柜地胡乱找了一阵就跑出去了。我跟着他跑出去一看,原来爸爸又去后面那家小店买烟去了。我和妈妈对视一眼,无奈地摇摇头。我决心让爸爸戒烟,所以他买一次我就藏一次,也不知道藏了多少次,可爸爸总是再买。哎,看来,爸爸是屡教不改了,我非常失望。

有一天,爸爸说去参加"樊老师茶座"。回来后跟我聊了很久,他说要做我的榜样,改掉一些坏习惯。

六一儿童节到了,樊老师邀请爸爸妈妈到学校里和我们一起参加"我们十岁了"主题班会。樊老师微笑着说:"现在请爸爸妈妈给孩子赠送十岁生日礼物。"我想,爸爸妈妈会给我送什么礼物呢?这时,爸爸向我递过来一个包装精美的信封,我打开一看,是

一张生日贺卡,上面写着:

宝贝:

老爸戒烟,为女儿树立一个好爸爸的形象。祝女儿十岁生日快乐!

永远爱你的爸爸
2017年6月1日

从此以后,我几乎看不到爸爸吸烟了。我非常开心,这是我收到的最好的生日礼物。

附:

"百家讲坛"安排表

表5.2 "百家讲坛"活动安排表(四年级上学期)

序号	学号	"丑小鸭"家庭	课堂互动内容	日期(周五下午第3节课)	联系电话(略)
1	18	陆亦辰	我们小时候玩的游戏	2017年9月15日	
2	12	龚 克	指南针	2017年9月22日	
3	17	严舒文	走进武汉	2017年9月29日	
4	19	包青鑫	怎样安全使用热水器	2017年10月13日	
5	20	年宇轩	一年四季	2017年10月20日	
6	21	张佳杰	我与马拉松	2017年10月27日	
7	22	黄驿超	谈理想	2017年11月3日	
8	23	李雨欣	我喜欢的职业——海军	2017年11月10日	

续表

序号	学号	"丑小鸭"家庭	课堂互动内容	日期（周五下午第3节课）	联系电话（略）
9	24	蔡嘉淇	中华美德	2017年11月17日	
10	25	黄晨榆	恐龙	2017年11月24日	
11	26	张宸尧	歇后语	2017年12月1日	
12	27	张馨文	安全小常识	2017年12月8日	
13	28	梁郁杰	学做小家务	2017年12月15日	
14	29	黄婧楠	新年快乐	2017年12月22日	
15	30	季琦哲	小眼睛看世界	2017年12月29日	
16	31	张慧琳	中国空军	2018年1月5日	
17	32	陈禹如	趣味剪纸——有趣的洞	2018年1月12日	
18	33	汤思怡	米酒是怎么酿成的	2018年1月19日	

自"百家讲坛"开讲以来，已经陆续有多位热心家长走上讲台。他们根据各自的特长，给孩子们送上了极其精彩的课程，取得了良好的授课效果。这不仅增长了孩子们的见识，拓宽了孩子们的视野，更提升了孩子的自信心，增强了亲子感情。

新的一学期已经开始，"百家讲坛"如约而至。我们将按照原定的方法按学号邀请孩子们的家长讲课，请表中所列各位孩子家长做好准备，准时到校讲课。谢谢各位为孩子的成长所做的努力！

表5.3 "百家讲坛"活动安排表（四年级下学期）

序号	学号	"丑小鸭"家庭	课堂互动内容	日期（周五下午第3节课）	联系电话（略）
1	5	陆薏帆	民间画鉴赏	2018年3月9日	
2	21	周思涵	节约是美德	2018年3月16日	
3	34	黄一恒	人工智能	2018年3月23日	
4	35	施铮炎	燃烧与灭火	2018年3月30日	
5	36	杨力铮	探秘蟾蜍	2018年4月8日	
6	37	江可馨	新能源汽车	2018年4月20日	
7	38	蔡博宇	保护牙齿	2018年4月27日	
8	39	姜鑫妍	变废为宝	2018年5月4日	
9	40	陈思睿	母亲节的礼物	2018年5月11日	
10	41	陆一言	巧手做花瓶	2018年5月18日	
11	42	杨霆威	我们打篮球	2018年5月25日	
12	43	韩宇轩	食品安全	2018年6月1日	
13	44	倪嘉颢	认识三个证件	2018年6月8日	
14	45	黄楠涵	分辨真假蚕丝	2018年6月15日	
15	46	顾珈榕	有趣的轮滑	2018年6月22日	

自"百家讲坛"开讲以来，已经陆续有多位热心家长走上讲台。他们根据各自的特长，给孩子们送上了极其精彩的课程，取得了良好的授课效果。这不仅增长了孩子们的见识，拓宽了孩子们的视野，更提升了孩子的自信心，增强了亲子感情。

新的一学期已经开始，"百家讲坛"如约而至。我们将按照原定的方法按学号邀请孩子们的家长讲课，请表中所列各位孩子家长做好准备，准时到校讲课。谢谢各位为孩子的成长所做的努力！

第六章 共创"亲子俱乐部"，提升亲子生活品位

第一节 亲子俱乐部——培育阳光孩童

父教缺失，儿童成长缺钙

心理学家埃里希·弗罗姆说："尽管父亲并不代表自然世界，他却代表着人性存在的另一极——思想的世界、人造物的世界、法律和秩序的世界、纪律的世界、旅行和冒险的世界，父亲角色对孩子一生的心理健康和成长有着非常重要的影响。"一项关于家庭教育困惑的调查显示：参与调查者中，父亲占22.05%，母亲占75.33%，祖辈占2.62%（图6.1）。可见，现实中父亲对孩子的教育关注度远不如母亲。父教缺失导致男孩不够自信，缺乏阳刚之气；女孩过于娇弱。

图6.1 家庭角色调查数据

我的家庭角色 [单选题]

选项	小计	比例
父亲	168	22.05%
母亲	574	75.33%
祖辈	20	2.62%
本题有效填写人次	762	

表格 饼状图 圆环图 柱状图 条形图

我所带的班级共有学生54名,其中男生28名,他们有如下表现:

现象一:说话柔弱,遇事斤斤计较,爱哭鼻子,性格孤僻,胆小怕事,自卑,缺乏大度。这类男生有12名。

现象二:喜欢室内的、比较安静的游戏,对焕发男生威猛雄姿的游戏缺乏兴趣。这类男生有20名。

现象三:做事畏首畏尾,没有主见,依赖老师和家长。这类男生有19名。

分析:儿童生活中男性普遍缺位

(1)小学里,男老师少,女老师多。小学教师中女教师约占80%。就我们学校而言,136名教职工中女性110名,占总数的86%。47个班级中有18个班级所有的任课老师竟清一色都是女老师。44个班级是女老师当班主任,只有3个班是男老师当班主任。68%的班级每周只有两节课是男老师上的,主要是体育课和计算机课。在我们地区,其他学校的情况也大致如此。

(2)在农村小学,留守儿童普遍存在,他们的家庭中几乎都是父亲外出挣钱,母亲在家带孩子。有的孩子甚至只和奶奶在家。

(3)在现实生活中,有的家庭即使一家三口在一起生活,父亲也因为各种各样的原因很少参与家庭教育,管孩子的事一般以母亲为主,很多家庭受到"男主外,女主内"的传统观念影响较大。

(4)随着家校协同教育的不断发展,越来越多的家长主动到学校当志愿者,协助学校开展教育活动。然而,在家长志愿者队伍中鲜有父亲的身影。

有研究表明,父亲陪伴得越多,儿童就越自信,越勇敢,越有男子汉的气概。"亲子俱乐部"创造了父亲陪伴孩子的机会,延展了父子相处的时空。

一、亲子运动——磨砺坚强意志

我主张引导儿童热爱艺术,热爱阅读,更要热爱运动,最重视儿童运动习惯的培养。我自己是一个游泳爱好者,几乎每天都去游1千米。生活中,我发现儿童都比较脆弱,不肯吃苦,稍有困难就打退堂鼓,受到一点儿挫折就情绪低落,甚至有的男生也爱哭鼻子。翻看学生体能测试结果,我发现儿童体能普遍不优秀,而且鲜有进步。于是,我组织亲子徒步活动,"用运动的伤疤练就孩子坚强的意志、独立的个性以及生存的能力"。亲子徒步活动分四步实施:

第一步,邀请非常专业的飞翔老师带队,感受一次徒步的乐趣和艰辛,提升价值认同。有一个小胖墩一开始走得很好,可是,刚走了一半就累了,不愿意走了,掉队了。飞翔老师就在旁边一边开导一边鼓励,告诉他:"同学们都在前进,你不走就落后了。只要你坚持前行,永不放弃,就一定能赶上大家,到时就奖励你举队旗。"小男孩听后重拾信心,奋勇前行,终于追上来了,举起队旗,十分得意。当天,他写下了徒步日记:

我追啊追啊,终于追到队伍的最前面,举起旗帜走到了终点。我欢呼着,终于走完了6千米。这次徒步,我超越了自己!

我想,这一刻对他的人生具有里程碑的意义。

第二步,组建徒步队。怎样延续徒步活动,真正提高儿童的体能呢?我了解到张佳杰的爸爸是一个马拉松爱好者,就与他沟通,希望与他合作组队徒步。他一口答应:"好啊!平时叫儿子跟我一起跑步,他不愿意。他最听樊老师的话。这回,他躲不了了。"原来这位父亲也正想借我班主任的权威"要挟"儿子锻炼身体,他儿子爱吃肉,不爱运动,比较胖。就这样,"丑小鸭"徒步队成立了,张佳杰任队长,他爸爸任辅导员。我们共同制定了徒步制度。

第三步,每周开展一次徒步活动。各家庭自主报名参与,路程为5~7千米。给参与的家庭颁发徒步奖章。

第四步,共写徒步反思。我自己写,也鼓励父母和孩子写,及时反思与分享，不断积蓄成长力量。当然，我们也有现场分享。

通过三年的徒步活动，我发现儿童体能明显提升，他们变得更坚韧、自信，也吸引了越来越多的家庭参与，徒步队伍正在不断壮大。

班上还有6位父亲分别担任篮球、足球、游泳等社团的辅导员。三年来，孩子们收获的不仅仅是知识和技能，更重要的是优秀的父亲身上传播出来的坚强的意志品质。孩子们开始热爱运动，变得勇敢、果断，团队意识也明显增强。很多父亲已成为孩子们心目中的英雄、明星和榜样，整个班级洋溢着浓浓的竞相成长的气息。

二、亲子阅读——哺育独立精神

朱永新说："一个人的精神发展史就是他的阅读史。"亲子阅读更有利于促进儿童的精神成长。有研究表明，在教师经常让父母参与学生家庭学习活动的班级，学生逐年的阅读收获比其他班的学生多。（乔伊丝·L.爱普斯坦等.学校、家庭和社区合作伙伴：行动手册（第三版）[M].吴重涵，薛惠娟，译.南昌：江西教育出版社，2015：39.）儿童的阅读仅仅靠语文老师和班主任引领是非常有限的，无论是宽度还是深度都是远远不够的。因此，我们应充分挖掘父母群体中有能力引领儿童阅读的力量，把他们组织起来，充分发挥他们的作用，大家齐心协力，更好地培养儿童的阅读习惯，提升儿童的阅读能力。

我们在班上优选了8位父母组建了"丑小鸭"导读团。每学期初，我们经过商量共同确定书目，集体购买，每个同学3~5本，这就确保了阅读书籍的质量，消除了一些家庭因为不会选书带来的烦恼。每周一是班级图书漂流日，按学号传书，1号传给2号，2号传给3号，依此类推，54号传给1号。无论是否看完都得传。这样就逼着儿童学会选择，有的书要精读，而有的书只需浏览。一学期就有150本以上的书传到每一个儿童的手上，大大提高了阅读量。导读团的成员每周轮流到班上组织读书会,分享阅读体会,也可以推荐好书,使儿童的阅读向纵深处不断延伸。

为了促进学生充满阳刚之气地成长,我们班创建了"爸爸书架"。全班每一位父亲都向孩子赠书,题写赠言。父亲们精心挑选好书,有《奔跑的少年》《福尔摩斯探案故事集》《重返狼群》《少年探险家》……赠言也意味深长。比如:

亲爱的宝贝:

爸爸送你一本书《奔跑的少年》,希望你能够认真阅读,它可以给你勇气、力量和智慧。希望你和伊利亚一样拥有一颗勇敢的心。

爸爸
2018年3月4日

宝贝儿子:

学习是一条漫长的路,来不得半点马虎。在以后的学习中,老爸希望你像书中的特种兵战士一样认真、勇敢、果断、自信,向着自己的目标,不畏任何困难,勇往直前。

爱你的老爸
2018年3月6日

我们邀请热爱阅读的父亲到班上开"老爸读书会",这样儿童阅读书籍的面就更广了,包括天文地理、军事科技、历史政治等;阅读理解能力也正朝纵深发展。更可喜的是他们敢于表达观点,独立意识明显提升,面对困难,勇往直前。

三、亲子休闲——培养豁达气概

父亲应该是孩子尤其是男孩最好的生活榜样。我们组织亲子休闲活动:父子团垂钓、看电影、看画展、听音乐会、旅行、航模等,尽可能创造父亲与孩子相处的机会,让孩子们在耳闻目染中培养豁达气概。

每年六一儿童节都搭建"亲子大舞台",鼓励父亲和孩子一起登台表演。表6.1为"欢度六一"活动计划表。

表6.1 "欢度六一"活动计划表

年级	活动内容
一年级	亲子大联欢
二年级	亲子童话剧汇演
三年级	十岁成长仪式
四年级	亲子游泳比赛
五年级	亲子书画展览
六年级	亲子运动会

以"亲子童话剧汇演"活动为例,全班自愿组合成7个童话剧团,自主选择童话剧进行排练,至少有一位父亲参与演出。2016年6月1日,在学校影视中心举行"童话剧汇演",邀请全班所有家庭观看。舞台上的"大灰狼""狮子""霸王龙"等角色都是父亲扮演的,且不论演得怎么样,也不管获奖与否,父亲们粉墨登场就赢得了孩子们的阵阵欢呼。亲子休闲中,一个个小小男子汉脱颖而出,女孩也开朗活泼。

亲子观影应该成为儿童成长的必修课。电影以其独特的视觉魅力给人以直观、感性的力量,与经典著作相辅相成,更加完整地塑造着我们的精神世界。由电影走向书本,本身也是培养阅读兴趣,加深对经典作品理解的重要途径。一部好电影如同一本好书,能带给我们许多启发,甚至改变我们对许多事情的看法。从亲子观影中汲取教育力量,是一种潜移默化、润物无声的教育方法,对孩子成长的影响不可估量。我们向家长推荐了100部优秀影片,如《放牛班的春天》《地球上的星星》《摔跤吧!爸爸》等,鼓励甚至组织亲子观影,开展亲子电影沙龙活动,分享观影感受。

亲子欣赏音乐会能使家庭生活优雅起来。我们请家委会搜集音乐会信息,挑选适合儿童的音乐会向全班推荐。各家庭自主购票欣赏。在上海东方艺术中心,我们欣赏过《魔法钢琴与肖邦短篇》。

亲子旅行可以优化亲子沟通。亲子旅行与亲子沟通相辅相成,通过亲子沟通使亲子旅行更和谐。通过亲子旅行过程中的交流使亲子沟通更融洽。我们在本地优选了30个乡镇景点,如忠孝园、景瑞农业科技园、金盛农庄、叠石桥家纺城等,组织亲子游家乡活动,让孩子了解家乡,热爱家乡,激发建设家乡的热情。我们依托旅行社,组成亲子团,走出家乡,放眼世界,饱览名胜古迹,拓宽视野,培养亲子感情,提升家庭生活品质。

冯蕴涵家有一个大鱼塘,他爸爸邀请全班同学去钓鱼,还手把手地教同学们钓鱼。王天怿的爸爸曾是海军,他把珍藏多年的舰艇带到教室,和同学们聊他的舰艇生活。张慧琳的爸爸曾是空军,他带着同学们认识各种飞机。杨雨婷的爸爸是航模爱好者,他教同学们玩航模。叶鑫怡的爸爸是农民,他教同学们折苇叶风车……几乎所有的亲子休闲活动都深受欢迎,活动过程成为同学们体验生活、创造生活的过程,也是亲子共同成长的过程。

附:

表6.2 100部适合亲子欣赏的影片

序号	影片名	序号	影片名
1	《放牛班的春天》	8	《音乐之声》
2	《死亡诗社》	9	《探戈》
3	《地球上的星星》	10	《动物运动会》
4	《弦动我心》	11	《铁甲钢拳》
5	《超脱》	12	《跳出我天地》
6	《心灵捕手》	13	《暴力云与送子鹳》
7	《叫我第一名》	14	《机器人总动员》

续表

序号	影片名	序号	影片名
15	《自由作家》	36	《剪刀手爱德华》
16	《蒙娜丽莎的微笑》	37	《愚人买鞋》
17	《天堂电影院》	38	《好奇的乔治》
18	《节约的小猪》	39	《天堂电影院》
19	《搭错车》	40	《龙牙星》
20	《狮子王》	41	《漂亮妈妈》
21	《公主与青蛙》	42	《海洋天堂》
22	《小刀》	43	《超级无敌掌门狗：引鹅入室》
23	《美丽人生》	44	《勇敢传说》
24	《绿野仙踪》	45	《勇敢的心》
25	《永不妥协》	46	《小马虎》
26	《德蕾莎修女》	47	《蜜蜂总动员》
27	《昆虫总动员》	48	《夏洛特的网》
28	《大气层消失》	49	《荒野生存》
29	《旅行到宇宙边缘》	50	《听见天堂》
30	《马兰花》	51	《当幸福来敲门》
31	《老人与海》	52	《国王的演讲》
32	《活着》	53	《我的左脚》
33	《百万宝贝》	54	《母女情深》
34	《三傻大闹宝莱坞》	55	《那山那人那狗》
35	《海上钢琴师》	56	《南极大冒险》

续表

序号	影片名	序号	影片名
57	《黑暗中的舞者》	79	《外星人ET》
58	《暖春》	80	《雨人》
59	《风雨哈佛路》	81	《第七封印》
60	《虎兄虎弟》	82	《在世界的转角遇见爱》
61	《八月迷情》	83	《舞出我人生》
62	《想飞的钢琴少年》	84	《返老还童》
63	《心灵点滴》	85	《铁拳男人》
64	《我是山姆》	86	《活着》
65	《风语者》	87	《被遗忘的孩子》
66	《果岭争雄》	88	《狐狸与我》
67	《后天》	89	《请为我投票》
68	《飓风营救》	90	《西葫芦的生活》
69	《我是传奇》	91	《神话的森林》
70	《十二怒汉》	92	《巴黎淘气帮》
71	《钢琴家》	93	《天生一对》
72	《幸福终点站》	94	《寻梦环游记》
73	《时尚》	95	《海洋之歌》
74	《壮志凌云》	96	《我的宠物恐龙》
75	《中央车站》	97	《潜艇总动员：海底两万里》
76	《迫在眉梢》	98	《机器人总动员》
77	《现代启示录》	99	《龙猫》
78	《蝴蝶效应》	100	《疯狂原始人》

第二节 亲子主题班会——用双脚走出成长的节拍

一、活动背景

分析每年的体能测试结果,我发现班级学生的体能普遍不行,主要表现为腿部力量不足、速度不快、耐力欠佳。关注他们的生活点滴,我发现不少父亲在孩子的教育中缺位,父亲、母亲与孩子之间的关系非正三角形,导致孩子尤其是男孩自信不足、娇气有余。基于以上思考,我开展了班级亲子徒步活动,并以主题班会的方式组织分享体验,旨在引导父母和孩子锻炼身体,打通家校之间、家庭之间的文化界限,融合父亲们的教育力量,促进儿童的人格健康发展。

二、活动目标

(1)通过组建"丑小鸭"徒步队,密切家校关系,优化家校合作,提升班级教育合力。

(2)通过分享亲子徒步体会,增进亲子之间的感情,激发家庭成员的运动热情,从而培养孩子勤于锻炼的好习惯。

(3)通过集体亲子徒步,营造父亲在场的良好氛围,以此影响儿童的言语及行动方式,初步培养学生自信、乐观的生活态度和坚韧的意志品质。

三、活动准备

(1)教师准备:星期六早上7:00,聘请南通"飞翔之旅"的创始人王聪林做向导,带领学生与其父母徒步6.52千米(自海门镇张謇大道与广州路口向西,至漓江路红绿灯处返回)。提前一周制作PPT。

(2)家长准备:家委会主席宋爱兵提前一周考察徒步路线,组织报名工作。参与徒步的所有人准备一双舒适的运动鞋和一瓶水。

(3)学生准备:提前两周设计"丑小鸭"徒步奖章。

四、活动形式

颁奖、分享亲子徒步体会、现场采访、撰写亲子徒步日记。

五、活动过程

(一)颁奖:真诚点赞,激发学生参与活动的热情

师:亲爱的大朋友小朋友们,刚才,我们一起徒步,一共走了6.52千米,你们真了不起!我将给每一个参与家庭颁发"丑小鸭"徒步奖章。首先,让我们通过大屏幕来回顾一下奖章征集花絮。(播放PPT)

师:两周前,我们开展了"丑小鸭"徒步奖章设计征集活动,共收到设计方案30多份,通过全班同学投票,最后倪嘉灏设计的奖章脱颖而出,被选为"丑小鸭"徒步奖章。请倪嘉灏向大家介绍一下奖章。

倪嘉灏:这枚奖章是我在爸爸的指导下设计的。正中间的"丑小鸭"是我最喜欢的童话形象,音符表示我们都是快乐的"丑小鸭",足球代表着我们热爱运动。我在奖章的最下面画上书,意思是我们"读万卷书,行万里路",努力实现自己的梦想。

师:现在颁发"丑小鸭"徒步奖章,希望你们"读万卷书,行万里路",永远行走在实现梦想的道路上。

【设计意图:颁发"丑小鸭"徒步奖章,旨在祝贺各家庭完成首次徒步任务,激励孩子和父母持之以恒,锻炼出强健的体魄,形成优秀的班级体育文化。】

(二)分享:体验艰辛,感受亲子成长的快乐

1.小队分享

师:今天从早上7:00~8:20,在徒步的过程中,你有什么见闻和感受呢?我们首先在小队里分享一下(徒步前一天,把38个家庭分成3个小分队,便于管理),并派代表准备在全班分享。

2.全班分享

师：请各小队代表在全班分享。

师：我先说一段花絮，张哲浩的妈妈本来想在终点等孩子。陆潘妮的妈妈发现了，把她拉进了徒步队伍，和我们一起走完了全程。为这两位妈妈点赞！

王浩杰：我第一次走这么美的路，走这么远的路，感觉真好！

蔡嘉淇：当妈妈问我愿不愿意参加6千米徒步活动时，我说不愿意。谁愿意走这么多路？太累了！我没走过这么多路，肯定走不到终点的，还没到终点，我就累趴下了。没想到胖老妈说愿意试一试，我就跟妈妈来参加了。我走完了全程，很高兴，不累，下次徒步活动我还要参加。

蔡嘉淇的妈妈：在整个徒步过程中，蔡嘉淇表现得很积极，很自信，没有畏惧，勇敢地往前走，不掉队，没有说一句"我不行了"或者"我不想走了"。当他看到张佳杰哭着不愿意走时，还鼓励小伙伴："相信你，张佳杰，我们一起走！"我从这次活动中可以看出，孩子的潜能是无限的，需要父母多鼓励。父母永远是孩子最好的榜样。谢谢樊老师组织徒步活动，也谢谢飞翔老师的带领。

张馨文：本来今天我爸爸陪我来徒步的，可是爸爸昨天晚上打电话回来说公司临时有事，来不及回来了，所以只好妈妈陪我来了，我非常感谢妈妈。

张馨文的妈妈：我怕自己跑不动，所以让他爸爸陪着来。没想到他爸来不了，对他爸爸真是满肚子的抱怨。可是当我看到女儿那期盼的眼神时，就决定陪孩子参加。真不敢相信，我也完成了6千米多的徒步。我要感谢女儿，是你让我找到了丢失的自信。

蔡卓琳的爸爸：我要对琳姐（他在生活中称女儿"琳姐"）说几句话，一是坚持，从头到尾琳姐没掉队，爸爸要说"琳姐很牛！"二是认真，听从领队指挥，学习运用飞翔老师教的匀速前进、小口喝水的正确方法，爸爸要说"琳姐真棒！"三是乐观，在徒步时不忘"踩"前面小朋友的鞋，告诉别人"落后就要挨踩"。哈哈，爸爸要说"琳姐真逗！"今天徒步路程很长，你和其他小朋友一样都坚持下来了，证明你并不比别人差。希望你把认真、坚持的态度用到各个方面，加油！

汤思怡：今天是我的十岁生日，也是我第一次参加徒步活动。虽然很累，但我很喜欢。我觉得这样过生日特别有意思。谢谢樊老师选今天让我们徒步！

梁郁杰：今天也是我的十岁生日。本来妈妈说要回乡下请客，所以没有报名。后来我听说汤思怡也是生日，也参加徒步的，就坚持要参加。这是樊老师送给我的特殊的生日礼物，真开心！

师：真巧啊！今天真是个好日子，我们给这两位小朋友唱一唱《生日快乐》，祝他们生日快乐！

倪嘉颢的妈妈：因为工作忙而很少陪伴孩子，以为给予他们好的生活条件就能给他们带来快乐。通过这次亲子徒步活动，我发现孩子其实很容易满足，快乐也很简单，相对好的玩具、衣服等物质条件，爸爸、妈妈的陪伴会让孩子的快乐更加纯粹。

……

3.现场采访

师：张佳杰，我发现你走到一半多一点时掉队了，哭了，不走了。为什么？

张佳杰：我实在太累了，两条腿都成面条了，一点力气都没有了。

师：后来，你是怎么赶上大部队的呀？

张佳杰：飞翔老师陪我追上来的。

师：飞翔老师对你说了什么，让你又充满动力？

张佳杰：他说，你现在有两个选择，第一，你可以装死，不走，看看等到天黑有没有人来救你。第二，鼓起勇气，跟我一起向前，努力赶上队伍。我相信你行的！跟着我的脚步慢慢往前，你一定能到达终点！看见大家都往前走，离我越来越远，我害怕了，只好又开始走起来。

师：你真的不累了吗？

张佳杰：累的，两条腿又酸又胀。可是，当我离队伍越来越近时，当我看到樊老师在前面为我点赞时，就来劲了。飞翔老师还说，如果你能走到队伍最前面，我就让你扛队旗！我听了脚步更快了。一路小跑，终于走到了队伍的最前面。

师：我看见你接过队旗，大踏步地前行，最后和所有的队员一样到达了终点。当你扛起队旗走在队伍的最前面时感觉怎么样？

张佳杰：很自豪！我好像是队长，特别了不起！

师：真心佩服张佳杰，在落后1千米多的情况下竟然追上了队伍，还超越了所有人，我对你刮目相看！如果你把这样的竞技精神用在其他方面，你也一定出类拔萃！

【设计意图：脑科学研究表明，说给别人听，自己的收获是最大的。因此，我们及时组织分享，尤其是对张佳杰的现场采访，传播了正能量，加深大家对本次主题班会的印象，以把意义和价值扩散开来，吸引更多的家庭参与。】

4.总结徒步经验

师：在今天的徒步活动中，你有什么收获或者经验与大家分享吗？

杨璐瑶：保持匀速前进，努力不掉队。

陆潘妮：我学到了正确的喝水方法，即每次喝两三小口，喝一口，在口中含20秒再咽下。太渴了，可以缩短喝水的时间。一次不要喝太多，因为喝太多身体吸收不了，既浪费宝贵的水源，又增加心脏的负担。

黄驿超：徒步时一定要穿舒适的鞋。小杨姐姐穿的鞋不合适,摔了一跤。

张哲浩:不大声说话,保持体力很重要。

【设计意图:科学的行进方法和喝水方法对于初次徒步的孩子和父母来说非常重要。王聪林向导一边讲解一边示范,大家一边听讲一边实践,共同体验徒步的学问和乐趣。在分享中引领学生总结徒步经验,有利于相互影响,为后续的徒步活动积累经验。】

(三)建队:组织保障,促进运动习惯的养成

1.欣赏飞翔团队的徒步掠影

师:徒步,不仅锻炼了身体,还能欣赏到美丽的风景。飞翔老师带着一群有梦想、有追求的爸爸妈妈及孩子,曾全程攀登黄山,用双脚去丈量山的高度;南下苏杭,用双眼去寻找大自然的美景;参加公益长跑,用实际行动去奉献爱心……每周五晚上的徒步成了"飞翔"团队不见不散的约定,华强城、节制闸、火车站、濠河边……都留下了他们坚实的步伐、靓丽的身影和银铃般的笑声。让我们来看一看飞翔团队的徒步掠影。(播放视频,重点欣赏"飞翔之旅"暑期安徽行)

师:我发现你们一个个都看得入迷了,有什么感受吗?

韩宇轩:太美了,我也想到山上去徒步。

季家铭:和同学们一起去旅行一定很开心。

飞翔:想欣赏美丽的风景,就要有强健的体魄,也就是说要多运动,常锻炼,你们一定行!

2.组建"丑小鸭"徒步队

师:下周还想参加徒步活动的请举手!好,我们也来组建一个徒步队,以后每个双休日举行一次徒步活动,迈开双脚,走出成长的节拍。那么,谁来担任队长、旗手呢?小朋友可以推荐也可以自荐。(PPT出示"丑小鸭"徒步队组织机构空白表)

……

师:热烈祝贺"丑小鸭"徒步队成立,组织机构如下:

"丑小鸭"徒步队组织机构

队长：张佳杰

旗手：陆潘妮

辅导员：张佳杰的爸爸

后勤部长：杨璐瑶的爸爸

3.飞翔赠言

飞翔：没有比脚更长的路，没有比人更高的山。"丑小鸭们"，向着梦想，出发！

【设计意图：组建亲子徒步队，积极鼓励家委会每周组织一次6千米徒步活动，持之以恒，引领每一个家庭走出生命的蓬勃，走出成长的节拍，促进班级体育文化的可持续发展。】

六、活动后记

传统的主题班会只有学生参与，顶多邀请几位家长代表参加。本次主题班会完全颠覆了传统的主题班会方式，通过家庭集合的方式组织亲子徒步体验分享活动，把班级中的各家庭联系起来，打通了家庭与家庭之间的文化界限。

本次活动共吸引了38个家庭积极参与（全班共54名学生），其中有6个家庭一家三口都参加。活动前后，收获无数感动。杨力铮的妈妈为分享活动布置了会场，准备了茶水。杨力铮的姐姐主动承担摄影任务。徒步前一天，杨雨婷的爸爸给我发微信：樊老师，明天的徒步能临时加我们家吗？我想多陪陪孩子。

活动后，我鼓励各家庭写亲子徒步日记，密切了亲子关系，提升了活动价值。共有13位家长在孩子的徒步日记后面写了感悟，有的表扬孩子，并提出希望；有的发现了孩子身上的问题，并进行引导；有的向孩子传授参加集体活动的智慧，为孩子指明方向。如季琦哲的妈妈这样写道：

我从字里行间读到了你在徒步中收获的自信和坚持。妈妈希望你能记住飞翔老师送给你们的那句话,"没有比脚更长的路,没有比人更高的山",遇到困难不要退缩,坚持到底,超越自我。愿你能一直带着自信和坚持,行走在快乐成长的道路上!让我们一起努力,加油!

之后,"丑小鸭"徒步队每周举行一次徒步活动,行程5~7千米。担任辅导员的是张佳杰的爸爸,他是一名马拉松爱好者,有每天至少徒步10千米的习惯,曾参加过"上海崇明国际马拉松比赛"。他负责考察路线,选择相对安全、风景优美的路段,通过班级微信群发布徒步信息及注意事项。杨璐瑶的爸爸则把后勤工作安排得井井有条。

让我们坚信孩子的潜能,充分信任父母的力量。只要方向正确,引导得法,服务到位,就一定能构建起班级家庭教育共同体,提升班级公共生活的品位和质量。儿童在这样的班级生活中也一定能获得更多的快乐,获得更多的成长力量。

第三节 亲子阅读故事——美是邂逅与亲近所得

其实,每次接到阅读指导任务,我心里都会不由自主地排斥。阅读任何一本书,都想要挖到一定的深度,且吊足学生的"胃口",教师课前的隐性备课往往是在纠结与痛苦的思索中完成的。这一阅读的心路历程,每个学期都会让我"痛不欲生"。当然,此后课堂上的"谈笑风生"也是别人无法享受到的。

作为儿子所在班级亲子导读团的成员,我接到了辅导孩子阅读整本书的任务。我是一名初中语文老师,和儿子及他的同学一起分享阅读自然是义不容辞的,儿子也许还会因为有这样的妈妈而自豪,一举两得!可我又感到万分纠结,担心自己讲得不精彩,毕竟分享的对象是小学生,他们的阅读兴趣、学习习惯、思维方式等我都不甚了解。

轮到我选书的时候,其他家长都挑好了,就剩下一本诗集《蝴蝶·豌豆花》了。这对我又是一大挑战,从没有开讲过诗歌,还是诗集!分享的内容、分享的对象,我都不熟悉,于是内心就更加忐忑不安。

诗歌是文字的宝石,心灵的花朵。语言凝练集中,想象力丰富。翻开诗集《蝴蝶·豌豆花》,全是名家大作,有几首诗歌还是初中语文课本里的。讲什么呢?只有40分钟,不可能像初中生那样挖得深。从儿童的角度出发,他们可能只是诵读而已,于是我就决定在讲内容的同时穿插一些简单的方法,这样他们以后读起诗歌来也有"章"可循。

刚备课就遇到了拦路虎,虽是儿童诗,但有几处我也不理解。顾城的《安慰》,"淡黄的小月亮"是指什么呢?我不得不和同事讨论一番,答案都太牵强。

晚上,刚好儿子的作业里有这首诗的背诵,我在他背完后,问他讲了什么,儿子一脸茫然。我就问他"蛋黄的小月亮是什么",他想了一会儿,说:"可以是真正的月亮,可是我觉得还可以是香蕉。你看,这里的插画,虽模糊,画的不就是香蕉吗?"

"这里不是还有个淡黄的小球状的东西吗?"我表示怀疑。

"那可以是香蕉,还可以是金橘嘛!"儿子一脸得意。

后来我去班上讲《安慰》时,把"甜甜的红太阳"当作难点来讲,没想到小朋友们说:"那是苹果、西红柿……它们都可以做果酱。"我原本要绕几个弯,结合诗歌背景解释成"希望"的,没想到他们的童心世界居然简单到合乎情理,学习的最高境界是无招胜有招!正如儿子的班主任樊老师所说的"儿童都是诗人"。

读童诗,不仅仅要了解创作背景,还要关注插图,插图能给文字第二次生命。本想教给小朋友一些方法的,倒是小朋友引领了我。

二年级的小朋友,课堂参与的热情非常高,与初中生完全相反。每个问题,都会有很多小朋友想要回答,会有很多小朋友想要补充，甚至还有小朋友在课后和我讨论。这样的氛围，这样强烈的求知欲望，是我所未料到的。我的视觉、听觉甚至嗅觉和味觉都得到了美的享受。我的心潮澎湃了一次又一次。在与他们的交流中，我的理解和感悟更深了，备课时没有挖掘出的东西被小朋友们一下子就点破了。原本的纠结一扫而空，心中只觉澄澈通明。

这不正是我一直想要追寻的理想课堂吗？没想到在这样偶然的机会中得以实现，实在是教学过程中的小欢喜呀！

这次的分享还让我了解了儿子的学习环境。教室的文化氛围很浓，布置得井井有条又不失童心，堪称完美教室。班主任花了很多心思。小朋友非常活泼热情，儿子和他们的关系很融洽，做到了我心中所追求的"乐群"。

让我感到确幸的是儿子以前对诗歌不感兴趣，他喜欢有情节的童话和故事书，但通过这次分享活动，他发现诗歌比童话更有趣，诗歌可以任意想象，答案也不是唯一的，只要想象合理，美的意境就会跳到脑海中来，真的情感就会涌入心中。诗歌，确实是一门诱使灵魂从其隐藏的洞穴中显露出来的艺术！现在，儿子每天早晨都会兴致盎然地在《为你诵读》的软件上有情感地诵读自己喜欢的小诗，有时还邀请我合作朗读，或者请我做评委。他每天都要把自己的诵读作品发到班级微信群与同学分享，乐此不疲。更让我惊喜的是，儿子竟然还写诗：

无聊

就像一个坚固的牢笼

把你关在里面

让你永远想出去

无聊

就像一袋发霉的马铃薯片

把你晾在一旁

让你永远不想吃它

儿子的诗虽然拙嫩,但我真心喜欢。他写的每一首诗,我都饶有兴趣地朗读。一向喜欢爸爸胜于妈妈的他偶尔还会拍拍我的马屁:"妈妈,以前我怎么没觉得你和别的妈妈有什么不一样?自从你到我们班分享《蝴蝶·豌豆花》,我越来越觉得你绝对和别人是不一样的!你像诗歌!"我深知,正是这次分享,为我和儿子搭建了"亦妈亦友"的桥梁。

我一开始觉得与小朋友分享诗集是极麻烦的事,但蓦然回首,我发现美的诗歌、雅的意境、真的情感是邂逅与亲近后所得。原来不是我牵着蜗牛在散步,而是蜗牛牵着我在跳舞啊!

陈敏(陆亦辰的妈妈)

第四节 亲子文化休闲——亲子电影沙龙

说说电影《骏马奥斯温》

时间:1月4日

地点:教育大厦三楼报告厅

主持人:樊健

参与嘉宾:姜文婕和爸爸、施铮炎和爸爸、杨力铮和爸爸、张凯天和爸爸、杨霆威和爸爸、年宇轩和爸爸、陆潘妮和爸爸、季家铭和爸爸、祁敏瑞和爸爸、施嘉婷和爸爸

主持人:亲爱的同学们,欢迎你们带着爸爸一起来参加电影沙龙活动。首先请你们向大家介绍一下你的爸爸。

施嘉婷:我爸爸曾经是一名军人,现在是村干部。

祁敏瑞:我爸爸创办了"天奇缘"布业,是一个生意人,喜欢

游泳、踢足球。

姜文婕：这位帅哥是我爸爸，他喜欢钓鱼。

年宇轩：我爸爸搞食品批发。

杨霆威：我爸爸喜欢打篮球，经常带我们去打篮球。

陆潘妮：我爸爸是一位工程师，他爱阅读，是一位书香爸爸。

张凯天：这位戴眼镜的先生是我的爸爸，他是一位建筑工程师，喜欢踢足球。

施铮炎：我爸爸是东洲中学的化学老师。他喜欢打篮球、打乒乓球。

杨力铮：我爸爸研究蟾蜍，开办了康泉蟾衣科技有限公司。

季家铭：我爸爸是个铁杆球迷，喜欢带我出去运动、玩耍。

主持人：如今，看电影已经成为我们日常生活中一种主流的休闲方式，很多电影对孩子的成长影响深远。这学期我们班看了《摔跤吧！爸爸》《草房子》《地球上的星星》等多部影片。上周，我们看了一部德国电影《骏马奥斯温》。今天我们来一起聊聊这部电影。

（一）谈米卡

主持人：我们先来回顾一下精彩片段。（播放电影片段，边看影片边解说）影片的主人公米卡和我们五年级的孩子差不多大，她性格叛逆，学习成绩也不理想。暑假，米卡被送到乡下的外婆家。外婆家有个马场，孤独的米卡在和马的相处过程中，发现自己懂得马语。她和马一起经历挫折，改变了彼此的命运，最后米卡成了一名出色的骑手，变成了一个自信的女孩。

主持人：你们喜欢米卡吗？喜欢的举手！看来大多数同学喜欢米卡，你们喜欢她什么？

陆潘妮：我非常喜欢米卡，因为她很有爱心。影片中奥斯温是一匹命运悲惨的马，即将被卖给匈牙利人做火腿肠。米卡到来后，通过和奥斯温的朝夕相处，逐渐建立了感情。米卡很孤独，去陪伴奥斯温睡在马圈里；当骏马因饮食不当生命垂危时，他们相互依偎，共渡难关。最终通过马术比赛，挽救了奥斯温，也改变了她自己的命运，同时也证明他们并不是废物，他们找到了自我，实现了自我。她用爱创造了奇迹。

季家铭：我也很喜欢米卡，虽然她成绩不好，还有些叛逆……

主持人：她学习成绩不好，还有些叛逆，你为什么还喜欢她？

季家铭：米卡自从被妈妈送去了外婆家的马场之后，通过与奥斯温的接触，喜欢上了奥斯温。她用心跟山姆爷爷学习骑马，经过坚持不懈的刻苦训练，在最后的马术比赛中取得了成功，证明了自己。这让她充满了自信，所以我喜欢她。

主持人：其他同学有什么观点？

祁敏瑞：我喜欢米卡的"特立独行"。影片的最后是一场马术比赛。在赛场上，其他马术选手都戴着头盔，穿着统一而庄严的马术服，只有米卡穿的是白纱衣，甚至连马鞍也没用，在这样没有任何保护措施的情况下，米卡完成了所有的高难度动作，非常完美。米卡的特立独行，给我留下了深刻的印象。

杨力铮：我非常喜欢米卡，因为她敢于尝试。骏马奥斯温是一匹难以驾驭的马，别人都不敢和奥斯温接触，只有她勇敢地与奥斯温交朋友，慢慢培养感情，还骑着奥斯温去比赛，最终取得了巨大的成功。这种勇于尝试的精神是值得我学习的。

张凯天：我喜欢米卡，因为她勇敢、坚强，对自己喜欢的事情能够不惧困难地坚持。她在第一次马术比赛中由于遭到对手的陷害而失败，但她没有放弃，在得知真相后，她和奥斯温来到了海边与同学相聚；在第二次马术比赛中，她充分发挥了自己的天赋，在没有穿戴专业服装和奥斯温没有佩戴马鞍的情况下，做到了人马合一，最后完成了比赛。我觉得，米卡就是一名勇士，她不怕挫折和困难，勇往直前。

主持人：米卡长得美吗？

杨霆威：美啊！尤其是他穿着白纱衣骑在马上，衣服迎风而起，让我联想到泰坦尼克号里面的露丝，很美！

主持人：你是因为她长得美、颜值高才喜欢她吗？

杨霆威：（不好意思）她很美，我当然喜欢，但更吸引我的是她内心的坚强。

主持人：刚才我看到年宇轩没有举手，你为什么不喜欢米卡？

年宇轩：是的，我不喜欢米卡。米卡和奥斯温在参加比赛时遭到队友陷害，导致自己受伤。当她得知心爱的奥斯温将被卖掉时，独自不告而别去海边，让家人担心着急。这是我不喜欢米卡的原因。我们不能像她这样任性。（掌声）

主持人：你说得很有道理。我们做任何事都应该考虑父母的感受。

主持人：在座的爸爸谁来说说对米卡的印象？

陆潘妮的爸爸：我赞同年宇轩的观点，不太喜欢叛逆的米卡。首先她在学校成绩不太好，还有功课不及格，学生的主要任务是学习，学习成绩太差是对老师、家长和自己的不负责。其次，米卡一个人夜里去马圈，触摸一匹陌生的未被驯服的赛马，是非常危险的行为，很容易受到伤害。我们家长不希望孩子们轻易去尝试这种危险行为。

施嘉婷的爸爸：我也不是很喜欢米卡，因为米卡瞒着姥姥和爸爸妈妈做了很多比较危险的事情，这就是欺骗。米卡还没成年就离家出走，这很危险。

主持人：看来爸爸们一般都认为米卡任性，叛逆，太让人操心。

张凯天的爸爸：我喜欢米卡，她虽叛逆但有度，她的叛逆没有影响其他人；她勇敢、坚毅，她有自己的爱好，能够克服困难，勇敢地坚持，最后取得成功。总之，米卡是一个有个性、有责任感并且勇敢、坚毅的女孩，我很喜欢这样的米卡形象。我相信经历了叛逆期的米卡,今后能够更好地成长。

姜文婕的爸爸:如果要说喜欢的话,我喜欢这匹马——奥斯温,她是一匹有着高贵血统的马,是可以媲美赤兔、乌骓、的卢的良驹,但它在马场里和其他的马一样,甚至还不如其他的马,吃着吊桶里的糙料而不是新鲜的嫩草,满身灰土,鬃毛凌乱,因为和马场主有点过节而处处遭遇提防和不公。它截然不同的命运开始于遇到了米卡,不然,匈牙利买主很有可能拿它灌了香肠。米卡是一个有个性的少女,叛逆、独立,同时又敢作敢为。故事开始于暑假之初,米卡来到外婆(卡尔特巴赫)的马场度假。米卡被性情暴躁的奥斯温又撕又踢地折腾了半宿,索性睡到了奥斯温的马厩里,奥斯温被米卡细心、体贴征服了,它从米卡那里得到了尊严和安全感……于是,人和马的天性在互动中都得到充分的体现。

主持人:姜爸说得很有道理。其实,电影就像一面镜子,看电影就是照镜子,我们每个人都能在电影中找到自己的影子。电影能够帮助我们明辨真善美,做更好的自己。

(二)谈家长

主持人:影片中,除了米卡外,还塑造了几位家长形象,米卡的爸爸妈妈、外婆、山姆的爷爷,让我们通过电影片段重新感受一下。(播放电影片段)米卡的外婆是前奥运会马术冠军,她给孩子纪律约束,告诉他们该干什么不该干什么。山姆的爷爷有独特的教育方法。你们愿意为谁的教育方式点赞?

施嘉婷:我为山姆的爷爷点赞,因为他支持米卡的爱好。我希望爸爸妈妈也和山姆爷爷一样支持我的兴趣爱好。

主持人:你古琴弹得很好,爸爸妈妈支持你学的吧?

施嘉婷:是的,我希望爸爸妈妈也支持我其他兴趣爱好。

季家铭:我也喜欢山姆爷爷的教育方式。因为他能读懂孩子的心思,给孩子一片自由的空间,并指引他们自由发挥。我喜欢山姆爷爷独特的教育方式。

施铮炎：我也为山姆的爷爷点赞。我爸爸妈妈就像他一样特别理解我，尊重我的选择。

陆潘妮：我也喜欢山姆爷爷的教育方式，希望爸爸妈妈尊重我们的想法，给我们自由的空间。

陆潘妮的爸爸：孩子小的时候，以米卡外婆的教育方式为主，告诉孩子们什么事可以做，什么事不可以做，孩子有时根本不知道自己做的是否是正确的，我们家长和老师就应给予正确的引导和帮助。孩子青春期的叛逆是成长的体现，我们应该宽容对待，尊重她们的想法和观点。

姜文婕：我欣赏米卡外婆的教育方式。虽然她很严厉，但是这一切都源于爱。她为什么对米卡这么严厉呢？是因为奥斯温的劣性让她自己受了伤。她不希望米卡也被奥斯温伤害，所以不允许米卡接近奥斯温。从这里，我感受到了外婆对米卡深深的爱。

杨力铮：我赞同米卡父母的做法，虽然他们非常严厉，但是他们会倾听孩子心中的想法。尽管米卡的成绩不好，但是她的父母并没有强迫她上很多补习班，而是让她去外婆家散散心，过好暑假生活。

年宇轩的爸爸：山姆的爷爷做得很好！在孩子好奇叛逆的年龄应该鼓励孩子勇敢去尝试、去体验。我们要像米卡对待奥斯温那样去理解我们的孩子，尊重他们的想法，"教育是纠偏不是限制"。

祁敏瑞的爸爸：现在的孩子面临学习压力、成长压力，容易产生焦虑和恐惧心理。作为家长要宽容地对待孩子，引导孩子制订自己的行动计划和活动方式。对于这个时期的孩子，家庭教育中最忌讳的是消极评价、无理苛求、自私溺爱。而影片中山姆爷爷的教育方式，给我们家长树立了一个很好的榜样。

主持人：我们和孩子一起看电影、聊电影，电影已经成为孩子观察大千世界、了解丰富人生的一种重要的生活方式。生命的成长需要丰富的营养。我们用电影在孩子心灵深处播下真善美的种子，为孩子的美丽人生打下最佳底色！

（三）我想说

主持人：同学们，看了这部电影后，你们有什么想对老师、爸爸妈妈们说的吗？

孩子们：（高兴地点头，纷纷说）有的，有的！（嬉皮笑脸状）有好多好多！

施嘉婷：爸爸妈妈，我会像米卡那样勇敢，但不会像米卡那样叛逆。我不会让你们失望的。

祁敏瑞：亲爱的爸爸妈妈，我会像米卡一样追求梦想。我一定更加努力，更加自信！

祁敏瑞的爸爸：我已经看到了你的进步。今天在活动中你表现得很自信，爸爸为你点赞！（父女拥抱）

张凯天：我希望爸爸妈妈能够给我独立的空间，能够让我做自己喜欢做的事情，比如我在看课外书的时候，不要老是催促我写作业或者早点休息。

姜文婕：我希望爸爸妈妈对我严格要求，严是爱！

年宇轩：我希望爸爸妈妈能有更多的时间带我去旅游。

年宇轩的爸爸：好！我满足你！

杨霆威：我希望爸爸妈妈不要偷偷给我报补习班，让我自己选择兴趣班。

陆潘妮：我希望爸爸妈妈多跟我聊聊天，了解我的想法。虽然我们不够强大，但我们也有自己的思想。

杨力铮：我希望爸爸妈妈不要给我报太多的补习班。我想要做点我喜欢的事情。

杨力铮的爸爸：我没有逼你吧？我们夫妻俩平时太忙碌，没空管儿子，补习班都是姐姐报的。

第六章 共创"亲子俱乐部",提升亲子生活品位

季家铭:我想给爸爸妈妈提个建议,不要一天到晚催我,我的时间我会安排。

季家铭的爸爸:其实爸爸妈妈也不想老是催你,只是希望你每天能有时间多看看书,多运动运动。以后保证不催你了,相信你能自觉管理好时间。

施铮炎:我对爸爸妈妈没有什么建议,我觉得我的家庭很完美!(掌声)

主持人:施铮炎幸福指数很高啊!看来他爸爸妈妈做得很好!在座的各位要向他们家学习。

主持人:各位爸爸看了这部电影,你们有什么感想?

张凯天的爸爸:对张凯天的话我深有感触,平时对他的关心可能更多的是成绩,在乎分数,而对他的陪伴是缺失的。通过今天的电影沙龙活动,我进一步了解了张凯天的想法,今后一定抽出时间陪伴他,不仅看重成绩,也会给他更多的空间,让他做自己喜欢做的事情。

施铮炎的爸爸:只有走进孩子的心里,真正理解孩子,才能取得理想的教育效果。

杨霆威的爸爸:我认为孩子叛逆也不全是坏事,而是思想成长的表现,给他们多创造一些活动机会,让他们在丰富多彩的活动中拓宽视野,释放能量,引导他们顺利度过叛逆期。

季家铭的爸爸:米卡那种敢想敢做、勇于尝试新鲜事物和做事不轻言放弃的态度是值得孩子去学习的。但米卡那桀骜不驯、叛逆的性格有待改变,要让处在叛逆期的孩子们认识到错与对,对抗别人不如改变自己,作为家长和老师,最好给予正确的引导、指点和鼓励。

姜文婕的爸爸:卡尔特巴赫的马场就像现行的教育体制下的一所学校。校长是一位经验丰富、有着辉煌成就(奥运冠军)的人,她熟知奥斯温的一切,但可惜驾驭不了。在这所学校里,纪律

严明、分工明确，所有的作息、训练都有条不紊、按部就班。但一切与学校教育理念不一致的人或马要么被雪藏埋没，要么被解雇开除。直到有一天来了个创造力十足又特立独行的插班生米卡。米卡敢于挑战有违自己天性的条规和纪律，你说不能走出房门，那她就爬出窗户；你说在房间里睡觉，她敢在马厩里过夜；你说远离问题马匹，她就想和它交个朋友……本来米卡的天赋差点就要被扼杀了，幸运的是她遇到了一个因材施教的典型、一个被校长解雇后去管理后勤（草场）的教练老师——卡安（山姆的爷爷）。卡安的气场在于他尊重每个生命的天然个性，他有面对奥斯温的无奈，也有面对权力的苟且，他对所有的人或事的缺点也束手无策，可喜的是，他因势利导，能把优点放大。他，注定被现行体制抛弃，因为他的理念和风格很难被全面或大范围推广……成绩，还是成绩，倘若没有成绩或者没有好的成绩，那所有的快乐还是快乐吗？所有的付出能算付出吗？纵然披荆斩棘、千辛万苦。有能力扼杀天才，那有胸怀接受平庸吗？米卡和奥斯温的飞跃定格在障碍赛的栏杆上。

能让孩子感到美满的仅仅是没有安排任何补习班……或许奥斯温的命运转变能给我们一点启发，我们到底要一个怎样的世界？不是高楼大厦鳞次栉比、豪车云集、灯火辉煌，而是清洁的空气、安全的食品、平等的律法、辽阔的自由空间，教育公平、医疗免费，人人老有所依，活得有价值、有尊严、有安全感……

马斯此哉，况乎人焉？

（掌声）

主持人：姜文婕的爸爸说得多么深刻！电影以其独特的视觉给人以直观、感性的力量。一部好电影的确能带给我们很多启发，甚至改变我们对世界的看法。亲子观影应该成为儿童成长的必修课。让我们和孩子们一起在电影中发现美、感受美、创造美，汲取成长的力量。本次亲子电影沙龙圆满结束，谢谢大家！

第七章 共庆"班级节日",提升公共生活质量

第一节 班级节日——儿童成长的加油站

节日对于儿童具有魔术般的吸引力。创建班级节日,开展丰富多彩的节日活动,能激发儿童成长的力量。我们的班级节日有原生节日和再生节日两大类。

一、原生节日

我们班有每年都搞传统活动的固定节日,且称之为原生节日。

1.六一儿童节

同伴群体及家庭是儿童成长的重要影响因素。节日对儿童有特别强的吸引力。我们把每年的庆祝六一儿童节活动开发成班本节庆课程(表7.1),设计了系列活动,按计划实施,给孩子们的童年烙上快乐音符,让缤纷的节日成为儿童成长的阶梯。

表7.1 "丑小鸭"班"六一"节课程

年级	活动内容
一年级	亲子联欢节
二年级	亲子童话节
三年级	十岁成长节
四年级	亲子游泳节
五年级	亲子书画节
六年级	毕业庆典

2.一年级:亲子联欢节

一年级的六一儿童节,为了提升亲子关系,打破班内家庭之间的壁垒,分享优质家庭教育资源,提升班级教育合力,我们班举行了"亲子联欢节"活动,全班所有家庭都积极参与,节目有父子相声、母女舞蹈、姐弟魔术、多家联合T台秀……真是精彩纷呈。很多家长感慨地说,这台节目对孩子们的吸引力超过春晚。活动期间的点点花絮让"亲子大舞台"更具魅力。例如,有一位学生的爸爸妈妈开了一家理发店,活动当晚,他们主动为很多孩子和家长做发型、化妆,让他们亮丽登场,提升了活动质量。再如,有一位学生的姐姐刚大学毕业,小朋友们都跟着叫她姐姐。在申报节目时,A家的节目因为没有新意被主持人淘汰了,A的家长为此耿耿于怀。这位姐姐了解情况后,主动邀请A加入她家的魔术表演,并且取得了极为理想的演出效果。姐姐主动协调和担当的举动深深打动了我。如果班内各家庭之间都能如此主动、彼此融合、集群共生,那么,孩子在这样美好的氛围下,也一定会自信、自强、友善。活动结束后,小杨姐姐把拍摄到的照片和视频精心制作成MV,在手心网班级学习空间、班级微信群里分享,吸引了微信朋友圈的很多朋友为此点赞。

3.二年级:亲子童话节

二年级,我们用了整整一个学期开展了"丑小鸭"亲子童话节活动,看童话、讲童话、演童话、写童话,师生、亲子徜徉在童话世界里。我们阅读《安徒生童话》《格林童话》《郑渊洁童话》……每天有一位同学给大家讲童话故事。同学们还自己写童话,配图成绘本,在班上分享。《春春的口袋》《柳树的烦恼》等童话绘本还发表了。

最精彩的是童话剧汇演。全班学生自由组合成七个童话剧团,每个剧团邀请一名家长担任导演,排练一个童话剧,至少有一名家长参与演出。六一儿童节那天,我们在影视中心进行童话剧汇演，共演出了七个童话剧（表7.2），由学生投票选出最佳童话剧——《小青虫的梦想》，并颁发证书。姜文婕的爸爸无限感慨："孩子们很开心，家长们也开心啊！我第一次和女儿一起登台表演，十分激动！"张哲浩、季家铭等5名同学创作的童话绘本发表了，大家收获颇丰。

"丑小鸭"童话剧汇演节目单

主持人：黄婧楠和妈妈陈禹如

媒体负责人：黄一恒的爸爸妈妈

表7.2 "丑小鸭"班童话剧汇演节目表

童话剧名	演　员	辅导员
《还有一只羊》	江可馨和妈妈 姜鑫妍　黄骅超　黄沈宇 顾珈榕　周思涵　王浩杰 张宸尧　陈家帆　汤思怡 张凯天	江可馨的妈妈
《小熊请客》	施铮炎和妈妈 杨力铮　张哲浩　季家铭 倪嘉灏　季琦哲	季家铭的妈妈
《我选我自己》	姜文婕和爸爸 张慧琳　张佳杰　祁敏瑞　袁逸阳 黄楠涵和姐姐　年宇轩	姜文婕的爸爸
《丑小鸭》	陈晓敏和妈妈 陆潘妮　黄晨瑜　杨霆威 张馨文　陈思睿　龚　克	陆潘妮的妈妈
《从现在开始》	蔡博宇和妈妈 李雨欣　蔡卓琳 陆亦辰　梁郁杰	蔡卓琳的妈妈

续表

童话剧名	演员	辅导员
《美丽的公鸡》	陈禹如和妈妈 陆薏帆 杨雨婷 蔡嘉琪 包青鑫 刘芸颉 陆皓桢 钮金鑫	陈禹如
《小青虫的梦想》	韩宇轩和妈妈 黄婧楠和妈妈 叶鑫怡 陆一言 黄一恒 王天怿 曹旸	韩宇轩的妈妈

"丑小鸭"童话节获奖名单

讲童话故事比赛获奖名单

特等奖：黄一恒 陆潘妮 季家铭
一等奖：杨力铮 黄楠涵 陆亦辰 龚克 年宇轩
二等奖：姜文婕 王浩杰 黄晨榆 张馨文 黄婧楠
　　　　季琦哲 姜鑫妍 韩宇轩 刘芸颉 顾珈榕
三等奖：黄沈宇 蔡卓琳 曹旸 陆薏帆 张凯天
　　　　王天怿 陈晓敏 祁敏瑞 叶鑫怡 陈家帆
　　　　张佳杰 杨雨婷 包青鑫 周思涵 黄驿超
　　　　李雨欣 蔡嘉淇 张宸尧 梁郁杰 张慧琳
　　　　陈禹如 汤思怡 施铮炎 江可馨 蔡博宇
　　　　陈思睿 陆一言 杨霆威 倪嘉颢 袁逸阳
　　　　张哲浩 陆皓桢 钮金鑫

写童话故事比赛获奖名单

特等奖：
《柳树的烦恼》张哲浩创作故事 季家铭绘画

《春春的口袋》陆潘妮创作故事 韩宇轩绘画
《春天的故事》黄婧楠创作故事并绘画
一等奖：季琦哲 陈思睿 梁郁杰 王浩杰 年宇轩
二等奖：陆亦辰 黄沈宇 周思涵 张馨文 陈禹如
　　　　黄一恒 姜鑫妍 张慧琳
三等奖：倪嘉颢 姜文婕 陆薏帆 王天怿 祁敏瑞
　　　　叶鑫怡 杨雨婷 施铮炎 陆一言 黄楠涵
童话剧汇演比赛最佳奖：
《小青虫的梦想》

4.三年级：十岁成长节

三年级的六一儿童节，我们举行了"我们十岁了！"成长仪式，邀请全体家长一起参加。孩子们分享了成长故事，阅读了父母给自己的书信。父母的书信情真意切，有孩子小时候的故事；有感谢孩子的话语；有指出孩子缺点的语言；有解释误会的句子；有父母殷切的期望……孩子们读着父母的亲笔书信，有的欣喜，有的激动，有的惭愧，也有的感动得流泪……最后，孩子们纷纷写下了梦想，还与家长签订了家务劳动合同，和父母一起观看了电影《摔跤吧！爸爸》，写了观后感，感受成长的快乐与不易，纷纷表示要珍惜少年时光，发奋学习，朝着梦想飞翔。很多家长感慨："孩子长大了。"

  5.四年级：游泳节

  四年级时，我们在中海游泳馆举行了首届"丑小鸭"杯亲子游泳比赛，活动精彩纷呈，有红队蓝队接力赛、个人冠军争霸赛、亲子运西瓜比赛，还有充满挑战的寻宝游戏，张老师免费提供三副泳镜，抛入池中，"丑小鸭们"潜水寻宝，谁找到就是谁的。经过激烈的比赛，冠军、亚军、季军终于诞生了。男子组冠军杨霆威，亚军张佳杰，季军年宇轩；女子组冠军蔡卓琳，亚军韩宇轩，季军杨璐瑶。蔡卓琳是一个十分文静的小姑娘，字写得比较漂亮，除此之外平时很少受到老师表扬。这次游泳比赛她力克群雄，勇夺冠军，实在令我喜出望外。在我给她挂上冠军奖牌的时候，她笑得特别灿烂，就像一朵沙漠里盛开的仙人掌花，这样的笑容以前从来没有在她的脸上出现过。她所在的蓝队在接力比赛中也获胜了，她接最后一棒，是教练专门安排的。她还在寻宝游戏中觅得一副游泳镜。也就是说，本次游泳比赛，她几乎是大满贯，令大家对她刮目相看！我相信，这将成为她成长的一个支点，不久的将来，我们会见到一个自信的蔡卓琳。早在一年级的时候，我就鼓励学生学会游泳，预言要进行游泳比赛。全班54名同学中已经有51名学会了游泳，有的还是我亲自教会的。本次游泳比赛极大地激发了儿童对游泳的兴趣，不会游泳的也开始学习；已经会游泳的同学纷纷报名参加提高班的培训，很多家庭全家学游泳，大家表示十分期待下一届游泳比赛。

  接下来的两个六一儿童节，我们将开展亲子书画展览和毕业庆典活动，相信也一定能收获预期的效果。

  6.期末庆典

  梅子涵先生读完《犟龟》后写下这样一句话：只要上了路，坚持走，总会遇到庆典。怎样把这种人生的信念植入儿童的心田呢? 我们通过期末庆典来实现。每学期临近结束, 指导学生反思一学期的学习过程, 总结经验, 提炼学习成果。然后鼓励每一个学生自主申报展示项目, 把同类项目合并成一个小组。这样, 全班就分成若干个展示小组, 人人参与, 各组自主创意展示内容和形式。人生的舞台上是需要观众的。我们邀请全班所有父母参加期末庆典活动, 分享孩子们的学习成果, 见证孩子们的成长, 为他们的进步喝彩加油。如四年级第二学期期末庆典主要有对诗、数学诗表演、英语美文秀、小组歌舞、绘画作品汇展、健美操表演、益智游戏速叠杯表演赛、亲子对话等节目。对诗活动由诗词王子王天怿主持, 仿照诗词大会出一句诗, 让同学对下句。然后全班每人出一句互对。最后, 请每位家长出一句给孩子对, 气氛非常热烈。速叠杯表演赛分三阶段: 孩子比、孩子教家长、家长比。亲子对话环节中, 父母与孩子一起反思一学期的进步和不足, 找出需要努力的方向, 说出心中的愿望, 互相鼓励, 场面十分感人。年宇轩父子还现场拉钩, 表达各自的决心。数学诗表演、英语美文秀、小组歌舞、绘画作品汇展、健美操表演也都非常精彩。每一次期末庆典都成为全班学生及父母盼望的舞台, 大家也越做越有经验, 很多同学在新学期一开始就设计期末庆典展示的项目, 因此, 学习格外努力, 准备得特别充分, 成果丰硕, 收获了理想的效果。期末庆典俨然已成为儿童成长的阶梯, 而父母就是路旁热烈鼓掌的人, 他们的掌声是儿童成长的鼓号。

二、再生节日

除了在原生节日开展传统活动外, 我们班还根据学校活动安排, 顺应时代变化, 按需设立班级节日, 即再生节日, 使之与原生节日相辅相成, 相得益彰。

1.学科节

为了激发儿童的学习兴趣和热情, 可以设立班级学科节, 如亲子阅读节、亲子数学节、亲子英语节等。在学校母语节活动中,我们班开展了亲子母语节活动。活动主要分为四部分：亲子诵读表演、古诗飞花令、历史剧表演和续编民间故事。我们用了整整一个学期开展亲子母语节活动。父母和孩子共同参与诵读古诗词活动，并分组进行古诗飞花令初赛和复赛，选出优秀选手参加全班决赛。亲子共读中国民间故事，开展续编民间故事征文比赛，评出等级，给予鼓励。全班分红、黄、蓝、橙四个队，每一个队请一名家长担任导演，排练一个历史剧。母语节闭幕式上，表演《完璧归赵》《公仪休拒收鱼》《毛遂自荐》《空城计》四个历史剧，每一个都十分精彩。古诗飞花令仿照诗词大会进行，老师先出一句诗，让参加决赛的选手对下句。然后全班每人出一句让选手对。最后，请每位父母出一句给选手来对，气氛非常热烈。经过激烈的角逐，王天怿脱颖而出，获得"诗词王子"桂冠，全场报以热烈的掌声。

有了父母的热情参与，亲子母语节更具吸引力，质量也更高。本次活动极大地激发了各家庭学习母语、不断进步的热情和力量。

2.品育节

儿童人格的健全发展是我们班级亲子教育的宗旨。我们曾开展过亲情文化节活动，历时一个月。引导学生仔细观察家庭生活，用心体会亲情的温暖，举行了"亲情故事"征文比赛。亲情文化节闭幕式上，首先让父母和孩子一起观看视频《妈妈之歌》，引导孩子感受父母的操心劳累，催生感恩之情；也启发父母反思无休止唠叨的教育效果。然后，组织父母分享：你对孩子有怎样的期望？你为此做了怎样的努力？让儿童倾听父母的心声，理解并感恩父母的付出。同时，也引领父母懂得"最称职的家长，不只是知识的传播者，不只是特长的培育者，而应该是孩子健全人格的呵护者，是孩子精神成长的引领者"（陈钱林语）。最后，全体学生朗诵老师创作的诗歌《我有一个美丽的家》，抒发对父母的感恩之情，感动了所有父母。像这样的节日还有小鬼当家节、素食节、旧衣节等，活动内容新颖，有吸引力，都能得到所有家庭的大力支持，教育效果较好。

3.艺术节

为了培养儿童的审美情趣，我们轰轰烈烈地开展了艺术节活动，如"丑小鸭"新年音乐会、"丑小鸭"书画展、"丑小鸭"电影节等。我们亲子组团到上海东方艺术中心欣赏音乐会，让孩子们感受真正的艺术魅力，激发他们学习艺术、欣赏艺术、创造艺术的兴趣和动力，引导他们发现美、理解美、欣赏美、创造美，不断提高家庭生活的艺术品位。我们班上有2人古琴弹得好，8人拉丁舞跳得特别好，5人是学校舞蹈队的主力，3人在学校合唱队，30多人书法考过5级，1人入选南通市小书法家，5人在班上开过个人画展，6人发表过绘画作品。整个班级洋溢着浓浓的艺术氛围。

4.贸易节

贸易节可以培养儿童的财商，教给他们"旧物易主变成宝"的传统美德。配合学校里的"红领巾贸易节"，我们在班上举行了"丑小鸭"贸易节活动。同学们纷纷从家里整理出了自己已经不需要的图书、玩具等交到班级仓库。年宇轩的爸爸妈妈利用他家开店的优势，为我们在操场上搭建了售货亭。全班分红、黄、蓝、橙四队轮流值班当售货员，由队长负责安排工作。其他同学就是顾客，自由购买需要的东西。韩宇轩家开理发店，她妈妈带着其他几位妈妈开起了"丑小鸭"美发厅，为女同学编好看的小辫儿。"丑小鸭"贸易节的收入都作为班费，用于为班级活动购买奖品。

共建班级节日已经成为我们班级生活的品牌，是儿童成长的阶梯。建好班级节日，可以不断提升生活品位。

第二节 成长节

主题班会：我们十岁了

一、班会背景

班上54名学生基本都是十岁。十岁，这是一个具有特殊意义的年龄。孩子们人生的第一个十年收获了什么？反思这十年的成长，对今后十年、二十年甚至三十年的成长都具有非常重要的意义。举行庆贺十岁生日主题班会，旨在引领孩子们聆听自己拔节的声音，感受成长的喜悦，学会感恩，开始承担家庭责任，树立远大理想，好好学习，快乐成长。

二、班会目标

（1）通过分享成长故事，感受成长的喜悦，体会家庭生活和班集体生活的温暖。

（2）通过亲情故事演讲、阅读父母书信、接受生日礼物等活动，体会父母的爱，懂得感恩父母，热爱父母。

（3）通过书写梦想、签订家务劳动合同等活动，鼓励儿童树立远大的理想，学会承担家庭责任。

三、班会重点

感受成长的喜悦，懂得感恩，学会承担家庭责任。

四、班会准备

（1）孩子与父母做同桌。

（2）父母给孩子写一封信，准备一份礼物。

（3）家务劳动合同、梦想卡、生日蛋糕和生日蜡烛。

五、班会形式

演讲、朗诵、阅读、交流、欣赏。

六、班会对象

小学三年级学生

七、班会过程

(一)游戏激趣,引出主题

(1)游戏:猜猜他是谁。(PPT播放5个孩子的婴儿照)

(2)(请出这5个孩子)比较一下大屏幕上的照片和这几位同学,你发现了什么?

(3)是的,我们在一天天长大。今年十岁了,这是一个值得庆贺的年龄。今天,爸爸妈妈也来到了我们的课堂,第一次和我们做同桌,庆祝我们的十岁生日。让我们一起来回顾十年的成长历程。

【设计意图:儿童是在游戏中成长的。通过游戏打开儿童记忆的闸门,激发儿童的活动兴趣和参与热情,引出主题。】

(二)体会成长,分享喜悦

(1)分享祁敏瑞的故事,感受她的成长过程。(看孩子们上小学后第一次在班级讲台前发言的照片,讲祁敏瑞不敢上台做自我介绍的故事,再看祁敏瑞落落大方地分享暑假生活的照片。这就是进步,这就是成长。)

采访祁敏瑞:你为什么能有这么大的进步?你发现自己在哪些方面也进步了?

(2)分享成长故事。

学生分享:你从哪里感受到自己长大了?(我学会了学习、分享、坚强、宽容……)

父母分享:哪一件事让你觉得孩子长大了?

(3)班级活动精彩回放。

教师讲述:在近三年的学习生活中,我们开展了很多活动。在一次又一次的活动中,我们学着本领,锻炼着胆量和才干,积累着成长经验。让我们一起来回顾这些精彩的瞬间。

(播放短片)

(4)交流:此时此刻,你有什么感受?

【设计意图:儿童所在集体的教育力量是巨大的。通过分享成长故事,引领儿童看到自己的成长,感受成长的喜悦。也看到同学的成长,互相启迪,互相学习,携手共进。】

(三)感恩父母,承担家务

1.亲情故事分享

(1)在已经过去的3000多个日日夜夜,是谁操劳着我们的生活?是谁陪伴着我们成长?又是谁一次又一次地帮助我们实现心愿?是亲爱的爸爸妈妈!今天,就让我们说出心中的感恩。下面请季琦哲演讲亲情故事《谢谢你,亲爱的妈妈》。

采访季琦哲的妈妈:你儿子经常做实验,你就不担心会影响学习成绩吗?在儿子的表现中,最让你感到欣慰的是什么?

(2)其实,孩子们也深深地爱着爸爸妈妈。杨璐瑶就是这样的孩子。下面请杨璐瑶的爸爸讲述女儿建议他戒烟的故事。

采访杨璐瑶:为什么要爸爸戒烟?爸爸吸烟已经很多年了,你觉得他能戒掉吗?

表扬杨璐瑶关心爸爸,劝爸爸戒烟是爱爸爸的表现。

(3)你感受到了爸爸妈妈对你的爱了吗?爸爸妈妈们,你们从哪里感受到了孩子的爱?请你看着对方的眼睛说出你心中的感谢吧!

2.诗朗诵:《我有一个美丽的家》(孩子起立,面向自己的父母)

【设计意图:家是儿童永远的心灵港湾,是儿童成长的摇篮。在课堂上搭建了亲情交融的平台,通过亲情故事演讲,表达心中的感恩,提升亲子关系,为儿童的成长营造爱的氛围。】

3.读父母的信

十岁,是一个充满希望的年龄。今天,在你十岁生日之际,爸爸妈妈给你写了一封书信,里面有殷切期望,也有温馨提醒。这封信,爸爸妈妈写了十年。现在请孩子们打开书信读一读。

4.分享感受

你愿意与我们分享哪些语句?

5. 接受父母赠送的十岁生日礼物

6.分享

你收到了什么礼物?你明白这份礼物里蕴含着爸爸妈妈怎样的期望?请你面对爸爸妈妈,说出你懂了什么?

7.班主任赠送礼物—家务劳动合同

老师也为你们准备了一份礼物(展示家务劳动合同)。

父母是我们一生的老师。感恩父母要从生活中的一点一滴做起。就让我们从承担一项小家务开始吧!(孩子和父母签订家务劳动合同)

【设计意图:儿童已经习惯于接受生日礼物。父母赠送特别的礼物,其中饱含的爱直抵儿童心灵深处,能使儿童体会到父母用心良苦,激发儿童成长的欲望。哈佛大学通过20年的跟踪调查发现,做家务和不做家务的孩子,成年后的就业率为15∶1,犯罪率为1∶10。老师以"家务劳动合同"为礼物,旨在培养儿童的独立意识和劳动习惯,也激发了他们对父母的感恩之情。】

(四)书写梦想,憧憬未来

(1)孩子们,祝贺你们十岁了!人生的路很长很长,你们才刚刚起步。今天,你们又站上了新的起跑线。你们心中有怎样的梦想呢?闭上眼睛想一想。(播放歌曲《祝你生日快乐》)想好后请你把梦想写在卡片上。

(2)交流梦想。

(3)希望你们发奋努力,乘着理想的翅膀飞翔!

【设计意图:有梦想就有希望,有梦想就有动力,有梦想就有激情。让孩子写下梦想,旨在引领儿童为自己的梦想而奋斗。】

(4)齐读班级精神:

今天,我们是"丑小鸭",勤奋,好学,

明天,我们是"白天鹅",自信,高雅。

(5)孩子和父母一起唱《祝你生日快乐》,分享生日蛋糕,观赏美国优秀影片《当幸福来敲门》。

【设计意图:《当幸福来敲门》的主人公克里斯事业不顺,生活潦倒,妻子也离他而去。但他坚强乐观,一边寻找工作,一边养育儿子,最后甚至不得不去卖血。但无论生活多么困难,他始终奔跑在寻找幸福的路上,最终获得了股票经纪人的工作,后来创办了自己的公司。观看这部影片,旨在启发父母:无论什么时候,都应该以阳光的心态对待孩子。引领儿童明白:无论什么时候,都要执着地追求梦想。】

(6)全班合影留念。

八、班会反思

本次班会是基于儿童的年龄特点、心理特点和儿童家庭实际情况设计并实施的,主要有分享成长故事、阅读父母书信、接受生日礼物、书写梦想、签订家务劳动合同等环节。活动内涵丰富,交流深入感人。尤其是阅读父母书信的时候,因为孩子事先不知道,所以收到书信时都喜出望外,很多孩子都被父母的真情感动得流下了眼泪。书信、礼物、梦想,极大地激发了儿童成长的欲望。一份家务劳动合同有效地把教育延伸到生活中,引领儿童脚踏实地,从生活中的点滴做起,感恩父母,勇担家庭责任,不辜负父母的期望。

父母写给孩子的十岁生日信

亲爱的妮妮:

十岁生日快乐!在祝贺你长大的同时,爸爸妈妈更要感谢你。感谢你让我们为人父母;感谢你给我们带来了欢乐;感谢你让我们这个家从此完整、完美;感谢你给予我们那么多呵护陪伴你成长的幸福享受!

十年前,你带着全家人的期盼呱呱落地。你是天使,让我们的人生开始变得无比精彩和富有。我们小心地呵护你走好每一步,幸福地为你做着一切:摔倒了,爸爸扶你;走累了,爸爸背你;手脏了,妈妈教你洗;脸花了,妈妈为你擦;教你识字;陪你练舞……在陪着你长大的过程中,我们也在不断地长大和成熟。我们正学着如何做一个好爸爸、好妈妈,尽管我们做得还不够好,但请相信我们会不断努力!

亲爱的妮妮,在爸爸妈妈眼里,你永远都是最棒的!你是爸爸妈妈的贴心小棉袄,你成长路上的每一次收获,都是你自己用不懈的努力换来的,都是值得记忆的人生经历。这十年你有了自己的爱好:爱上了阅读,爱上了拉丁……这十年你养成了受益终生的好品格:善良孝顺、温和友爱……这十年你参加各种活动让自己成长起来:绘画大赛、演讲比赛、国标舞比赛……你拿回的证书和奖杯是对你努力付出的肯定,所有这些成绩,让我们看到了你的成长和进步。

亲爱的妮妮,在你取得成绩感到高兴的同时,爸爸妈妈还想告诉你:从现在开始,你就是一个小大人了,要学会坚强!人生的路很长,不会一帆风顺,在未来的路上会遇到风雨,会遇到坎坷,也可能跌倒,也可能失败。4月26日,你错失了与"爱乐乐团"同台演出的机会,选拔结束后我看到了你眼中的泪水。回家的路上,你安静地伏在我背上,妈妈真切地感受到了你的失落和难过。回到家里,我给了你一个紧紧的拥抱……在这里,我们想跟你说:宝贝,别怕,别灰心!一次失败说明不了什么,不要轻易放弃,历练过风雨,你就会看到美丽的彩虹,继续努力!妮妮,超越自己比超越他人更加困难,加油!终有一天,你会成为自己更喜欢的自己!

亲爱的妮妮,以后,爸爸妈妈会慢慢放手让你自己去走,你要让自己更坚强更努力,好吗?我们会一如既往地在你身后支持你，关心你，帮助你，陪伴你！我们永远是你坚强的后盾，所以你只管大胆前行，不要哭，笑着去面对困难，努力勇敢地去拥抱属于你自己的未来！你是一个聪明的孩子，要明白付出是辛苦的，收获是喜悦的，正是因为有了努力付出时的汗水，才会有收获成功后的欢呼！

爸爸妈妈永远爱你，愿你的一生能够快快乐乐，健健康康！

永远爱你的爸爸妈妈
2017年5月24日

学生日记

我十岁啦

陆潘妮

我十岁啦！今天是六一儿童节，是个特殊的日子，也是个有意义的日子，我们全班同学都聚在一起过十岁生日呢！

这次主题班会"我们十岁啦！"是樊老师精心策划的，这可费了她不少心思呢，活动地点在图书馆三楼。

"丁零零……"下午两点整，随着上课铃声响起，我们的活动开始了。樊老师打开PPT，在美妙的《祝你生日快乐》音乐声中，我们开启了第一个小游戏——猜猜他（她）是谁。老师刚说完游戏规则，大屏幕就出现了一个个可爱的小宝宝的照片，同学们可真是火眼金睛啊！一下子就认出了他们是谁。而我呢，仔仔细细地看了大半天也没能认出他（她）是谁，我发现同学们的变化可真大啊！

第二个活动是讲自己的成长故事。只见季琦哲缓缓走上讲台，脸涨得通红，过了好一会儿都没开始讲。我在想，他是紧张得忘了台词呢？还是激动得不知从何讲起呢？这时，樊老师好像看透了季琦哲的心思，微笑着对他说："季琦哲，可以开始了。"季琦哲声情并茂地开始了演讲："我是在妈妈的关爱中长大的。有一次……"演讲结束，季琦哲飞快地奔下讲台，投入妈妈温暖的怀抱，流下了幸福的泪水。台下响起了一片热烈的掌声。

　　还有一个令我难忘的环节，那就是读爸爸妈妈给我们写的信。当我知道妈妈给我写了一封信时，激动万分，不停地催着妈妈，想早点儿读到那封信。妈妈深情地看着我，从手提包里取出一个漂亮的信封，我迫不及待地从妈妈手中夺过信，这个信封特别漂亮，一定是妈妈花了心思去挑的：白底儿，上面有一个小姑娘，身上穿着淡雅的浅粉色连衣裙，小姑娘的前面有一朵鲜艳的玫瑰花。我拆开信封，小心翼翼地从里面拿出信纸，刚看一会儿，我的心就涩涩的了，晶莹的泪珠在我的眼眶里直打转。"十年前，你带着全家人的期盼呱呱落地。你是天使，让我们的人生开始变得无比精彩和富有……亲爱的妮妮，在爸爸妈妈眼里，你永远都是最棒的！……"小小的一张纸，饱含了爸爸妈妈对我沉甸甸的爱！

　　妈妈还在信里写了这样一句话："妮妮，超越自己比超越他人更难，加油！"这句话让我想起了不久前的一次舞蹈选拔赛，那次比赛我以一票之差落选了，当时我很失落，爸爸妈妈不但没有批评我，而是不断地鼓励我不要灰心，不能放弃，继续努力，做更好的自己！以前总觉得爸爸妈妈对我太严厉，要求太高。仔细想想，我每一次取得的成绩都饱含着爸爸妈妈对我的浓浓爱意。

　　亲爱的爸爸妈妈，在这里，我要感谢你们带给我的喜悦和幸福，感谢你们每一次爱的拥抱，感谢你们无微不至的照顾，感谢你们让我一步步学会了如何做一名优秀的小学生……

　　今天，我十岁了，这是我人生中的第一个十岁，这意味着成长和责任。从今以后，我一定要更加努力，不辜负爸爸妈妈的期望，做更好的自己！

　　这次班会，我会铭刻在心中。

第三节 童话节

月亮妹妹

樊 健

不会发光的月亮

月亮妹妹和太阳哥哥一起去上学,路上遇到了一只庞大的天狗。天狗吐出鲜红的舌头直奔月亮妹妹。月亮妹妹慌忙躲到太阳哥哥的身后。太阳哥哥立即伸出双臂来保护月亮妹妹。太阳一使劲,发出强烈的光,照得天狗眼睛都睁不开了。天狗立刻溜走了。

月亮妹妹从心底里佩服太阳哥哥,很崇拜,希望自己也像太阳哥哥一样拥有强烈的光和热,以便遇到危险的时候保护自己,或者帮助朋友。于是,她每天都跟着太阳哥哥,把太阳哥哥发出来的光全都反射回去。可是,无论她怎么努力,反射的光都没有太阳光那么强烈、温暖。

她想弄明白这是为什么。终于有一天,月亮妹妹壮着胆子去问地球博士。"地球博士,请您告诉我,为什么我的光不亮也不暖,而太阳哥哥的光那么灿烂,还暖洋洋的?"

地球博士笑吟吟地告诉她:"你不是恒星,不能发光,但能反射太阳光。虽然你反射的光只有百分之七能到达我地球,但也足够照亮我地球上的黑夜。"

"那我怎样才能像太阳一样发光呢?"月亮妹妹好奇地问。

"你不用发光,"地球博士推了推眼镜儿,和蔼可亲地说,"你反射太阳光,那么皎洁、温柔。孩子们喜欢在月光下做游戏;老人们喜欢在月光下悠然踱步;美丽的姑娘、帅气的小伙儿喜欢在月光下……"

"嘻嘻嘻……"月亮妹妹好像看到了什么难为情的画面,窃窃地笑起来,"真有意思!好吧!那我就永远反射太阳光吧!"

就这样,月亮天天反射着太阳光,把银色的月光洒向大地,任人们沐浴着梦幻的月光做自己喜欢的事。

会变身的月亮

"明月几时有?把酒问青天……月有阴晴圆缺……"星星弟弟正在背书,月亮妹妹听见了,很不高兴,气势汹汹地质问星星:"我不是好好的吗?什么阴晴圆缺?!不许胡说!"星星一下子被吓哭了,连忙扑到天空妈妈怀里。

天空妈妈一边安慰星星,一边跟月亮解释:"傻孩子,你是没有变,但是地球上的人看到的你是有变化的。当地球位于你和太阳之间时,地球人可以看到整个被太阳直射的月球部分,这就是满月。当你位于地球和太阳之间时,地球人只能看到你不被太阳照射的部分,这就是朔月;而当首度再见到你明亮的部分时,称为'新月'。当地月连线和日地连线正好成直角时,地球人正好可以看到你被太阳直射的部分的一半,这就是上弦月。"

"哦,原来是这样啊!月有阴晴圆缺……"月亮妹妹恍然大悟,"这么说,我在地球人眼里是会变身的美丽魔女?"

太阳哥哥连忙伸出大拇指为月亮妹妹点赞:"是魅力魔女!"

"地球人看到的你是这样变化的:新月—娥眉月—上弦月—凸月—满月—凸月—下弦月—娥眉月—新月,就这样循环,周期大约是一个月。"天空妈妈又补充道。

月亮妹妹已经不生星星的气了,她正美美地梳妆呢!想象着:此时此刻地球人看到我是什么样子呢?

学生创作的童话绘本——柳树的烦恼

柳树的烦恼

文/张哲浩 图/季家铭

创作手记
你写童话我来画

班上举行"丑小鸭童话节"活动,樊老师说,我们不仅要讲童话、演童话,还要写童话。一天,我在小区里玩,看见河边的柳树搭拉着脑袋的,好像心情不好,有很多烦恼似的。它的旁边有几棵桃树,满树的桃花粉红粉红的,非常美丽。柳树是不是在羡慕桃花呢?哈哈!有了,我要写一个童话!

樊老师在课上读了张哲浩写的童话《柳树的烦恼》,还说:"如果把这个故事画出来,做成绘本,就更生动了。"我马上举手接受了任务。星期天,我一幅一幅地画着,妈妈在旁边陪着我。完成后,樊老师在大屏幕上展示了我的绘本,同学们都热烈鼓掌,我心里甜甜的。

第七章 共庆"班级节日"，提升公共生活质量

1. 春天来了，草长莺飞，万紫千红，可柳树却一直在叹气。

2. 一只蜜蜂飞过来，看见柳树垂头丧气的样子，小声地问："柳树姐姐，你怎么啦？"

柳树说："唉，我为什么不像桃树那样开出粉红的花呢？"

蜜蜂说："但是你有碧绿碧绿的柳枝呀！"

柳树回答："可是人们喜欢红艳艳的桃花，而我却没有。"说完，摇摇了摇头。

创意涂鸦墙-49

班级家庭教育共同体建设

6. 一只喜鹊飞过来，看见柳树很不开心的样子，就问："柳树姐姐，你怎么了？"

柳树回答："我为什么不像梨树一样开出雪白的花呢？"

喜鹊笑着说："可是你的枝条多么柔软，就像一头长长的头发，很美很美！"

柳树说："可是人们喜欢雪白雪白的梨花，而我却没有。"说完，她又摇了摇头。

7. 一只黄鹂飞过来，看见柳树很难过，也问道："你怎么了？"

柳树说："我为什么不像迎春花那样开出金黄的花呢？人们喜欢金黄金黄的迎春花，而我却没有。"

第七章 共庆"班级节日"，提升公共生活质量

江苏省海门市东洲小学二(4)班
指导老师：樊健

亲子童话剧汇演日记

我和妈妈一起演童话剧

韩宇轩

快到六一儿童节了,我们班要举行亲子童话剧表演赛。一听到这个好消息,我高兴得晚上睡不着。

爸爸妈妈谁陪我一起表演童话剧呢?爸爸连普通话都说不好,一定演不好。妈妈平时每天特别忙,除了做家务,还要到店里上班。可是妈妈听说要演亲子童话剧,就一口答应了,决定挤出时间来和我一起排练。我们小组经过讨论,最后选了《小青虫的梦想》这个剧本。

妈妈可忙了,一会儿当老师,教我们怎么演;一会儿又当演员,跟我们练习对台词、走台位。我们演得好时,妈妈就竖起大拇指表扬我们;我们稍有不认真,妈妈就批评我们。记得有一次排练的时候,我没精打采地坐在沙发上说:"唉!太累了!"妈妈听了这话耐心地鼓励我:"我们是一个团队,其他同学抽时间都赶来一起排练节目,不能因为你影响了大家的排练。再坚持一下,我们争取拿个第一名。加油!"听了妈妈的话,我又非常认真地参加排练。

六一儿童节终于到了,我们在影视中心进行亲子童话剧汇演。表演开始了,我好紧张,看着其他小组表演得那么精彩,我的心怦怦直跳。一旁的妈妈看到了宽慰我说:"小轩,别紧张,像平时排练一样,你一定能演得非常棒!"

接着就是我们组了,我心里既紧张又兴奋,暗暗告诉自己一定要演得最好。我演的是小青虫,演着、演着,我完全进入了角色,一会儿和妈妈对话,一会儿和小伙伴又跳又唱。最后我演的小青虫通过努力蜕变成了美丽的蝴蝶。顿时,台下响起了雷鸣般的掌声。我心里乐开了花,妈妈紧紧地拥抱着我,不停地夸奖我:"宝贝!你演得太棒了!太棒了!"。

等7个小组都表演完,评奖的时间就到了,大家开始投票。我们演的《小青虫的梦想》得票最高,得了第一名,被评为"最佳童话剧"。我蹦蹦跳跳地走上台领奖,嘴巴咧得合不拢似的,真是非常开心!

感谢妈妈陪我表演童话剧。希望还有机会和妈妈一起登台表演,盼望着!

家长的话:

  这次和孩子们一起参与童话剧表演,我仿佛回到了童年时代,非常开心。由于平时工作比较繁忙,很少陪伴女儿。感谢这次活动创造了一个极好的机会,让我们母女俩一起登台表演。虽然排练花了我很多精力和时间,但是我觉得很值得,因为我们收获了很多,感受到了浓厚的艺术氛围,也锻炼了孩子,提升了亲子关系。这样的活动对孩子的成长很有帮助,希望老师一如既往地组织这样的活动,我们一定积极参与,努力配合。

(韩宇轩的妈妈)

第四节 游泳节

学生日记

游泳比赛
蔡卓琳

暑假第二天，樊老师组织我们进行了一场游泳比赛。在阳光的照射下，我坐在妈妈的电瓶车上，哼着歌儿奔向中海游泳馆。

一走进游泳馆，我就迫不及待地换上泳衣直奔游泳池。只见池水清澈见底，水面上映着蔚蓝的天空、雪白的云朵。同学们和爸爸、妈妈络绎不绝地来到泳池，使整个游泳池变得热闹非凡。同学们欢快地在水中嬉戏。我也风驰电掣地跳入池中，"啊！真凉爽！"一股透心的凉意顿时袭上了我的心头。经过一番"凉身运动"后，我们纷纷上了岸。

游泳比赛正式开始了。第一轮是接力比赛，老师把我们分成红、蓝两队。同学们在岸边一字排开。"各就各位——预备！"当老师响亮的口令声喊出的一刹那，同学们一个个像离弦的箭冲向终点。在你争我赶的激烈比赛中，最终我们蓝队取得了胜利。

第二轮是25米混合泳比赛，大家兴奋极了。当老师口哨声一响，水面上，同学们像一条条"剑鱼"在你追我赶，一朵朵溅起的水花如同一朵朵漂亮的雪花。"加油"声、呐喊声一浪高过一浪……赛程过半后，体力不支的同学便渐渐被"甩"开了。陆潘妮有节奏地舒展双臂，一直游在我的前面。我不甘示弱，使出浑身解数紧紧地"咬"住陆潘妮不放。十米、五米……眼看陆潘妮要到终点了，我拼命地甩动着双臂，蹬着双腿向终点冲去……啊！我终于夺得了第一名。

最后一轮比赛,张老师拿来几副泳镜,叫我们在池中"海底捞月",看谁先找到。只见他用力一甩手,三副泳镜就飞入池中。同学们纷纷潜入水中寻找。我也赶紧潜下去,在水底找,可怎么也找不到。正要放弃时,我的眼前"突然"一亮,咦,这是什么呀?我伸手一摸,原来是一副泳镜啊!

游泳比赛结束了,樊老师要给我们颁奖了。当樊老师喊到我的名字时,我激动得不得了,快步走上领奖台,看着樊老师在我胸前挂上一块金光闪闪的冠军奖牌,真是惊喜交加。没想到,这一次游泳比赛的冠军竟然是我!

在一片欢声笑语中,这次游泳比赛画上了一个完美的句号。我们依依不舍地离开了游泳馆,踏上了归途。

家长写给樊老师的信

樊老师:

您好!

很意外吧,以这样的方式在这里和您聊天。这次的游泳比赛虽然已经过去了很多天,但是仍令我们回味无穷!

在第一轮的小组接力泳比赛中,我的女儿所表现出来的机智、勇敢、拼搏精神让我深深折服。当她看到陆潘妮的自由泳能击败对方的时候,也毫不犹豫地换用自由泳去挑战对方。其实当时我心里是比较担心的,从去年学习自由泳到现在,因为怕累,一直没好好练习自由泳。可是,让我想不到的是,她接下来的表现简直就是猛虎扑食,好像有使不完的劲。天哪,孩子从小到现在,何曾有一件事让她如此认真、拼命?和平时简直判若两人。记得当时现场有很多家长为她助威呐喊。那一刻,孩子用她的行动向我们诠释了尽力而为和竭尽全力的真正含义。我忽然明白老师您的良苦用心。在孩子幼小的心灵里种下集体荣誉的种子，培养了孩子的参与、竞赛、合作意识。

　　第二轮的亲子比赛，虽然只有短短的几分钟，但是对我们家来说收获不小，那是用万金也买不来的。在此之前，我从来都不知道我们一家三口竟然配合得如此默契，就好像早已排练过一样，最后我们终于夺冠。看着孩子那像花儿一样绽放的笑脸，我心里的幸福感一点一滴蔓延开来。这轮亲子活动不仅拉近了我们与孩子的距离，也让我们明白了有些爱不能缺席。我想，这就是您举办这次活动的初衷吧！

　　第三轮是个人争霸赛。说实话，我们是纯粹抱着让孩子只求参与、不求结果的心态去参加的，但是最后孩子能脱颖而出，取得第三名的好成绩，打破了平日的记录，我们一家人都喜出望外。以前在泳池里跟陆潘妮、韩宇轩都比赛过，每次都输。今天竟然战胜了这两位游泳健将，孩子十分得意，回家后跟我说，觉得好像是做梦一样。我不失时机地告诉她："成功来自努力、坚持！而不是天赋。你今天之所以赢了她们一点点，那正是你坚持锻炼的结果。"

　　这次比赛蔡卓琳获得女子组冠军。樊老师，如果我没猜错的话，这就是您所期待的吧，您希望让原本有些自卑、孤独的少年也有光芒闪耀的时候，也能开出自信的花朵。

　　游泳比赛虽然过去很多天了，但是我仍经常回想起当时的比赛情景。这样的班级活动给孩子带来的收获和体验也许远远超过了平时的课堂教学。这就是活动的终极意义吧！

　　感谢樊老师！
　　夏安！

杨璐瑶妈妈
2018年7月26日

第五节 亲情节

"亲情节"征文一

分别

陆亦辰

大清早,急性子的妈妈就把睡梦中的我叫了起来。我揉揉眼睛,极不情愿地嘟囔着:"为啥这么早就让我起床,让我再睡一会儿!"妈妈的声音顿时高了起来:"还有那么多的作业没做,今天回海门了!"美好的日子总是过得那么快,苦行僧般的日子就要来了!

吃完早饭,我告诉奶奶我们今天要回海门了。原本满面笑容的奶奶,似乎一下子就不高兴了。不过,她什么也没有说,连忙拿了一只篮子,去田里摘了很多青菜、芹菜、香菜,又从厨房里装了一箱子圆溜溜的鸡蛋和一桶金灿灿的花生油,还从柜子里拎出一箱让我垂涎三尺的"香飘飘"奶茶。爸爸忙说:"太多了,你们留着自己吃,我们家里什么都有。"我忙从箱子里拿出了6杯"香飘飘",妈妈忙把鸡蛋分了一半留给奶奶,尽管奶奶说全部给我。

奶奶帮我们一起把东西拿到车上,后备厢都被塞满了。上车前,奶奶紧紧握住我的手,嘱咐我好好学习,有空多回来看看她。她的手和妈妈的不一样,很粗糙,还有硬硬的老茧,我知道这是经常下地干活的缘故。我也对奶奶说:"奶奶,您少干点农活,多歇歇吧!"爸爸忙说:"不要太累,年纪大了,重的活等我回来做。"妈妈说:"需要啥就打电话,我买了带回来。"

车已经开了,我从反光镜里看到满头白发的奶奶还站在那里目送着我们,心里更难过了。我希望我们一家人都住在一起,永远不要分开。

"亲情节"征文二

藏烟记

陈思睿

我小时候是外公带的,所以和外公特别亲。外公勤劳,能干,待人和气,特别是对我,总是笑眯眯的。

可是,外公有个嗜好,特别喜欢抽烟,有事没事嘴边就烟雾缭绕。姜文婕的妈妈在"百家讲坛"上讲过抽烟的危害大。每次我看见了都会劝外公:"外公,你不要抽烟了,有害身体。"外公嘴上忽悠我:"好好好,我这就戒了。"可是他一转身还是吸个不停。哎,看来要让外公戒烟得出其不意呀。

大年初五的上午,外公随手把几包香烟往抽屉里一扔。我眼睛一亮,立马有了主意:好言相劝看来是不行了,那只能行动了,我干脆把烟藏起来得了。可藏哪儿好呢?我东找西找,突然看见了厕所。这里臭烘烘的,谁也不想多待一秒,好地方呀!于是我偷偷把一包香烟藏在了马桶后面。还有两包呢,得分开藏,否则一不小心会被外公一网打尽。于是,我又来到房间,大大的电视占了半面墙,藏在电视机后面的机顶盒里一定妥妥的。外公一定不会想到这里。好了,第二包香烟也找到了它的容身之处。最后,我又来到阳台,洗衣机下面有一条窄窄的缝。我蹲下身子,发现空隙处积满了灰尘,哦,这是一个被人遗忘的角落。于是,我便把最后一包烟塞了进去。

吃过午饭,外公的烟瘾又上来了,可他找了老半天也没找到烟。我看着外公着急的样子,不禁得意地笑出了声。外公瞟了我一眼,恍然大悟:"哦,是不是你把烟藏起来了?快拿给外公。"看着外公难受的样子,我无可奈何地点点头,不过我可不甘心,就用商量的口吻说:"外公,我只能给你一根,而且,这个星期每天也只有一根。下个星期,两天一根……这样坚持下去,我相信,你肯定能把烟戒掉。"外公虽然很不情愿,但也无计可施,只好答应了。我竖起小手指:"外公,拉钩!"外公接过烟,摸着我的头笑了……

虽然,外公现在背着我还是会抽烟,但是只要我坚持奉劝,外公一定能成功戒烟的。

第六节 联欢节

快乐的联欢会

陈思睿

今天,东洲小学影视中心成了欢乐的海洋,"丑小鸭"班"庆六一亲子大联欢"将在这里举行。

刚过六点,同学们就陆陆续续地来了,个个心里喜洋洋,人人脸上乐开了花。

随着两位小主持人的登场,联欢会正式开始。节目精彩纷呈,有声情并茂的诗朗诵,有优美的舞蹈,还有动听的歌曲……

轮到我上台了,我迫不及待地跑上舞台,拿起话筒准备一展歌喉。可是好事多磨,音乐声迟迟没有出来,我好着急呀,这该怎么办呀?要知道为了这次演出,妈妈特意从网上买了演出服、伴奏带,我们每天都花时间努力排练……就在这时,音乐声响起来了,我亮开嗓子唱了起来,"……我是小海军,胜利向前进!"我手向上一扬,演唱结束了,全场响起了热烈的掌声。

瞧,杨力铮和杨霆威成了两位大魔术师,他们穿着黑色的燕尾服上场了。杨力铮拿出一个红色的口袋,拉开底部的拉链,把手从口袋里穿过去,然后他又拉上拉链,把手伸进口袋,宣布要给我们发礼物。我们一个个睁大眼睛,屏住呼吸,见证奇迹的时刻到了。杨力铮从口袋里抓出了一大把巧克力,太神奇了!

节目一个接一个,掌声一阵又一阵,快乐的联欢会在我们的欢声笑语中结束了。我们依依不舍地离开了影视中心,校园里依旧回荡着同学们的笑声……

家长的话:

陈思睿从来都是那个只愿坐在路边给别人鼓掌的孩子,为此我也相当苦恼。当这样一个激励他自信的机会来临时,我还在忧心忡忡之际,孩子却已是欢喜雀跃。我们一起精心准备演出节目,抓住一切机会排练,家里的两位老人更是一次又一次被他请来当观众……终于到了演出那一天,平日里活蹦乱跳的陈思睿一下子乱了阵脚,各种担心、紧张,紧紧拽着我的手不放。兴许是看出了孩子的心思,樊老师站起身,第一个鼓起了掌。陈思睿的紧张情绪被台下老师、家长和同学们的掌声驱散了,我们娘俩也高质量地完成了表演。回家路上,孩子激动地告诉我:"站在舞台上的感觉真好!下次再有这样的活动我还要参加!"我欣喜,在孩子成长的人生路上,能遇上这样一位用心呵护他们的好老师。六年的小学生活,有她的陪伴,孩子一定会走出一段精彩的人生。

(陈思睿的妈妈)

第八章 共聚"班级数码社区"，拓展家校共育空间

第一节 班级数码社区的功能

"互联网+"给班集体建设开创了全新的平台。我们运用大数据思维方式，通过班级博客、QQ群和微信群，不断延伸全体成员共同生活的时间和空间，赋予家长话语权，全面推动班内家庭教育的均衡、整体、和谐、高位互动式发展，从而改善家长的教育方式，营造和谐的家庭生活和班级生活氛围，提高班级教育合力，促进学生自信而主动地发展。

一、班级博客

班级博客是班级生活的信息源。班级博客可以根据实际需要设置若干栏目，如每周师言、茶座分享、成长故事、优作展览、成长百问等。邀请一名家长志愿者负责班级博客的更新与管理工作。每逢班级组织活动，就在班级博客上发布公告、注意事项、温馨提示等内容，家长只需浏览便一目了然，大大提高了活动准备的效率，也提升了活动质量。家长通过网络平台，自由分享优质资源及活动信息，优化自身的家庭教育。

班级博客是班级生活的心灵港湾。班级博客除了可以分享班级生活的日常信息，还可以进行心与心的沟通。如发现高年级的孩子对很多问题都有自己的见解和主张，越来越多的孩子宁愿把

自己的想法跟同伴分享也不愿说给父母听。针对这一现象，在班级博客创建了"成长悄悄话"群，群主与其他几位家长志愿者分工解答孩子的问题，了解孩子们的思想动态。因为在这个数码社区里，孩子、家长都是匿名的，所以交流没有顾忌，大家都畅所欲言。家长志愿者很耐心地为孩子们指点迷津。我们从发现孩子的问题，到心与心的交流，帮助孩子逐一解决，形成"成长100问"系列，帮助很多孩子消除了烦恼，也让家长更多地了解孩子。

班级博客是教育智慧分享平台。班主任每周写一段话，美其名曰"每周师言"，与家长分享先进的教育理念。家长们参加"樊老师茶座"后在此分享感悟，分享亲子阅读的感悟。一年一度的"我孩子的成长故事"征文也在班级博客专栏中分享。长此以往，不仅打通了家庭之间的壁垒，共享了优质教育理念与资源，还养成了良好的分享习惯，互相促进，共同进步。

班级博客是班级生活的资源库。分类建相册、视频文件夹，储存班级活动过程，珍藏美好记忆，需要提取时非常方便。

二、班级QQ群

随着智能手机的普及，人们更喜欢通过QQ群互动。班级QQ群功能强大。

班级QQ群报道活动鲜活快捷。如学生参加入队仪式，老师拍照片，通过班级QQ群分享给各家庭，父母几乎在同一时间就能看到孩子入队的情景，也方便他们保存孩子成长过程中的关键时刻。同样，父母也可以把孩子在家的优秀表现即时拍下来分享到班级QQ群，如孩子做小家务、参加社区活动、参加兴趣小组活动等。一方面，让老师全面了解孩子的学习活动情况；另一方面，通过这种分享方式告诉孩子"我们看到了你的进步"，强化孩子的好行为，积极鼓励孩子继续努力，不断进步。

班级QQ群传送课件十分方便。老师经常需要把教育教学活动的课件和视频分享给家长，让各家庭了解学校教育教学的内容。家长做客"百家讲坛"时所用的课件需要提前两周与老师研讨、修改。这些都可以通过班级QQ群来完成，方便快捷。

班级QQ群搜集信息准确方便。班主任经常需要搜集学生及家庭信息，如为了学校放学时段保畅防堵，需要登记各家庭接送孩子的车辆牌照号码。传统的做法是让学生带回一张表格，请父母填写，班主任再汇总，这样既费时又容易写错，还经常有孩子忘记带来。而通过班级QQ群进行接力填写，即快速又准确。

三、班级微信群

微信有许多优于QQ的功能，越来越受欢迎，成为班主任的重要工作阵地，是家校互通信息的平台。班主任通过微信群商讨班级活动计划和方案，发布活动信息，让家长了解学校和班级活动，以便积极参与，全力支持。老师还可以在班级微信群里推荐公益活动信息，如市妇联主办的未成年人心理健康辅导讲座等，各家庭可以根据需要和时间选择参加。父母通过微信群向老师请假或者说明一些情况，避免了给老师打电话可能会影响工作的情况。

班级微信群是学习先进教育理念的平台，也是分享经验的平台。老师通过班级微信群推送家教好文，畅通分享渠道，父母可以先收藏，然后根据自己的时间和需要进行学习。微信突破了时间和空间的限制，大家可以就教育孩子的问题在这里分享经验教训，讨论教育策略，提出教育建议。

班级微信群延展了分享学习进程的时空。老师可以把当天最优秀的作业拍下来发到班级微信群，让父母们了解自己的孩子与同学的差距。在每天的固定时间，老师点名要求若干学生通过班级微信群晒出自己当天的作业，安排两名学生进行点评，最后老师可以通过圈画、批注进行点评。其他同学看后也能受到启发，这样就能督促全班同学认真完成作业，大大提高作业质量。父母看后，对自己孩子的学习情况就心中有数了。假期，学生可以在班级微信群里分享暑假生活计划、暑期游记、练字成果等,也可以通过照片和文字分享学会的新本领,如骑车、游泳、打球等,学生之间互相鼓励,互相启发,增进友谊。通过班级微信群的交流分享,能发现每个家庭各有所成,形成班级教育智囊团,为班级教育服务。

班级微信群是培养学生阅读习惯的平台。要求学生运用《为你诵读》APP,每天朗读一篇美文或者背诵一首古诗、一段小古文,发送到班级微信群进行打卡分享。每天至少阅读半小时,拍下阅读照片,用两三句话写下阅读的内容概要或感悟,然后发送到班级微信群分享,坚持21天,形成阅读习惯。我们还在班级微信群开展讲故事比赛、好书推荐会等活动。请学生先拍视频分享到班级微信群,老师和同学进行点评,提出建议。然后,学生再进行班级现场分享,老师评价其进步之处。班级微信群为学生搭建了阅读分享平台,学生良好的阅读习惯逐渐形成。

随着网络技术的飞速发展,又出现了新平台,如企业微信,包括资源平台、校园应用、基础应用等版块,在校园应用中有通知、作业、发成绩、班级服务、班级相册、家校圈、校园发布、校园服务、通讯录和后台管理。它把班级数码社区纳入学校数码社区之中,功能更强大,但是对班级教育而言,缺乏个性化沟通空间,有一定的局限性。

班级数码社区既是班级行政部门的网络存在,服务于班级教育;也是民间组织机构,服务于家庭教育。班主任可以选择一个主要平台,或者综合运用多个平台,以追求效果为目的,不求新,不求功能多,只求真正可行且有效。

第二节 班级数码社区的管理策略

新媒体的发展打破了时间和空间的限制,拓宽了家校沟通平台,拉近了家校以及师生之间的距离,但是也产生了一些负面的影响。比如:家长埋怨发信息频率高,手机响个不停,工作和生活经常被打扰;设置消息免打扰,又怕错过重要信息,因为信息量大,有空时翻看要翻好几页,甚至几十页。班主任也很困惑,家长们出于对孩子的关心,会在班级群里提出很多问题,诸如:我的孩子最近上课表现怎么样?作业做得好不好?我的孩子到学校了吗?甚至有家长需要老师转告他的孩子放学后到哪里等。诸如此类的问题会不时地出现,老师需要@家长一一回答,有时候班主任没看到或者没来得及回答,家长们还会反复询问,或者埋怨老师不关心。那么,如何管理班级数码社区,才能促进和谐有效的家校互动,既解放老师,也解放家长呢?下面以班级微信群的管理为例谈谈班级数码社区的管理策略。

一、制定群规

"无规矩不成方圆。"任何组织都需要规则的约束。班级微信群也需要制定规则,让规则来约束大家规范自己的言行。班级微信群公约一般由班主任和家委会讨论后共同制定,并严格按规则实施。如在实施过程中发现规则有不合理之处,可以经家委会商量后进行修订。群规一旦制定,群内人人必须遵守,无人在规则之外。

1. 规定进群对象

班级微信群是班级教育专业群,群主一般是班主任,各科的任课老师都可以进群。全班每个学生的父母都可以进群,必须实名进群,而祖辈、学生及校外辅导老师则不进群(特殊情况和群主沟通)。群成员拉新成员进群必须经群主审核,未经同意,不允许拉其他人进群。这样能聚集全班教育力量服务于儿童成长，也便于群管理。

2. 规范群成员言论

班级微信群为家长提供了学习、分享、探讨的交流平台，有言论要求。以任课教师发布通知、分享学生活动信息、进行方法及习惯指导为主，家长可以辅助交流教育政策信息、教育资源推荐、成长故事分享、疾病预防等内容。为了不使重要信息被漏看，老师发布班级信息和通知后，除特别说明外，群里成员不用"回复"或"点赞"。教师杜绝发布考试分数，不点名批评。父母文明参与本群互动，群内禁止出现推销类、投票类信息，政治敏感、宗教色彩浓郁信息，未经证实信息，消极能量信息，涉及隐私信息，涉及金钱信息，不文明行为及用语等。违者将被移出微信群。

3. 规定发言时间

通过微信发信息十分方便，如果没有时间限制，随时发送信息，就会打扰大家的生活。因此，有必要规定班级微信群发言时间，一般工作时间可以在班级微信群里发信息。一些有关学生作业的发送任务可以在晚上规定时间内发送。

4. 规定禁止行为

群内成员都有保护群友个人信息的责任和义务，禁止对外泄露本群成员个人信息，包括照片、视频等，禁止利用本群私下添加好友为其微商服务。也请家长保护好个人信息，拒绝通过验证，避免微商骚扰。

二、调控"群绪"

可以通过招募或委任一至两名热情、有时间、有能力、有思想的父母担任班级微信群"群助理"，协助班主任共同管理班级微信群。当父母在教育孩子的过程中提出困惑的时候，群助理及时解惑，解家长燃眉之急，这样不仅能分担学科老师的责任，还能以点带面，启发并带动一批有能耐的热心家长。当家长们对于学校或老师的工作不理解甚至产生情绪时，群内"潜水"的"群助理"从家长的角度进行客观分析与表达，这比老师和校方的解释更有说服力。当群里言语恰当、办事有效的时候，群助理及时鼓励大家齐心协力，继续努力，把班级微信群管理得更好，为儿童的成长服务。

三、引导"群舆论"

班级微信群的舆论力量不容小觑。教师积极引导，群内就会充满正能量。每当有学生代表学校参加比赛或演出时，教师可以把现场照片和比赛成绩发送到班级微信群，为他们点赞。每当学生发表习作的时候，教师可以把好消息及作品分享到班级微信群，表扬并鼓励大家努力学习。教师还可以把学生参与班级和学校活动的照片、优秀的作业、精致的作品等及时发到群里，一方面方便学生父母下载留存，另一方面分享孩子成长的快乐，有利于家长树立做好教育的信心。每月底，班级进行月表彰会，表扬这一个月里表现优秀的学生，并把受表彰的同学合影发到班级微信群，既能激励各家庭用心做好家庭教育，也体现了教育公开公平。

当班级微信群的舆论有偏颇的时候，如果"群助理"先于老师发现群内状况，第一时间积极应对，并与老师联系以及时应答，"舆论危机"就能及时化解。

附：

"丑小鸭"班微信群公约

因为孩子，我们相聚在一起，"丑小鸭"班诞生了。创建班级微信群是为了促进我们的沟通与合作，给孩子们创造更优质的教育。经班级家委会讨论，形成以下班级微信群公约：

1.各科的任课老师、全班每个家庭的父母都必须实名进群，而祖辈、学生及校外辅导老师则不进群。群成员拉新成员进群必须经群主审核，未经同意，不允许拉其他人进群。

  2.本群用于老师发布教育局、学校和班级的通知，进行课程分享，推荐家教文章，为了避免重要信息被淹没，不回复，不点赞。也用于分享班级活动照片、视频，交流亲子活动，商讨班级活动方案等。学生在日常生活中发生的矛盾以及针对个人的话题，当事人私下解决，不在微信群沟通。

  3.教师杜绝发布考试分数，不点名批评；父母文明参与本群互动，不发布任何与教育无关的广告、图片、链接，不刷屏，不拉票，不拼团，不发红包。所有成员注意语言方式和措辞，坚持传播正能量，不八卦，不聊天争吵，不发涉及人身攻击和影响班级团结的内容。违者将被移出本群。

  4.一般在工作时间可以在班级微信群里发信息。一些有关学生作业的发送任务可以在晚上规定时间内发送。晚9时以后除有紧急事情，不再发信息。理解老师的延迟回复，上课期间，老师不上微信，不接电话。

  5.群内成员都有保护群友个人信息的责任和义务，禁止对外泄露本群成员个人信息，包括照片、视频等，禁止利用本群私下添加好友为微商服务。

  以上公约，希望大家共同遵守。感谢大家的理解、支持和配合！

第九章 相约"菩提湾",化解家庭教育难题

第一节 菩提湾——我们共同的心灵花园

"菩提"一词是梵文Bodhi的音译,意思是觉悟、智慧,用以指人豁然开朗,突入彻悟途径,顿悟真理,达到超凡脱俗的境界等。创建班级"菩提湾",旨在唤醒父母的觉悟与智慧,促进亲子心理健康成长,培养健全人格。

班主任应成为儿童及其父母心理健康成长的导师和伙伴。"菩提湾"是我们共同的心灵花园,主要由亲子课堂、父母读书会、班级活动和心理游戏四部分组成,围绕着"认识自己并且成为自己"的理念设计,希望通过"菩提湾"能够让每一个孩子和家长都拥有自我定位与辨识的能力,拥有独立思考与判断的能力,拥有面对冲突做出正确选择的能力,最终使得每一个孩子和家长成为一个具有完整人格的人。

一、亲子课堂——优化心理环境

我们把心育课融入道德与法治课程中,每两周开设一节亲子课堂(表9.1),主要由班主任授课,开展普适性心理健康教育,通过南通市市级课题"心理–道德教育活动与儿童发展的研究"将心理教育和道德教育相结合。课题组编写的《小学生心理教育》全套教材由南京师范大学出版社正式出版,被评为南

通市优秀校本课程,在全省范围内推广。研究成果获得了江苏省教育成果一等奖。

古希腊科学家阿基米德说:"给我一个支点,我可以撬起地球。"我们发现,在家庭教育中,往往打通了某个节点,一切都将顺理成章。因此,我们努力探寻这样的支点,基于儿童心理教育,通过亲子课堂共同探讨最优化的解决方案,破解家庭教育中的难题。每学期初公布亲子课堂的内容和时间,供父母根据自己的时间和需要选择参与。

表9.1 "亲子课堂"目录

年级	第一学期	第二学期
一年级	我爱爸爸妈妈	我的一家
二年级	不给家人添麻烦	家里来了客
三年级	孝敬父母	温暖家人
四年级	合理消费	分担家务
五年级	父母的难处	爸爸妈妈,我想对你说
六年级	懂得宽容	学会与父母沟通

以"学会与父母沟通"一课为例,老师通过组织学生分享与父母沟通的小故事、模拟与父母沟通等策略,引导儿童感悟亲情,逐步认识到与父母沟通的重要性,学会主动与父母沟通,懂得与父母沟通时注意选择时间、地点和方法,提高与家人相处的能力。以下教学片段尤为感人:

师:请同学们轻轻闭上眼睛,在脑海中想象妈妈的脸庞,用心聆听妈妈的心声。(播放班上一个孩子的妈妈写给儿子的信,用《亲爱的小孩》配乐)

第九章 相约"菩提湾",化解家庭教育难题

> 亲爱的儿子:
> 　　今天早上,妈妈跟往常一样早早起床,给你做了青菜米粥,还煮了鸡蛋,削了苹果。可你竟然一口也没吃,说想吃汉堡。我真的很生气。你知道吗?汉堡的营养远不如妈妈做的早餐。妈妈希望你好好吃饭,身体健康,所以不能只吃自己喜欢的饭菜,懂吗?当然,今天妈妈对你的态度不好,请你原谅。
> 　　儿子,是爸爸妈妈把你带到了这个世界。你能健康、快乐地成长是我们最大的幸福。
> 　　……
> 　　　　　　　　　　　　　　永远爱你的妈妈
> 　　　　　　　　　　　　　　5月22日晚

师:孩子们,其实你们的父母和天下父母都有一样的心声。让我们静静地回忆,然后拿起笔,写上你最想对爸爸妈妈说的话。(播放背景音乐《懂你》,学生在音乐声中尽情倾诉。)

师:谁愿意与大家分享你想对爸爸妈妈说的话?

生1:妈妈,每天早上,你都为我做早餐,还翻着花样,可我仍然挑剔,有时甚至一口也不吃,让你担心。我真的太不懂事了。从明天起,我一定好好吃早饭,把身体养得棒棒的,让您放心。

生2:爸爸,我知道学习很重要,可我不希望您只盯着我的学习成绩。我真的很喜欢动漫,只要一有空,很多动漫形象就会从我笔尖蹦到纸上,他们都是我最好的朋友,请你给我一些自由的时间,让我和动漫朋友相处,好吗?

生3:妈妈,谢谢你为我做的一切!我已经长大了,也希望有机会为你分担一些小家务,请你相信女儿的能力,好吗?别再包揽一切家务了,我不想成为寄生虫!

……

师：同学们，回家后把刚才写下的话交给爸爸妈妈，让他们知道做孩子的都会尊重、理解他们，让父母也了解孩子的心声。在以后的日子里，让我们与父母多一些交流，少一些隔阂；多一些沟通，少一些误会；多一些快乐，少一些烦恼。

我们知道，学会与父母沟通仅靠课堂是远远不够的。因此，我们通过班级博客和微信群分享亲子交往的幸福时刻，提升亲子感情，促进沟通热情，真切地拨动亲子心弦，弹奏出最美和弦。我们欣喜地采撷每一个音符，共同编制和谐家庭的赞歌，为孩子的成长营造最舒适的心灵环境。

二、父母读书会——提升心育能力

了解孩子心里想什么是家庭教育的原点。我们主要通过父母读书会进行普适性的集体心理辅导，为家庭提供全新的、系统科学的家庭教育心理服务方案，为孩子的心理健康成长保驾护航。我们参考了一些心理教师和心理专家的意见，为父母推荐心理健康方面的好书，这些书的共同特点是通俗易懂、实用性强，能让父母走进孩子的心里。如《童年的秘密》是意大利著名的儿童教育家玛利亚·蒙台梭利博士的著作。蒙台梭利博士发明了享誉世界的蒙台梭利儿童教育理论和方法。在书中，蒙台梭利博士详细而生动地描绘了儿童的生理和心理特征，"尊重孩子"贯穿了全文。蒙台梭利也始终在强调这一点：尊重孩子，敬畏孩子，孩子是成人之父。父母读这本书能了解孩子成长的秘密，走进孩子的心灵，掌握教育儿童的科学规律，提高教育子女的效果。再如，《孩子，把你的手给我》是美国吉诺特的作品。父母可以帮助孩子成为一个品质高洁的人，一个有着怜悯心、敢于承担责任和义务的人，一个有勇气、充满活力、正直的人。光有爱是不够的，好的父母需要技巧。这本书通篇讲述的只有一个道理：对待孩子的感受要宽容，对待孩子的行为要严格。这本书理论极少，案例极多，可

第九章 相约"菩提湾",化解家庭教育难题

以说是手把手地教父母怎么和孩子沟通,帮助家长掌握与孩子实现真正有效沟通的方法。书中分几个章节讲述了父母在不同情境下语言技巧的运用,以及对不同问题的处理方法,所涉及的问题几乎囊括了父母和孩子之间日常可能发生的全部状况,很适合父母阅读。

我们曾经带领父母阅读过《正面管教》,这本书可以协助孩子改善问题行为,使亲子教养变得容易。我们通过读一读、演一演、说一说、辩一辩的形式带着父母读完整本书,让父母从理论到实践,深入理解此书的智慧。我们分10个主题,用10次共读来品味这本书。这10个主题分别是:

(1) 开启父母的成长之旅(P2-P19)。

(2) 寻找解决问题的途径(P4-P14)。

(3) 重建亲子关系模式(P7-P22)。

(4) 理解孩子(第1, 6天)。

(5) 客观看待问题(第2, 3, 4, 5天)。

(6) 相信孩子(第7, 8, 9, 10天)。

(7) 调整父母的陪伴方式(第11, 12, 16天)。

(8) 陪伴孩子寻找目标(第13, 14, 15天)。

(9) 陪伴孩子树立信心(第17, 18天)。

(10) 让孩子在陪伴中成长(第19, 20, 21天)。

通过对本书的集体阅读,父母发现,不但亲子关系变得融洽了,自己也充满了正能量,极大地激发了父母参与读书会的热情和兴趣。

我们还向父母推荐了俞敏洪推荐给家长的100本书。每月开展一两次读书沙龙活动,以一本书为研究主题分享阅读感受,结合家庭教育实际发表观点,也提出育儿困惑,共同探讨解决策略。通过多年的父母读书会,父母的阅读量大了,阅读范围广了,家庭教育理念得以更新,家庭教育素养与能力都有所提高,亲子

关系自然也越来越和谐，家庭心理氛围越来越好。孩子在这样的家庭里生活，心灵能得到很好的滋养和舒展。同时，由于父母的家庭教育理念进步了，越来越理解学校教育和班级教育，理解老师的教育教学行为，家校之间的矛盾也越来越少，支持学校教育并乐于为之付出的父母越来越多，家校共育的力量越来越强，教育效果也越来越好。

三、班级活动——积累心理资本

心理资本有一个四维系统，包括自信、希望、乐观和坚韧。它从积极的角度引导人们去适应环境，去战胜人性中一些消极因素。心理资本不只是量上的多与强，还强调协调性，那就是做人的韧性。儿童心理资本包括：自信心、责任感、目标感、抗逆力、价值感、情绪管理、科学认知（自我、社会、自然）、兴趣（想象力、创造力）、乐观（希望、微笑、喜乐）等多个维度。家长的心理资本如何，将直接影响孩子的心理资本积累。我们通过开展丰富多彩的班级活动，为儿童的健康成长积累心理资本财富，最终帮助他们实现真正意义上的成功和幸福。

班级才是儿童真正的成长摇篮。因为班级教育相对于学校教育来说，可以照顾到每一个儿童。有些儿童如果在班级活动中没有机会展示自己，也许就永远没有机会。因此，班主任应积极创造机会，让每一个儿童在班级活动中展示自己，从而获得自信，积累心理资本。

班级每学期至少应开展一次集体活动，要求人人参与，个个有展示的舞台。可以把全班分成若干小组，也可以自由组合成展示小组，聘请一名家长担任辅导员，负责准备。我们班的亲子童话剧汇演、亲子母语节、亲子运动会等活动都是这样开展的，实现了人人登台表演，让大家全面认识每一个同学，看到每一个人的优点和长处，为每一个儿童积累心理资本。

有时甚至需要为个别学生量身定制班级活动。蔡卓琳（以下简称"琳")平时很安静,经常一个人坐在位置上,课堂上几乎不举手,请她回答问题,她的声音很小,几乎听不见,但字写得很漂亮。怎样让琳也能体验到成功的快乐从而树立自信心呢？我在班上组织书写大赛,琳得奖了,她终于笑了。我从一年级起就鼓励学生学会游泳。可直到三年级,我发现琳仍然不会游泳。于是,我跟她父母沟通。她父母接受了我的建议,三年级暑假让琳学会了游泳,并坚持每周三四次,冬天也不间断。有一次在泳池遇到她,我发现她游得很快。于是,四年级暑假,我们班开展了亲子游泳比赛,琳脱颖而出,夺得个人争霸赛女子组冠军,她非常开心,登上领奖台,脸上写满了自信。她在日记中这样写道：

游泳比赛结束了,樊老师要给我们颁奖了。当樊老师喊到我的名字时,我激动得不得了,快步走上领奖台,看着樊老师在我胸前挂上一块金光闪闪的冠军奖牌,真是惊喜交加。没想到,这一次游泳比赛的冠军竟然是我！

我告诉她："这是你一年来努力的结果。希望你持之以恒,坚持练习,争取更好的成绩。如果你学语文也这么坚持,这么努力,就一定能取得好成绩。不信就试试看,反正我相信你一定行！"

从此以后,琳自信心倍增,虽然学习成绩还不是很理想,但她已经成为最努力的学生。这次游泳比赛对于她的人生具有里程碑的意义。

四、心理游戏——释放心理压力

国际游戏治疗大师Garry Landreth曾说："鸟飞、鱼游、儿童游戏。"可见游戏发自于本能,任何文化中的儿童都会游戏,儿童通过游戏来生活和学习,所以游戏并不是浪费时间,反而对儿童的成长和潜力的挖掘非常重要。儿童在游戏中表现其身体、认知、语言、社会及情绪等的发展状态,将其独特的生命体验在游戏过程中自然地表达出来,因此儿童在游戏的时候所呈现的是一个完整的个体。游戏也是爸爸妈妈敲开儿童心门的钥匙。

在班级教育教学活动中适当引入团体心理游戏,能唤醒儿童的心理体验,丰富儿童的课余生活,使他们的心灵更加自由开放,可以有针对性地指导学生解决自我意识、学习潜能、情绪调控、沟通交往、生存意志、心灵成长等方面的困惑。

日常心理游戏有趣且有效。我们经常利用课间时间、活动课时间教学生玩一些心理小游戏。比如,下雨了、手指爬楼梯、速叠杯等都深受学生欢迎。"松鼠搬家""蜈蚣翻身"让学生初步体验到竞争与合作的压力与快乐;"多元排队""寻找归属"让学生对自己和集体之间的关系有一个切身的感受;"变形虫"游戏旨在让学生感受到人际交往中理解与认同的重要性;"找领袖"则让人体验到不同的角色要求,学会换位思考;"护蛋行动"让学生体验父母无微不至的付出,懂得坚持到最后是需要耐心和毅力的;"突出重围"则让学生感受到在面临困境的时候,坚持到底的决心和勇气是最终解决问题的重要保障。

考前心理游戏可行且实用。据大数据统计,80%的学生都产生过考试焦虑,表现为考试前肚子疼、头疼、发热,总之身体不舒服;有的孩子在考试前一夜特别怕黑,不敢独自睡觉了,吵着要父母陪伴。针对以上情况,可以教给父母两种缓解考试焦虑的小游戏,即情景演练和现实检验。所谓情景演练,就是在平时做作业的时候按考试的方式进行,反复模拟考试情景,可以让孩子按正式考试的时间进行同步演练,在与考试相同的时间内完成。邀请家里的兄弟姐妹扮演同伴一起考试,请父母扮演监考老师。多次进行情景演练后,当孩子进行正式考试时感觉就像在家里做作业一样轻松自然,也就缓解了紧张情绪。另一种是现实检验法,可以问问孩子:"要考试了,你究竟担心什么呢?"让孩子把担心的事项一条一条详细地写下来,装在一个盒子里。等考完了,再让孩子把纸条打开,看看担心的事有没有发生,弄清楚哪些是自己幻想出来的考试后果,哪些是真正的考试带来的焦虑。这种方法使用多次后也能很好地缓解孩子的考试焦虑。

沙盘游戏专业且深入。班级里有一些相对比较特殊的儿童，老师和家长对他们的教育往往感到比较棘手。我们邀请学校"莲心岛"儿童心理健康教育中心的顾向红老师利用双休日为有特殊需求的孩子开设了沙盘游戏治疗课，使他们慢慢学会与自我、他人和环境相处，努力成为自己。邀请这些孩子的父母参加团体心理辅导课，"倾听孩子的声音""爱与规则并行，陪伴孩子健康成长"等课程都深受家长欢迎。很多家长及时写下心得在"菩提湾"微信群分享。大米的妈妈写下了这样一段文字：

"大米最近的成长很顺利，当我终于放开紧紧盯着他的焦虑，他的灵魂开始能够朝着自己想要的道路去发展了，坚定而愉悦。如同一颗种子，在孕育之时，早已决定了日后的样子，无论是花还是草，总是独一无二的，自由完整的自己。我明白你会成长为自己想要的而不是我想要的样子，你完全有权利如此。因为我爱你，所以我提供陪伴、凝视、拥抱和亲吻。孩子，在陪你成长的路上，在我做妈妈的路上，感谢你不离不弃，让我重新认识自己，慢慢地成长为有能力去爱的母亲，当我成为我自己，我们，都自由。"

我们发现，这位家长深深地明白了：假如我家的孩子是一颗向日葵的种子，那我绝不强求他开出娇艳的玫瑰。

班级"菩提湾"心灵花园不仅满足了广大家长和孩子心理成长的需要，而且在行动中培训了班主任自身，提升了班主任在心理教育方面的知识和能力。校级"莲心岛"儿童心理健康教育中心和班级"菩提湾"心灵花园相互呼应，有效地从心理教育的视角优化了家庭教育，从而提升了班级教育合力。

附：
推荐给父母的25本心理教育方面的书：
《解放孩子的潜能》马丁·洛森
《打造你的孩子》玛利亚·蒙台梭利
《斯波克育儿经》本杰明
《孩子你慢慢来》龙应台
《窗边的小豆豆》黑柳彻子
《谁拿走了孩子的幸福》李跃儿
《爱和自由》孙瑞雪
《捕捉儿童敏感期》孙瑞雪
《造就小主人》帕特丽夏·H.斯普林科
《教育无痕——一位中国妈妈的教育感悟》徐光
《孩子,把你的手给我》海姆·G.吉诺特
《让孩子来敲门》伊丽莎白·潘特莉
《孩子,我应该这样爱你》巴豆
《如何说孩子才会听,怎么听孩子才肯说》阿黛尔·法伯、伊莱恩·玛兹丽施
《来吧,孩子》池莉
《倾听孩子:家庭中的心理调适》惠芙乐
《好妈妈胜过好老师》尹建莉
《妈妈的心灵课》唐纳德·W.温尼科特
《家庭会伤人》约翰·布雷萧
《孩子的宇宙》河合隼雄
《童话的心理分析》卡斯特·维雷纳
《亲爱的安德烈》龙应台
《小王子》安托万·埃克苏佩里
《正面管教》尼尔森
《童年的秘密》玛利亚·蒙台梭利

俞敏洪推荐给父母必读的100本书：

《爱的教育》亚米契斯

《教育漫话》约翰·洛克

《爱的艺术》弗洛姆

《家庭教育》陈鹤琴

《童年的秘密》蒙台梭利

《爱弥儿》卢梭

《家庭和儿童教育》马卡连柯

《儿童的人格教育》阿德勒

《名家治疗笔记：为家庭疗伤》（上、下）李维榕

《爱的五种语言》盖瑞·查普曼

《破解幸福密码》毕淑敏

《为何家会伤人：揭示家庭中的心理真相》武志红

《妞妞：一个父亲的札记》周国平

《新家庭如何塑造人》萨提亚

《100位企业家给家长的忠告》赵刚

《赵忠心谈家庭教育》赵忠心

《新父母学校》刘良华

《发现母亲》王东华

《罗恩老师的奇迹教育》罗恩·克拉克

《培养独立的孩子——生存教育在美国》黄全愈(微博)

《第56号教室的奇迹》雷夫·艾斯奎斯

《会做饭的孩子走到哪里都能活下去》安武信吾、安武千惠、安武花

《为什么孩子要上学》大江健三郎

《美德书》威廉·贝内特

《陪孩子长大》李子勋

《家庭教育基本功》冉乃彦

《谁拿走了孩子的幸福》李跃儿

《别和青春期的孩子较劲》关承华

《当孩子遇到钱:绕不开的财商》徐国静

《李中莹亲子关系全面技巧(升级版)》李中莹

《杰出青少年的七个习惯》肖恩·柯维

《习惯决定孩子一生》孙云晓

《好妈妈胜过好老师》尹建莉

《父母改变,孩子改变》张文质

《给孩子最好的家庭教育》王修文

《图画书应该这样读》彭懿

《童书非童书》黄乃毓 等

《故事知道怎么办》苏珊·佩罗

《阅读儿童文学》梅子涵

《朗读手册》吉姆·崔利斯

《幸福的种子:亲子共读图画书》松居直

《阅读的力量》克拉生

《喜阅读出好孩子》童喜喜

《好孩子的成长99%靠妈妈》张炳慧

《养育男孩》史蒂夫·比达尔夫

《养育女孩》吉塞拉·普罗伊朔夫

《育儿百科》松田道雄

《西尔斯亲密育儿百科》威廉·西尔斯

《勇于管教》詹姆士·杜布森

《正面管教》尼尔森

《父母效能训练手册》托马斯·戈登

《这样跟孩子定规矩,孩子最不会抵触》乔治·M.卡帕卡

《孩子,把你的手给我》吉诺特

《如何说孩子才会听,怎么听孩子才肯说》阿黛尔·法伯、伊

莱恩·玛兹丽施

《倾听孩子——家庭中的心理调适》惠芙乐

《如何说孩子才肯学》法伯、玛兹丽施

《如何培养孩子的社会能力》舒尔、迪吉若尼

《图解儿童逆反心理》(适合年龄段：3-9岁) 米里亚姆·恰恰姆

《小巫旅游蜜语——带孩子丈量世界》小巫

《过犹不及》亨利·克劳德、约翰·汤森德

《关注孩子的目光》佐佐木正美

《最好的教养在路上》朴善娥

《世上没有懒孩子》梅尔·莱文

《游戏力》科恩

《好妈妈坏妈妈：一个母亲的教育手记》王毅

《如何让女孩不被性伤害，如何让男孩不被性教坏》莎伦·麦克维尔

《写给孩子的哲学启蒙书》碧姬·拉贝、米歇尔·毕奇

《每个孩子都能学好规矩》安妮特·卡斯特-察恩

《奖励出好孩子》维吉尼亚·M.希勒、梅格·F.施耐德

《每个孩子都应该做的101件事》阿莱西亚

《英才是怎样造就的》王金战、隋永双

《让孩子的大脑自由》梅迪纳

《与孩子共享自然》约瑟夫·克奈尔

《让孩子自立的55种方法》中谷彰宏

《特别狠心特别爱：上海犹太母亲培养世界富豪的手记》沙拉·伊麦斯

《我教孩子学作文》肖复兴

《发现和培养孩子的才能》刘全礼

《做最好的家长——李镇西教育女儿手记》李镇西

《慢养：给孩子一个好性格》黑幼龙

《刘墉家书：少爷小姐要争气》刘墉
《斯波克育儿经》本杰明·斯波克
《下一代的竞争力——美国麻省理工学院中国总面试官的教子手记》蒋佩蓉
《24堂财富课——陈志武与女儿谈商业模式》陈志武
《他们这样养孩子》杜康
《大师教你做父母》朱永新（微博）
《亲爱的安德烈》龙应台、安德烈
《傅雷家书》傅雷
《发展心理学：儿童与青少年》（第八版）谢弗 等
《家庭教育学——教育子女的科学与艺术》赵忠心
《儿童精神哲学》刘晓东
《德兰修女传》华姿
《另一种童年的告别》张倩仪
《窗边的小豆豆》黑柳彻子
《佐贺的超级阿嬷》岛田洋七
《小王子》圣埃克絮佩里
《草房子》曹文轩
《夏洛的网》E·B.怀特
《论语》孔丘（述）
《颜氏家训》颜之推
《曾国藩家书》曾国藩

第二节 家庭教育故事征文

三人行

陈敏（陆亦辰的妈妈）

三人行的旅途多是平淡如水，但也有矛盾和温馨。在矛盾中前行，以点滴温馨相伴，可终究老了母亲，大了孩儿。

祖孙矛盾

晚上刚进门，就听见母亲的抱怨："看看你儿子的宝贝，一拳头的垃圾，问问他是怎么得来的？"

我朝桌上看去，是一些亮闪闪的碎片和吸铁珠。

儿子低着头，看我没作声，小声嘀咕道："这些玩具是我帮小朋友捶背得来的，有什么错吗？"

母亲一听更生气了："给别人捶背，你就变成佣人了。低人一等！"母亲故意把最后四个字狠狠地提高了音调。

"这是我劳动得来的，而且没有花钱，何况劳动是光荣的！"儿子声音不大，但丝毫没有示弱的意思。

他们两个人都看着我，一时间家里寂然一片，似乎在等待着重要案件的判决。

我一下子觉得压力很大，借口说饿了，吃完饭再说。

其实我心里早有答案，儿子没有错，一向好胜的母亲用成年人的复杂观念看待孩子间的纯真游戏。但我不能当着儿子的面反驳母亲，她是个好面子的人。

吃完饭，做完作业，我和儿子散步时，儿子对这件事耿耿于怀。我拉着他的手，看着他困惑的眼睛告诉他："你没有错，劳动没有贵贱之分。只是小朋友生龙活虎的，不需要捶背；只有年纪大的老人和干重活后很累的人，为了缓解劳累才需要。奶奶每天接送你很累的，你觉得应该怎么做？"儿子眨了眨黑豆似的眼睛，然后低下了头，没有说话。我会意地笑了笑，也许他需要时间来接纳我的意见。

散完步回来，母亲已经躺床上了，我也累了一天，正准备睡觉。母亲让我削个苹果，我说，天冷，不想吃。儿子不知何时，拿出一把水果刀，大声说："奶奶，我削给您吃，等着。"母亲愣了一下，儿子继续说道："奶奶，你每天要接送我，还要做家务，以后我给你捶背，好不好？"母亲哈哈大笑："真是我的好孙子！"

看着儿子用牙签把苹果块塞进母亲笑得快合不起来的嘴巴，我想母亲心里的气该消了吧。

母女矛盾

冬天的早上格外冷，我五点半就要爬起来到正余上早读课。每次我都想要懒一会儿床。母亲每每早起，敲我房间的门喊我起来。在她心里，上班是绝对不能迟到的。我和她说了很多次，让她别敲门，会吵醒孩子的。

那个早晨，我早就醒了，只是还躺在床上。母亲又来敲门了，还问我今早喝粥还是吃汤圆。尽管声音很小，儿子还是醒了，我那无名火一下子就上来了："让你别敲门，别说话，你怎么就不听呢！"母亲没有作声，我更生气了："以后别喊我，早饭我不要吃了。昨晚儿子睡得晚，现在5点多就醒了，白天学习能不打折扣吗？"

母亲走出房间，低声说："早上吃好点，吃热乎点，你1个多小时的路程才不会冷。"我得理不饶人："我吃不吃无所谓！明天开始，你别给我做早饭了。"这下轮到母亲发威了："那我回乡下了，你要吃到苦头才懂事。天天不吃早饭，你就等着感冒，等着胃疼吧！"边说边整理她的衣服，一副火速离开我家的架势。我也是遗传了母

第九章 相约"菩提湾",化解家庭教育难题

亲的极爱面子,在这紧要关头毫不服软,拎起包就出门去上班了。

走出家门,我心里特别忐忑:母亲生气回乡下,儿子谁接送?那天,我一整日都魂不守舍,母亲向来是说话算数的。晚上回家,开门的是母亲,心一下子落了地。晚上的菜,都是我爱吃的,心里不禁感慨:"妈妈真好!"晚上躺床上的时候,儿子告诉我:"奶奶每天4点就起来做早饭了,到五点半再起一次床帮你烧热水,之后灌个热水袋给我,在你洗脸的时候帮你盛好饭,拿好筷子!你呀,才是饭来张口衣来伸手!以后,和奶奶说话声音小点,知道不!"儿子的一番话,让我内心满是惊讶,原来他全都懂,只是不曾说。我有时竟然还不如孩子,又羞愧又后悔,但碍于面子,还是不肯道歉。

第二天早晨起床,热水没有,锅也是空的,啥都没有。我只得自己烧水,又来不及吃早饭,饿着肚子,上班也不得不比平时晚了至少15分钟。

第三天早晨,我早起了15分钟,因为自己要烧水做饭呀。可是一起来,水烧好了,桌上的早饭也很丰盛:南瓜粥、蛋饼、白木耳汤。人一旦有了比较,才知好歹,这话一点也不错。那天,我吃得格外多,也格外香甜。

后来和同事聊起这件事,她很是羡慕。她说我家就像生物链,我妈爱我,我爱我儿子,如果我再爱我妈一点,就完美了。同事说得很委婉。是呀,母亲本在该享福之年,打打小牌,种种花草,现在毫无怨言地给我分担起了家庭重任,而我却满腹牢骚!我最该爱的是那个一直默默为我遮风挡雨的母亲呀!

想起龙应台的一句话:所谓父女母子一场,只不过意味着,你和他的缘分就是今生今世不断地在目送他的背影渐行渐远。新的一年到来了,我要许个愿:母亲慢点变老,儿子快点长大,幸福的三人行才能走得很远很远。

儿子，你也是妈妈的小棉袄

朱丽花（陈思睿的妈妈）

小儿陈思睿，三年级学生，有点小好动，做事大大咧咧，啥事都不放在心上。从幼儿园起，我就为他一直没少操过心。我深深知道，教育的"教"字左为"孝"字，所有的教育孝为先。只有懂得感恩的人，才可能会是优秀的人。所以平时的家庭生活中，我也一直教育他，要以家里长辈为先，要学会感恩，要懂得分享。

而今年，我发现他一夕之间长大了！

十一月初，我意外地被检查出怀孕了。于我，这份礼物弥足珍贵。但我和孩子爸爸高兴之余，也顾虑重重。虽然陈思睿曾经表达过想要一个小弟弟的心愿，但一想到报纸、电视上那些耸人听闻的因为生二胎而导致孩子离家出走、自杀的报道，我们还是打算把这个消息第一时间告诉陈思睿。

当晚，陈思睿如往常一样，洗漱完毕后坐在被窝里看书。我和先生来到他身边，切入了正题："陈思睿，爸爸妈妈有一个好消息想告诉你。"一听是好消息，陈思睿立马来了精神："什么好消息？"

我拉过他的手："妈妈肚子里有小宝宝了，你要……"还没等我说完，陈思睿已经把手伸到我的肚子上，一边轻轻抚摸，一边说："妈妈，小弟弟现在多大了？他什么时候出来呢？"先生接过话茬："陈思睿，你要当哥哥了，高兴吗？""那还用说。将来，我要教他画画、写字。我还要带他吃好吃的，玩好玩的。"陈思睿满脸憧憬。过了一会儿，他又像个大人一样一本正经地说："妈妈，你以后可要多吃点，不能挑食。你吃得多，小弟弟才能长得好。你还要多休息，不要再盯我做作业了，我自己可以管好自己。"

陈思睿会如此强烈地盼望一个新成员，这出乎我们的意料，而此后的许多事更是超乎我们的想象。他"奔走相告"，积极地

第九章 相约"菩提湾",化解家庭教育难题

把消息公布至他认识的所有人,连课外老师也不落下;每顿饭,必定给我夹菜,还自带叮嘱功能;放学回家,立马做作业……几乎是一夜之间,陈思睿变得懂事了。我忽然觉得,一个新生命的到来,于我们整个家庭是一次新的改变。而之后的一件事,也让我对陈思睿有了一个新的认识。

先生为了给我补充营养,买来了孕妇奶粉。我呢,平时就不爱喝,加上孕期反应,当然没有主动冲泡。先生只好每天冲好了,盯着我喝下去。一天清早,先生要出差,临走时再三叮嘱我要喝奶粉。我嘴上答应,行动上可没落实。当天晚上,看看时间差不多了,正准备关灯睡觉。陈思睿一脸严肃地冲进来:"妈妈,你奶粉还没喝呢!"我心里咯噔一下,在我的眼中,他是个十足的马大哈,什么事都不往心里去。在学校,铅笔盒忘带了好几回,新闻主播轮上自己也浑然不知;在家里,自己忘记吃药更是常事。我压根没想到这个事他倒记得很牢,见我愣在哪儿,他又开启小大人模式:"妈妈,这奶粉是给小弟弟喝的。爸爸说,这奶粉里有很多微量元素,能促进宝宝各方面的发育。你不希望小宝宝又健康又聪明吗?"我笑了,一股温暖也在心里慢慢漾开……

以后的日子里,陈思睿的自我日程安排便自觉又多了一条:监督我喝奶粉。你还别说,他真是做得有模有样,每天临睡前,见我还没动静,他就会催促我,两只小眼睛更是盯着我,直到我当着他的面把一杯牛奶全喝光,这才乖乖钻进被窝睡觉。

用陈思睿的话说:保护好弟弟是哥哥的责任,一定要尽全力做好。

然而,老天还是和我们开了一个玩笑,当我们一家人沉浸在等待的喜悦中时,B超显示我肚子里的孩子停止了发育,没有了生命。医生开出了住院单,要我立即住院准备手术。我一下子失了方寸,一路流着泪回了家。伤感的气氛笼罩了整个屋子。陈思睿推开房门,坐到我身边,小心翼翼地问:"妈妈,你怎么啦?"我怎

么告诉他呢,他是如此企盼着这个孩子的到来。我未语泪先流,不知道如何开口,如何和小小的他来进行解释。陈思睿好像也预感到了什么,试探性地问:"是不是小弟弟身体不好啊?"被他这么一说,我再也抑制不住情绪放声大哭起来。先生一边安慰我,一边告诉陈思睿:"小宝宝停止了生长,就像花儿一样枯萎了。他还没准备好做我们的家人……"我以为他会如我这般难过、哭泣。可是,呆愣片刻后,他平静地说:"妈妈,事情都已经发生了,哭是不能解决问题的。再说,你动完手术,养好身体,还可以再生弟弟的,对不对?"陈思睿的几句话如一股暖流抚慰了我,我第一次感受到儿子身上的改变,而这样的改变不正是我所期待的吗?

如果说,之前陈思睿种种的调皮捣蛋给我泼了许多盆冷水,那这段时间对我的关心、体贴正如一件贴身小棉袄一样暖心。

分享孩子的快乐
潘如柏,陆慧(陆潘妮的爸爸妈妈)

常言道:一份痛苦,别人分担了就减少一半的痛苦;一份快乐,别人分享了就多一份快乐。对孩子而言亦是如此。孩子有了欢乐,也希望与人分享,尤其是她的爸爸妈妈。所以,当孩子兴致勃勃地把自己认为高兴的事情告诉我们的时候,我们千万不要流露出麻木或者不以为然的表情沉默待之,那样会残忍地削弱孩子的快乐体验。

我想起了假期里发生在我和女儿小妮之间的一件小事。

三年级上学期,老师建议孩子们学习踢毽子、跳绳等体育活动。小妮每天都能坚持练习。一天傍晚我下班回家,刚停妥车,小妮就趴在六楼阳台兴奋而急切地喊着:"妈妈,妈妈……"待

第九章 相约"菩提湾",化解家庭教育难题

我来到门口,小妮迫不及待地给我开了门,抱着我说:"妈妈,妈妈,我有一个好消息要告诉你,你猜猜是什么?"也不知道是怎样的好消息,竟等不得我把包放下就要让我猜。

我想是什么好消息让孩子高兴成这样呢?"攻克奥数难题了?今天的作业全部做完了?书桌整理完了?跟爷爷去逛超市了……"我说一个被小妮否定一个,她一遍遍摇头:"不对不对,都不对,妈妈,我告诉你,我踢毽子能踢七个了!"

"什么?!"

小妮脸上洋溢着无比的快乐,眼睛笑成一条缝,拉着我的手再次喊道:"我踢毽子能踢七个了!"

我暗笑:这就是丫头所谓的好消息呀?但我的脸上瞬间还是漾出了惊喜的神情,和小妮一样如获至宝般的惊喜:"真的?你太棒了!祝贺你!"我向小妮竖起了大拇指,孩子顺着我的胳膊依偎过来,我顺势给了她一个大大的拥抱,拍拍她的后背,把我对她取得如此"伟大的胜利"的赞赏都通过这一个拥抱传递给她。

小妮兴高采烈地说,她在学校时一般只能踢到三个,偶尔能踢到四个,练习很久了,也从未超过五个,没想到今天竟然踢了七个。在学校经常踢不过黄婧楠的,这下我可以和她比赛了。

细想一下,在我们成人眼里,这简直就是无关紧要的小事,根本不值得如此"大肆宣扬"。可在一个十岁孩子的眼里,这就是一个巨大的成功,是在她坚持努力的基础上取得的成功,是一个值得她高兴和庆祝的伟大胜利。如果我当时对此不当回事,甚至训斥小妮疯疯癫癫,一惊一乍,小题大做,必将打击她那高涨的激情,削减她对快乐的体验,也不利于她自信心的建立。

其实孩子获得快乐的过程很简单。"我今天作业得了优""我用积木搭了一座城堡""我种的吊兰长大了""我今天帮助某某某了"……很多时候,这些在大人眼里一点都不起眼的小事,在孩子眼里就是天大的喜事。这时我们要和孩子一起表现出喜

悦之情,给予孩子鼓励和赞扬。在孩子眼中,这世界是如此新颖、神奇,她们充满了发现的欲望和喜悦。和孩子在一起,我们要不断擦亮日渐浑浊的眼睛,激活我们日益倦怠的灵魂。

孩子最大的开心不是遇到了开心的事情,而是在她开心的时候有人回应她,那么她的开心就能得到延续。当孩子因为自己的进步而开心的时候,父母若能和她一起分享这种快乐,那么孩子就会因为感受到我们的这种快乐而受到更大的激励,从而激发她更大的前进动力。

"掌声"这一课教会了孩子:人人都需要掌声,尤其是当一个人身处困境的时候,要用掌声来给予她关心和鼓励。而"我能踢七个了"这件事让我领悟到了:分享孩子取得成功后的快乐就是对孩子的一种肯定和爱。对于孩子的快乐,如果我们不能及时分享,那么我们的麻木和沉默或许就会变成对孩子的"惩罚"。我们要学会分享孩子的快乐,让每一个孩子健康、快乐地成长。

第三节 家长随笔

盛放在儿子心中的花
陈敏(陆亦辰的妈妈)

有时,我挺嫉妒你的,你总是那么容易就走进我儿子的内心世界,而我似乎始终在他的心外徘徊。

这次去启东看海,他在座位上坐立不安,心神不定。问他,他说:"怎么没有见到樊老师?"后来,我安慰他说:"樊老师可能昨晚就去了,这时在沙滩上等我们吧!"听了这话,他这才安静下来。下车后,他又东张西望找你。同学告诉他樊老师临时有事,不

第九章 相约"菩提湾",化解家庭教育难题

来了。他一下子失望地拉着我的手说:"这么美的海边,樊老师不来,玩都没有意思了。"他好像不是来看海的,倒像是专门来和你"约会"的。

到底是怎样的你,让他如此牵肠挂肚?

夜深人静的时候,儿子和我说:"妈妈,今天樊老师带我们到校园里赏桂花了。""那你看到了什么呢?"我很好奇。"樊老师轻轻一摇桂花树,便下起了桂花雨。我们在树下捡黄灿灿的桂花,回到教室后,我的手心里就有一股浓浓的桂花香。来,你闻闻吧,现在还香着呢!"说着,就把胖乎乎的小手伸了过来。手上明明是满满的肥皂味,看着他满心的欢喜,我不愿意扫兴:"嗯,桂花真香!"

后来我回想,是呀,怎能不香呢!香气袭人的桂花,活泼伶俐的孩童,始终拥有一颗童心的你,单想想这幅画面就让我欣羡万分。后来,在儿子的写话本上,作文《桂花》得了"优"。想想以前,儿子写话,每每都是我说句子,他写下来,我们都痛苦万分。这次的赏花,让他一举两得,既赏了花,又在愉悦的心情下写好了话。

"妈妈,樊老师带花生来了,是她从地里新挖出来的。我们大家都吃到了,蛮香的。"

"妈妈,傍晚的时候,樊老师带我们去捡白果了。她说煮熟了才能吃,吃起来苦苦的,营养却很丰富。"

"妈妈,樊老师下课时教我们跳皮筋了。我第一次玩这个游戏,可好玩了。樊老师跳得太棒了!"

……

于是,这学期的写话,我就这样被解放了,儿子喜欢你,我也不由自主地喜欢上了你的潜移默化。

让我觉得庆幸的是,你周三的晚上从不布置作业,无意间把孩子美好的童年时光延长了。这样的夜晚,我会带着儿子去小区

散步，听儿子絮叨学校里发生的事情：小霸王似的同桌如何欺负他；谁的妈妈来班里讲课了，还发了礼物；他特别想参加学校足球队，可今天没有被选上……这样的晚上，儿子学会了买东西，学会了讨价还价，学会了货比三家；这样的夜晚，是我和儿子心与心沟通的大好时机，这样的经历，比做作业更有意义。而这些，都是你给予的。

好吧，不再嫉妒你了。你——樊健，犹如一朵盛开的花，就这样悄然绽放在儿子的心房，你的芳香也晕染了我的心。

第十章 师之言

第一节 写给家长

家长言行的影响力不容小觑

有一则公益广告：母亲正在给老人洗脚，儿子看见了，也端来一盆水让母亲洗脚。画面温馨感人，这正是言传身教的力量。的确，对孩子来说最好的教育就是父母的言传身教。家庭是孩子成长的摇篮，品格、行为习惯和教养的教育主要在家庭完成。父母是孩子的第一任老师，是终身的老师，也是最亲近、最有影响力的老师。在日常生活中，孩子信赖、尊敬父母，父母的一言一行甚至是一个不经意的神情都会对孩子的成长产生极为深远的影响。

"其身正，不令而行；其身不正，虽令不从。"（《论语·子路篇》）父母自身言行端正，做出表率时，不用下命令，孩子也会跟着行动起来；相反，如果父母自身做不到，而要求孩子做到，那么，纵然三令五申，孩子也不会服从的。

狼孩的故事家喻户晓。保姆带大的孩子其言行往往极像保姆。现实生活中，这样的事例举不胜举。父母在谈论政治，孩子可能今后会对政治感兴趣；父母喜欢看球赛，孩子就会对球赛感兴趣；父母在抱怨，孩子可能就有了抱怨的情绪。

父母应该身先士卒。家长就像一面镜子，孩子就是你的影子。希望孩子怎么做，家长应该先做给孩子看，喊破嗓子不如做出样子。想让孩子多看书,家长首先要养成良好的阅读习惯;想让孩子多运动,家长就应该坚持天天锻炼身体;想让孩子认真学习,家长就应该格外敬业……这样,孩子会不断地从家长的言行举止中受到启发和感染,自觉效仿,长此以往,潜移默化,形成习惯。当孩子犯错误时,家长处理得好,也能成为孩子的榜样。有一位父亲看到坐在后座的孩子将酸奶盒随手扔出窗外,就立即下车将酸奶盒捡起,放回了车内,并对孩子的行为进行了教育。这样的教育是最有说服力的,也是最有效的。因此,家长要处处以身作则,为孩子树立榜样。真正的爱就是跟孩子生活在一起,充分地陪伴他,给他做示范,充分地满足他成长中的教育需求。

父母应该严格自律。"染于苍则苍,染于黄则黄。"(中国谚语)有了孩子,生活跟未婚的、没有孩子之前的是完全不一样的,需要重新规划,需要克制、改善、调整,个人的应酬、阅读、运动的时间都要调整。父母和孩子在一起生活,父母严以律己,孩子也会严格要求自己。所以,家长要随时检点自己的言行,不该说的话不说,不该做的事不做,言行要一致,不能说的和做的不一样,否则孩子会茫然,不知该如何做。很多父母以为孩子小,听不懂大人的话,就信口开河,所言无忌。实际上父母说的话即使孩子现在不懂,也会成为他大脑里的重要组成部分。父母下班回到家,适当地休闲放松,打游戏,看电视,无可厚非。但是要想让孩子成长得更好一些,就必须克制自己的行为。有的家长为了让孩子不影响自己工作或娱乐,就早早地让孩子看电视、玩手机,从而使得孩子对户外活动,以及其他的交往没有兴趣。在孩子做作业的时候,家长就应该关掉电视,放下手机,捧起书,让孩子感受亲子共同学习的温暖。当孩子锻炼身体的时候,家长应该尽量推掉饭局牌局,陪孩子一起锻炼,也可以做做家务。如果家长经常守着电视,捧着手机,整天游玩,孩子怎么能安心阅读、积极锻炼身体呢?有一位父亲是著名的企业家,工作忙,应酬多,爱喝酒,跟自己的孩子相处的时间很少。这个父亲接受了孩子班主任的建议，5年里和孩子一起读了184本书。他说一开始没感觉，读了一个月之后，发现阅读比喝酒有意思得多，就开始主动拒绝应酬，跟孩子一起读书。他说："这5年里，孩子上了小学，我上了大学。"后来他跟孩子在一起无话不谈，而媒介就是书。父母能否严格自律决定了孩子的自律程度。

　　父母应该痛改陋习。正人先正己，育人先正身。想改变孩子从改变自己开始，从改变自己的陋习开始。有的家长满口脏话，甚至对孩子实施语言暴力，"笨蛋""猪，只会吃""生了你这个孩子真是丢人现眼""你去死吧"，这些父母往往意识不到自己随口说出的话会像刀子一样深深扎进孩子的心里，伤害孩子的自尊心。生活在这样的语言环境中，孩子怎么会讲文明懂礼貌呢？有的家长吸烟成瘾，不听家人的戒烟劝告，却要求孩子承认错误、知错就改；有的家长酒驾，却要求孩子遵守规则；有的家长通宵达旦地娱乐，却要求孩子好好读书……这是无论如何都做不到的。而有一位父亲，为了帮助女儿改正缺点，毫不犹豫地戒了20多年的烟瘾，为女儿树立知错就改的榜样，取得了良好的教育效果。父母只有告别陋习，身体力行，孩子才能耳闻目染，自觉改正错误和缺点，积极向上。

　　孩子在父母的关怀和抚爱中逐渐认识世界，在父母的言行中潜移默化地接受人格的陶冶。父母对孩子的影响不仅是经常的，而且是十分深刻的。从一个人接受教育的过程来看，家庭教育是一个人接受最早、时间最长、影响最深的教育。家庭生活里的每个细节，其实都不是小节，都具有教育意义。再好的名校都比不上父母对孩子的言传身教。父母的一举一动、一言一行，都会潜移默化地印在孩子的脑海里，影响孩子未来路上的关键选择，最终影响他们的命运。想要孩子成为有什么素养的人，父母首先就得成为有什么素养的人。为了孩子的健康成长，让我们从现在开始，从改变自己开始，从一点一滴做起，严格自律，痛改陋习，发奋努力，成为孩子最好的榜样。

教会孩子管理自己的情绪

动画片《大耳朵图图》中有这样一个片段：图图正在看电视，妈妈叫图图去吃饭。图图不肯，妈妈关了电视机。图图生气了，发火了，大吵大闹。

这样的情景在日常生活中经常发生。这说明孩子的情绪控制出了问题，家长必须引起重视。家庭是孩子学习情绪管理能力最重要的场所，父母是孩子最重要的情绪教练。美国华盛顿大学心理学教授约翰·高特曼的追踪调查表明，父母扮演情绪教练，其子女比较有能力处理自己的情绪，挫折忍受度高，社交能力和学业表现也比较杰出。因此，父母一定要教会孩子管理好自己的情绪。

不正确的做法通常有：

1.妥协

"别吵了，等你看完电视再吃饭。"妈妈随后打开电视机。

妥协会让孩子觉得自己只要吵闹就能达成目的，下次还会这样做。

2.否定

"真没出息！就知道看电视，饭也不吃了？就是不许再看了。"

否定孩子看电视的行为会让孩子误认为看电视是不好的事。

3.施压

"不许哭！给你1分钟，再哭，把你关进卫生间！"

用关禁闭等方法给孩子施压，也许会让孩子暂时收敛情绪，但情绪没有得到真正的释放和调控，长此以往，孩子会产生抑郁情绪。这样的恐吓和威胁不但会扼杀孩子的自尊心,使孩子缺乏安全感,甚至会引发孩子采取自我破坏或攻击行为进行报复。

4.说教

"你怎么这样不懂事?看电视伤害视力,不吃饭伤身体,跟你说过多少遍了还是不听话!"

孩子有情绪的时候,无论讲什么道理都听不进去。所以此时不需要讲道理。

5.抛弃

"走开!不理你!吵死了!"

如果家长用冷漠的态度对待孩子的情绪,就会让孩子觉得家长不爱自己了,会失落,缺乏安全感。

6.贿赂

"别吵了,带你去吃肯德基。"

用贿赂、哄劝的方式息事宁人是暂时的,其实并没有对孩子起到情绪教育的作用,反而让孩子学会了"情绪勒索"。

那么家长应该怎么做呢?

首先,要让孩子正确认识情绪。让孩子明白有情绪是正常的,每个人都有情绪。情绪没有好坏之分,只要及时调整,也会很快雨过天晴。遇到同一件事情,不同的人会产生不一样的情绪。当孩子的情绪来临时,父母应用同理心和倾听的技巧理解、接纳孩子的情绪。上述案例中,妈妈应该拥抱图图,对他说:"宝贝生气了?妈妈理解你,电视真的很好看,舍不得关掉。"这样做,图图知道妈妈愿意理解他的感受,就会慢慢将心情平静下来,妈妈接下来说的话,图图就容易听得进去。不过,同理孩子的情绪并不代表同意孩子的行为,更不是放任孩子把情绪表现当成工具,对父母予取予求。家长要让孩子明白:所有的感觉都是可以被接纳的,但是不当的行为必须被规范。

其次,要鼓励孩子把情绪表达出来。告诉孩子,不开心的时候可以生气；愤怒的时候可以大吼；伤心难过的时候可以大声哭……释放自己的情绪。也可以用绘画、唱歌、写日记的方式表达情绪。还可以引导他们将心理的所思所想及时向家长、老师或好朋友倾诉出来，可以当面谈心，也可以通过书信、短信表达，让情绪通过语言流淌出来。父母要像一面情绪的镜子，运用语言反映孩子的真实感受，协助孩子觉察、认清、表达自己的情绪。上述案例中，图图的妈妈可以引导图图把生气的原因说出来。比如，"看你吵闹声这么大，一定很生气，对不对？"回应孩子的感受，可以让孩子明了自己的感觉。之后，继续用开放性的提问方式，例如："图图为什么这么生气呀？你是怎么想的？"引导孩子正确表达情绪，厘清情绪背后的原因。只有找到引发情绪的真正原因，掌握孩子的心理需求，才能对症下药。

再次，要教给孩子管理情绪的方法。一般可以通过以下方法调控情绪：

换一个角度想一想。可以给孩子看这样一幅照片：正着看是一个老头儿，而倒过来看却是一个美丽的少女。告诉孩子，当我们换一个角度想的时候，往往能消除不良情绪，获得新的情绪体验。所以，遇到事情要换一个角度想一想，转弯便是新路。图图妈妈可以引导孩子这样想：可以吃热气腾腾的、可口的饭菜了，真好！电视可以等一会儿再看。

合理宣泄。当孩子遇到烦心事感到委屈、苦闷、无助的时候，鼓励他选择喜欢的方式宣泄出来，如到旷野大喊，把烦恼通过声音发送出去；去做自己喜欢的运动，出去踢一场球，或者跑步半小时，也可以游泳1小时，把烦恼变成汗水蒸发掉；把不开心的事写在纸上扔掉……

转移注意力。告诉孩子，遇到烦恼时可以转移注意力，看书、看电影、听音乐都是不错的选择。总之，做自己喜欢的事，转移自己的注意力，能化解不良情绪。

延迟行动。特别愤怒的时候提醒自己冷静,紧握拳头,塞进裤袋里,进行三次深呼吸,在心里默默地数数,数到十,然后再优选处理方法。

睡眠疗愈。伤心难过时安静地睡一觉,一觉醒来,安静平和,神清气爽,也许不开心的事就烟消云散了。

最后,建议父母和孩子一起阅读关于情绪的书。研究发现,能够表达自我感受的孩子一般不会把情绪反映在行为上,也不容易把情绪转化成生理反应。新罕布什尔大学教授约翰·梅耶建议,借由亲子共读,让孩子积累丰富多元的"情绪语汇",帮助孩子标示不同情绪状态,学习用适切的语言描述自己的感受。故事是现实世界的缩影,孩子能从故事中辨识不同情绪,了解人们如何处理愤怒、恐惧、快乐及忧伤等不同情绪,习得调控情绪的方法。如《一生气就大吼大叫的妈妈》《菲菲生气了》《我的情绪绘本》等,这些绘本通过一个又一个生动形象的故事,把不可见的情绪实体化、可感化,用另一种温和的方式教会孩子面对种种情绪,健康快乐地成长。故事中主人公的情绪变化过程描写得十分生动,能触动孩子的心弦,从而指导孩子学会调控自己的情绪。和孩子一起看有关情绪的电影也能让孩子从中受到启发。如《愤怒的小鸟》讲述了小鸟们团结合作,善用情绪,打败了贪婪的绿猪。这部影片传递了一种调节情绪的能力。

每个孩子都有情绪,都有开心快乐的时候,也都有伤心、生气的时候。喜、怒、忧、思、悲、恐、惊是常见的七种情绪。"情绪管理"即是以最恰当的方式来表达情绪。亚里士多德说:"任何人都会生气,这没什么难的,但要能适时适所,以适当方式对适当的对象恰如其分地生气,可就难上加难了。"家长要教会孩子接受情绪、表达情绪、管理情绪。否则,长久的压抑会影响孩子的生活,甚至会使孩子心理扭曲,严重影响孩子的身心健康。

附：
《恐龙来了》（共6册）
《儿童情绪管理与性格培养》（第11辑）
《儿童情绪管理与性格培养》（第2辑）
《妈妈，我真的很生气》
《乌云之上有晴空》

让孩子有一颗感恩的心

感恩的力量是无穷的。感恩让我们拥有真正的幸福和发自内心的快乐。美国加利福尼亚大学心理学教授罗伯特·埃蒙斯博士写过一本书《感恩：成功花朵的快乐种子》，他在一项研究中得出结论：那些在生活中有规律地培养自己感恩之心的人和对照组人员相比，其幸福度和满意度要提高25%。从小让孩子学会感恩，是送给孩子的宝贵精神财富，能让他拥有温暖而有力量的一生。

古人云：滴水之恩当涌泉相报。可是现实生活中，很多孩子却不懂得感恩。

现象一：家里有好吃的东西，孩子总是第一个吃，甚至独占，想不到先让父母长辈吃，或者和家人分享。

现象二：一个孩子因为一点小事和父母闹别扭，甚至离家出走，令父母寝食难安。

现象三：某学生经常不能按时完成作业，老师发现他学习有困难，就在放学后把他留下来教他，让他完成作业后再回家。这个学生就在背后谩骂老师。

以上现象表明，这些孩子缺乏感恩之心。他们看不到父母的付出，不理解老师的良苦用心，习惯于得到，把别人对他们的好当成理所当然。这样的孩子给人的感觉是自私、无礼、不受欢迎。

一个人的感恩行为不是与生俱来的,而是一种习惯,需要父母有意识地培养并不断强化。怎样让孩子有一颗感恩的心呢?

做给孩子看

我曾经看到过这样一幕:坐公交车的时候,一位老奶奶上车了,有位年轻人给她让座,她欣然接受,然后让已经是小学生的孙子坐下,自己摇摇晃晃站在旁边。孙子没有谦让,也没有感谢奶奶或者让座的小伙子,他觉得理所当然。他奶奶看起来也觉得理所当然。她的眼里只有孙子,她用实际行动教育了孙子:你最重要,最珍贵。如此,怎么能让孩子有一颗感恩之心呢?

教孩子学会感恩,父母是最好的老师。父母之间要经常当着孩子们的面互相致谢,并说明原因。比如:"谢谢老婆给我们做了这么丰盛的晚餐!你辛苦了!""谢谢老公陪我和孩子旅游,还给我们拍了这么多照片。""谢谢"二字能为孩子播下感恩的种子,让他从小就意识到对于别人的帮助要表示感激。父母对孩子也要表达感恩,让孩子体验到被感谢的美好心情。父母可以有意识地请孩子做事,比如:端饭碗、拿拖鞋、取水果等,然后真诚地对孩子说:"谢谢宝贝!有你真好!"家里可以布置一块感恩墙,父母可以记录在工作或生活中遇到的需要感恩的人;让孩子记录在学习和生活中遇到的需要感恩的人。比如,今天跑步摔了一跤,谢谢同桌把我扶到医务室;谢谢爸爸陪我游泳;谢谢老师指出我的错误……将彩色便笺纸写的感恩信贴在这里,营造温馨的家庭生活氛围,让孩子从日常生活中的小事学会感恩。祖孙三代同居的家庭,父母的言行举止都应该孝顺长辈,无微不至,温暖贴心。比如,陪老人散步,给老人读报,给老人定制菜肴等;不住在一起的家庭,父母应该经常带着孩子去看望爷爷奶奶,带上他们喜欢吃的美食,带上他们需要的服饰及生活用品等。让孩子看见家长对父母的感恩表达,能起到很好的引领示范作用。如果有人帮了自家一个小忙，就一定要领着孩子登门道谢，让孩子懂得：对别人给予自家的帮助、情谊和恩惠，要懂得感恩，并选择合适的方式表达出来。在这样的家庭氛围中，孩子耳闻目染，潜移默化，感恩之心油然而生，并主动外化于日常生活中。

说给孩子听

教孩子学会感恩，生活是最好的教材。走在大自然的怀抱里，告诉孩子水、风、水果、粮食等都是大自然的恩赐，让孩子对大自然心存感恩；走在洁净的公园里，把清洁工人无论严寒酷暑、天不亮就推着清洁车扫地的事例讲给孩子听，让孩子对清洁工人心存感激；坐在餐桌前，给孩子讲农民"锄禾日当午，汗滴禾下土"的辛苦劳作，如果能结合自身或祖辈的种田经历讲就更真切，让孩子对农民心存感激；当孩子在学习方面、道德方面有进步时，引导孩子感谢老师的谆谆教诲，感谢同学的帮助；带孩子到自己工作的地方，让他们亲身体验父母工作的艰辛，和孩子谈论工作中的烦恼和困惑，让孩子感受到挣钱的不易，从而对父母心存感恩；当孩子和爷爷奶奶外公外婆在一起时，告诉孩子没有爷爷奶奶外公外婆就没有爸爸妈妈，是他们含辛茹苦抚养爸爸妈妈长大成人，让孩子对祖辈心存感恩……生活中，处处留心他人的付出，时时心怀感恩，孩子就会感受到生活的幸福，也会心生感恩之情，乐于为他人付出。

给孩子感恩的机会

教孩子学会感恩，家里有最好的机会。生活中经常出现这样的情景：孩子给妈妈一个苹果，妈妈说，妈妈不吃，宝贝吃吧！长此以往，孩子会以为妈妈不喜欢吃苹果，以后就再也不会给妈妈吃苹果了。当孩子的感恩行为得不到认可，就会萎缩甚至消失。

因此，我们应该给孩子机会，甚至创造机会让孩子表达感恩之情。唯有如此，日复一日，年复一年，孩子才会在不断的行动中学会感恩。节日是感恩教育的好时机。逢年过节，家长可以让孩子给爷爷奶奶外公外婆等长辈精心准备礼物；在父亲节和母亲节，指导孩子给爸爸妈妈做一张贺卡，写几句真诚感谢的话语；教师节来临时，鼓励孩子改掉一个小缺点，以感恩老师的辛勤付出……家庭生活中有些特殊的日子也是感恩教育的契机。每逢父母的生日，如妈妈生日，爸爸应启发孩子给妈妈赠送生日礼物；每逢孩子的生日，也应启发孩子给父母赠送礼物，也可以引导孩子写一封信感谢父母的养育之恩。双休日、寒暑假，不妨让孩子承包一项合适的小家务，如洗碗、拖地、倒垃圾等，让他用实际行动表达对父母的感恩之情。很多孩子喜欢做家务，如浇花、择菜、洗碗等，有时候会"越帮越忙"，这时父母千万不能剥夺孩子做事的机会，让孩子通过做力所能及的事了解父母的辛苦，学会关爱家人，感恩之心就会在孩子的体验中逐步被唤醒。

无论孩子如何表达感恩之情，父母长辈都要欣然接受，毫不推辞，并大加赞赏，以强化孩子的感恩行为。当孩子不知道怎样表达谢意时，父母要理解和帮助他，这时可以替孩子以他的名义来感谢。让孩子感受到父母理解他的处境，体验到充足的安全感、信任感，轻松学会如何用语言来表达谢意。

为孩子点赞

教孩子学会感恩，鼓励是最好的策略。当孩子心怀感恩地对他人说"谢谢"时，父母应用最美的语言表扬他。当孩子的感恩行为得到父母肯定时，会强化其行为，激励他继续这样做，努力做得更好。有一个孩子放暑假的第一天洗碗，她妈妈就特意打电话给在外地工作的孩子他爸，说："老公，告诉你一个好消息，放暑假第一天女儿就洗碗，洗得很干净。女儿长大了！懂得体谅我们了,真开心!"孩子就在旁边听着,她的行为得到了妈妈的表扬,就会产生继续做小家务的愿望,表达感恩之心。我们可以把孩子的感恩故事发到朋友圈,或者投稿发表,这对孩子是极大的鼓励。也可以主动在班级活动中讲述孩子的感恩故事,不仅可以强化孩子的感恩行为,还可以激发其他同学的感恩行动。

感恩是生活的智慧,是成长的甘露,是人生路上一盏温暖的灯。

父母应以身作则,言传身教,创设时机,积极鼓励,让我们的孩子常怀一颗感恩之心,从感恩父母开始。

孩子学习过于依赖父母,怎么办

有一个男孩,每天四点多放学回家就玩,一直玩到妈妈下班回到家才开始写作业,而且写作业的过程中,一遇到不会做的题就立刻问妈妈怎么做,等着妈妈来教,而他自己从来不动脑筋。

在生活中,这样的孩子并不鲜见。长此以往,孩子就形成了依赖心理,懒得自己想办法解决学习上的问题,影响学习能力的提高,也不利于人格的健康发展。

孩子的学习如此依赖父母,该怎么办呢?我们首先要找到原因,才能对症下药。

原因一:孩子真的不会做。

对策:"授之以渔",教给孩子学习方法。

刚上小学的时候,孩子不会做题,家长要帮他一起做。之后再慢慢地放手,让孩子自己找到解题方法。当孩子碰到不会的题请家长帮忙时,家长就把题目给他读一遍,把关键词语或者数字通过语气强调出来,也许孩子就能理解题意并会做题。家长不能止步于此,还要把这个方法总结出来,让孩子看到,告诉他:"你看,我一读题,你就会做了,你知道我刚才读题的过程中有什么奥秘吗?"孩子就会琢磨其中的奥妙。这时候,再读一遍给他听,他就会发现妈妈读的时候把关键词语或者数字给读出来了,这就是方法。帮他几次以后,下次孩子再有类似的不会的题时,鼓励他自己读,把这个题里的关键词读出来。经过多次训练,孩子掌握了解题方法,遇到难题就不怕了,也不会喊爸爸妈妈来救援。父母还应该去了解孩子到底哪里掌握得不好,给孩子补一补,或者求助老师,让孩子及时消化新学的知识点。这样由扶到放领着孩子一步一步学习,掌握学习方法,孩子就会克服依赖心理,逐步独立学习。

原因二:父母过度关注。

对策:由扶到放,还给孩子写错的权利。

父母对孩子的过分关注会使孩子失去学习的自信心,久而久之,孩子会产生强烈的依赖心理。所以,父母不要过度关注孩子,让孩子有自己的学习空间和学习时间。鼓励孩子自己做作业,并允许做错。让孩子在书房或自己的小房间里写作业,家长不要一直盯着看。有的家长喜欢在孩子做作业的时候盯着看,一旦发现孩子做错题,就立马纠正,甚至还责备孩子:"这么简单的题目都不会!"这种完全被动的学习方式会使孩子对学习失去主动权,也失去信心,他会变得没有学习责任感和自觉性,学习目标不明确,以为是为父母学的,对父母产生依赖性。孩子做作业时,家长就在其他地方做自己的事,看书读报、工作下厨都行,不要盯着孩子做作业,以消除他做作业的压力。大部分孩子的家庭作业都是对当天学习内容的巩固练习,如果孩子每天做作业之前先温习一下当天的学习内容,做作业的时候就能得心应手。当孩子遇到难题向家长求助时,家长先不要直接给孩子讲题,应该鼓励孩子自己去思考、去审题,看看题目考查的是哪方面的知识点,回想一下老师讲过的相关内容。如果孩子实在不会做,家长可以给孩子讲解,但不能讲得太仔细,更不能直接告诉他答案,应该只讲解题思路和关键点,点到为止,鼓励孩子自己去思考。有的孩子因为作业经常出错而不敢下笔。父母要经常跟孩子沟通,了解他内心真实的想法,鼓励他大胆写作业,消除负面经验给孩子留下的阴影,一步步引导孩子独立解决学习上的问题。当然要遵循循序渐进的原则,不能一下子完全放手。家长对孩子的求助要及时做出亲切的反应,明确态度,切不可模棱两可或粗暴拒绝,也不能无原则地有求必应,并让孩子明白家长不帮忙的原因。对孩子表现出来的独立思考行为要及时赞赏,以强化其行为。这样孩子就会慢慢从"依赖"向"独立"转化。

原因三:孩子对作业不感兴趣。

对策:签约激励,激发孩子的学习兴趣。

兴趣是最好的老师。对于孩子来说,做喜欢的事、有趣的事就愿意快点完成;而对于枯燥的事,不那么有趣的事,则拖拉或者向父母求助。因此,家长一方面可以与老师沟通,建议改变作业方式,多布置一些有实践操作性的、有意思的、有挑战性的作业,提高孩子完成作业的兴趣。另一方面,要多想办法,尽量调动孩子写作业的兴趣。比如,可以与孩子签订合约,写清楚做到一周独立完成作业可以奖励什么,奖励方式让孩子自己申请,父母审核,尽量满足。这样,独立完成作业能给孩子带来成就感,激发他高质量完成作业的热情,也提高了做作业兴趣,自然就不依赖父母了。一周一评,逐渐延长时间,可以十天一评或一月一评,长此以往,良好的作业习惯逐步养成。

原因四:孩子不会管理学习时间。

对策:悉心指导,教会孩子科学管理学习时间。

科学的时间管理能帮助孩子掌握学习的主动权,克服依赖心理。家长要手把手地教会孩子合理安排时间,引导孩子回家后的行为规范。

首先,家长可以引导孩子把要做的作业进行排序,先做重要的或者难的作业,也可以先做简单的、容易的作业,不管哪种方式,只要孩子认为好就是最适合的,让孩子自己来决定。也许刚开始时孩子犹豫不决,但是为了最终能够放手让他独立做作业,家长就一定要有足够的耐心等待。

其次,家长可以和孩子一起研究怎么合理分配时间。在家里醒目的位置布置一个视觉化钟表,引导孩子自己设计好需要做的事项和时间表。比如,下午5:00写作业,6:00跳绳100下,6:30吃晚饭、休息,7:30阅读10页书。分别写在四张彩色的便笺纸上,贴在钟表旁边。在钟盘边沿相应时间点贴上与事件背景色一样的便笺纸。这样,孩子一回家,就会根据视觉化钟表的提示做相应的事,把时间跟行动联系起来。因为他明白总时间是固定不变的,要想每件事情都做好,就需要按照时间安排来做,他就会去琢磨如何能够自主地管理时间。

通过一段时间的训练,父母要对孩子时间安排的合理性进行评估,让孩子看到进步,反思时间安排是否合理,并做出调整。比如:阅读10页书需要30分钟,如果有时间,可以多读几页;如果时间不够了,就少读5页,节省15分钟。家长不要另外给孩子布置作业,只要完成了老师布置的作业就可以自由安排,做自己喜欢的事。这样,孩子为了增加自由活动的时间,就会充分利用好时间先完成作业。否则,孩子就会想,反正完成了作业也不能玩,还不如慢慢做,或者先玩,等爸爸妈妈催了再做。在不断地评估与调整中,孩子会对时间安排日渐熟悉,需要父母指导和监督的时间越来越少,直到完全自己管理学习时间。

心理学研究发现,养成一个好习惯需要连续21天不断的训练。克服依赖心理,改掉学习依赖父母的坏习惯则需要更长的时间。父母一方面要由扶到放,逐步培养孩子独立做作业的习惯;另一方面要有足够的耐心,等待孩子在探索中养成独立学习的习惯。持之以恒,方有成效。

每周师言集锦

2014年10月3日

玩,是儿童重要的学习方式。玩,不仅可以让儿童放松心情,锻炼身体,丰富生活,还能培养动手能力,发展思维,开发智力。和小伙伴一起玩,能发展语言能力,结交朋友,习得与人相处之道,培养人际交往能力。我们应积极创造机会,让同事的孩子、亲戚朋友的孩子、邻居家的孩子都成为儿童的玩伴。父母应该随时做儿童的玩伴。棋类、球类、绳子、毽子、皮筋等都是极好的玩具。自制玩具也是不错的选择。飞机就是莱特兄弟玩出来的智慧。玩,应该成为儿童假期的主旋律。玩,应该成为童年最亮丽的色彩!

2015年3月10日

春天是播种的季节。儿童种下一颗种子,同时也播种下希望。种子发芽,儿童的情趣和思想也随之生根发芽。嫩芽、绿叶、小花,将给儿童带来一个又一个惊喜和希望。倘若儿童用文字记录观察所得,就等于在积累精神财富,必将受用终身!和孩子一起播种吧!春天因为我们在播种而更加美好!

2015年9月14日

分享,不仅能锻炼孩子的口语交际能力,还能拓宽孩子的视野,丰富孩子的精神生活。几乎每一个孩子都有丰富多彩的暑假生活,旅游、阅读、学艺、走亲访友……我原以为分享暑假生活时,孩子们会争先恐后,乐此不疲。可事实并非如此,虽然也有孩子分享时落落大方,侃侃而谈,但是大多数孩子却显得比较拘谨、胆小,语言贫乏,甚至有的孩子只能说一两句话。这让我感到十分意外。我们应多搭建分享平台，鼓励孩子积极分享，具体指导，努力让乐于分享成为孩子的生活习惯。

2016年3月7日

昨天，在理发店遇到陆潘妮一家三口，先是她爸爸理发，接着女儿剪头发，妈妈则陪在旁边聊天，好温馨的感觉！这时，几个美好的镜头浮现在我的脑海：清晨，爸爸妈妈一起送女儿到校门口；夜晚，爸爸妈妈一起来到"父母读书吧"参与读书沙龙；双休日，爸爸妈妈带女儿一起到南通图书馆借书……陪伴，真的是最好的教育！心动，不如行动！如果你也希望孩子像陆潘妮一样优秀，不妨从陪伴孩子开始努力！

2016年3月14日

参加了顾向红老师主持的"父母读书吧"活动，思绪万千。"如果你所有的问题都解决了，还要一辈子人生干什么？"是啊，为人师者，为人父母，有什么理由苛求孩子所有的言行都如我所愿？正是因为孩子在成长，所以需要你我的引领和帮助，上帝就是派我们来为孩子的成长保驾护航的！所以，请你耐心再耐心一点……

2016年4月12日

"看着儿子的脸，自信，快乐，于是，我懂了真诚陪伴、用心引导是多么重要。儿子，也给我上了一堂别样的课。"这是陆亦辰的妈妈在儿子登上"丑小鸭讲坛"讲述"狼山"后所说的话，是母子共同付出后的感悟。在与孩子相伴的日子里，用心与否，其对孩子成长的影响相差甚远。每个人的时间都是有限的，就看各位选择什么来花时间。

2016年5月3日

　　昨天下午，我应邀去看姜文婕一组彩排童话剧。一路上我在心里问自己，搞这样的活动家长嫌烦吗？会不会反感？到了年宇轩家看了彩排，我明白了，家长十分支持，因为参加演出的孩子几乎都是双亲同陪，姜文婕的爸爸友情出演十分投入，孩子们身着彩装更是乐此不疲。希望在这样一种特殊的生命场域里，孩子们的生命能更舒展、更蓬勃！

2016年6月6日

　　"你的优秀是对孩子最完美的教育。"这是一位校长在家长会上表达的观点。我非常认同。是的，喊破嗓子不如做出样子。老师和家长都努力做好自己，孩子自然就耳闻目染，潜移默化。一个没有阅读氛围的家庭难以培养出爱阅读的孩子。家长从来不锻炼，孩子也难以养成运动习惯。来吧！为人父母，就努力优秀吧！然后理直气壮地对孩子说："像我这样，努力活出精彩！"

2016年6月13日

　　有人说，父母是孩子的第一本书。我认为，父母是孩子腾飞的双翅，父教缺失，必将影响孩子飞翔的速度和高度。儿童是用皮肤感觉母亲的，用眼睛阅读父亲的。父亲的一切都将成为孩子成长的参照物。你希望在孩子的眼里树立怎样的父亲形象？有思考，有策略，有行动，才有收获。值此父亲节到来之际，与各位父亲共勉。

2016年6月27日

　　又要放暑假了，很多家长忙着安排孩子的暑假生活。其实，孩子是独立的个体，他有自己的兴趣，有他想做的事。不妨听听孩子的意见，陪着他去他想去的地方，做他喜欢的事，发展属于他的爱好，而不是逼着他上不喜欢的兴趣班。当然，老师和家长可以当参谋，但孩子应拥有选择权和决定权。

2016年9月19日

今天指导小朋友写作文《我的自画像》，引导他们从外貌、性格、兴趣爱好等方面来写写自己。我在想，十年、二十年、三十年、五十年、八十年以后，这些孩子的外貌、性格、兴趣爱好将如何呢？"孩子们，爱运动、爱阅读、爱艺术吧！它们能帮助你改变外貌，培养个性，发展兴趣，提升人生品位。"那么为师做什么呢？爱运动，爱阅读，爱艺术，不一定能成为好榜样，但一定可以做好伙伴。亲爱的家长朋友，你的想法呢？

2016年10月31日

情绪是我们的朋友，它让我们的生活如彩虹般绚丽。然而，为人父母和为师者都难免因孩子的事产生一些情绪，有时情绪波动大，甚至因为比较冲动而伤害了孩子。事后无论怎样后悔都来不及了。因此，我们不妨换个角度想一想，从不同的角度能欣赏到不一样的风景！长者情绪稳定，幼者也随之，于是，我们的生活更加其乐融融！

2016年11月15日

脑科学研究表明：说给别人听的效果远远超过听别人说。因此，我们要积极鼓励学生与他人分享，向他人传授自己所学所得。"丑小鸭"书香讲坛即将开讲，诚邀各位家长认真倾听孩子向你推荐好书，或鼓励，或点评，或提出建议。满意后把视频发到班级群。每位学生都有机会在班上推荐好书，择优在期末展示。希望这个讲坛成为孩子们成长的阶梯。

2016年11月28日

前两天我出差前,陆亦辰跑到我的办公室笑眯眯地对我说:"祝你一路顺风!"好温暖的祝福啊!我想起上个月去如东上课回来,一群孩子围着我说:"樊老师,我好想你啊!"一张张笑脸就像朵朵盛开的鲜花,芬芳着我的教育生活。施铮炎悠然地说:"一日不见,如隔三秋!"我喜出望外。莘莘学子,浓浓情谊。谢谢孩子们!

2016年12月12日

古希腊著名教育家、哲人柏拉图说:"一个人从小所受的教育把他往哪里引,将决定他以后往哪里走。"我认为可以鼓励孩子会运动、懂艺术、爱阅读。爱运动的孩子总是活力四射。懂艺术的孩子生活有品位。爱阅读的孩子能高瞻远瞩,视野开阔。为人父母者不妨试着把孩子引向运动、艺术和阅读,相信你们全家将收获颇丰。

2016年12月19日

"我发现自己有太多不足的地方。要改变孩子真的要从改变自己开始。很多事情说得好不如做得好。就用实际行动来证明孩子的进步就是我的进步!"这是我从周思涵的妈妈写的亲子日记里摘录下来的。她说得真好!最有效的教育是先做好自己,然后自信地对孩子说:"向我看齐!"

2017年1月3日

《小学生守则》第3条明确提出:自己事自己做,主动分担家务。我选择新年伊始,向孩子们提出"承包一项小家务"的要求,请大家满足孩子的成长需求。可以让孩子每天为家人盛饭,或者每逢双休日洗两次碗,或者每周擦自己房间的地板……一定要让孩子自己选择，具体且可行，敬请督促并鼓励孩子持之以恒。

2017年3月6日

　　徒步开始时下着绵绵细雨，结束时雨停了。于是，我对孩子们说："老天被你们打动了，不下雨了。"可陆一言说："我喜欢下雨，凉爽！"年宇轩说："那要是狂风暴雨呢？"稍后，年宇轩又说："其实狂风暴雨也有好处……"多么有意思的对话啊！不附和老师，敢于反驳同学，乐于从不同角度思考问题，反思自己的想法，难能可贵啊！今天学校小书法家招收会员，我推荐了两名孩子，可其中一个不愿意，我决定尊重他的选择。希望孩子们都能说自己想说的话，做自己想做的事。

2017年3月27日

　　有一天，我带学生到操场参加大课间活动，陈禹如问我："樊老师，现在是上午还是下午？"我心想：这孩子玩疯了，连上午与下午都弄不清了。于是我反问他："你说呢？"他笑呵呵地告诉我是上午，又自言自语："可是，上午应该是江老师带的，下午才是樊老师带我们活动。"我顿时明白了，原来他早就找到了老师带班活动的规律，突然发现变了，便感到好奇，所以与我交流。可见，陈禹如善于观察，乐于分享，这是难能可贵的。为师者窃喜。我提醒自己，只有读懂儿童，才能真正走进儿童的世界。

2017年6月26日

　　在今天的期末考试评讲课上，张佳杰成为亮点。这个大家眼中的马大哈期末考试成绩优秀，语文95.5，数学100+5，英语96，令人刮目相看！我下意识地联想到徒步活动。这个胖乎乎的男孩第一次徒步十分狼狈。可是他坚持徒步，几乎每周都参加。是不是徒步中磨砺的意志和增添的自信让他学习成绩突飞猛进？只要努力，就有收获！我深信这句话。

2017年9月25日

今天秋雨不断，我把孩子们带到天桥、紫藤园、小操场，指导他们观察雨，赏赏雨景，听听雨声，伸手感受雨丝的清凉。孩子们异常兴奋，有的伸出雨伞，倾听秋雨打在伞上发出的叮咚声；有的钻进雨帘，踩出无数水花；有的结伴戏雨，银铃般的欢笑声伴着雨丝飘荡在校园。也许孩子的鞋袜湿了，也许裤脚湿了，也许今天写雨的片段不够精彩，但是，他们与雨亲密接触的感受将铭刻于心，难以忘怀。我坚信，大自然是永远的老师。请把孩子放回大自然吧！

2017年10月23日

翻阅学生的作业本，发现本子上写的姓名各式各样，有的比较潇洒，显然是父母写的；有的盖姓名印章；有的是任课老师写的；有的是学生自己写的，虽然稚嫩，但是一笔一画十分工整，当然也有书写潦草的。我从来不帮学生在作业本上写姓名，绝不是偷懒，因为我认为这是学生自己的事，也是他的权利。学生每一次书写姓名也是他成长的过程，为人父母与老师不应该剥夺孩子书写姓名的机会，不应该忽视孩子成长的机会。请别担心孩子写得不好，只要是他自己写的，就是最好的，对他来说就是最有价值和意义的。他写的次数越多，自我意识越强，也成长得越好。引领孩子成长从还给孩子写姓名的机会和权利开始！

2017年11月27日

那天带学生去张謇故居、颐生酒厂和金盛农庄开展综合实践活动，离开了父母，学生的自理能力及素养完全暴露在我眼前，同样是看表演，有的学生优雅地欣赏，还鼓掌喝彩；而有的孩子一边跑一边看，还吃零食，随手扔包装袋。同样是坐车，有的同学安安稳稳地坐着，小声与同伴聊天，也分享美食；而有的同学却坐立不安，任凭导游多次提醒，仍我行我素。同样是参加活动，有的同学把自己的物品保管得井井有条，把零食和水也计划得恰到好处；而有的同学却丢三落四，有的丢了衣服，也有丢了手机的。那么，这些差异是怎么形成的呢？我认为，一是受父母的影响；二是教育不力；三是不会自觉学习。我们能做的是努力做好自己，成为孩子最好的榜样；努力提高教育的效率，促进每一个学生的进步；努力激发学生的成长动机，让自觉成长成为生命常态。

2017年12月25日

　　班上总是丢东西，曾经想过要装摄像头，看看究竟是谁在捣乱。但是仔细想想，觉得不妥，因为没有人愿意生活在摄像头下，包括我自己。面对孩子，我们还是应该充分信任，即使有个别孩子一时糊涂做错了事，我们也要用发展的眼光看待他，提醒他，帮助他，并包容他。相信每一个孩子都想做好孩子。

2017年12月18日

　　卢梭在《爱弥尔》中一针见血地指出："你了解什么办法可以让你的孩子痛苦吗？那就是，让他想要什么就有什么。他得到的越多，想要的也就越多，迟早有一天，你不得不拒绝他，这种意料不到的拒绝对他的伤害，远远大过他不曾得到过满足的伤害。"因此，为人父母者当一日三省，应给孩子成长所需，而非一味满足他的欲望。

2018年1月22日

　　前两天看了电影《无问西东》，里面有一句经典台词我印象极为深刻："如果提前了解你要面对的人生，不知你们是否还有勇气前来?"回到现实中,联系教育生活,我想问:"如果提前了解你要面对的孩子的人生,不知你们是否还愿意像现在这样与他相处?"

2018年1月30日

今天放晚学时,陆一言的大学生姐姐微笑着迎过来问我:"樊老师,我能和陆一言一起参加亲子诵读吗?我带相机,给你们拍照片。"我一口答应,打心眼里喜欢眼前这个热情主动、亭亭玉立的姑娘。陆一言有这样的好姐姐真幸福!我组织亲子诵读是想给每一个孩子也给每一个家庭留下值得回味50年的共同生活场景,普通话准不准没关系,语感如何也不重要,重要的是父母传递给孩子一个信息——我们都爱诵读;重要的是孩子在导演这个节目的过程中增强了自信,增长了才干。从节目单上看,母子诵读的比较多。非常希望有更多的父子诵读,全家总动员更好。只要用心做,简单的事也能收获理想的教育效果。活动后,我相信大家的感受更深刻。

2018年2月1日

给学生父亲的建议:(1)给孩子写一封回信吧!我能想象你的孩子收到书信时激动的神情。你通过书信提出的要求孩子更容易接受,就像你接受孩子给你的信中提出的建议一样。(2)精心挑选一本书送给孩子作为新年礼物,最好是有助于培养孩子阳刚之气的书,如《鲁滨孙漂流记》,请在扉页写上你的期望,签上大名。开学后,班上开设"爸爸书架",分享好书,也就是贡献一本,分享几十本好书。(3)在家里开辟"爸爸时间",每天晚饭后听孩子说说他的事,只要听就行,尽量不评价、不批评、不要求。

第二节 写给学生

致"丑小鸭"
樊健

你是狗尾草	你是毛毛虫
绿油油的叶	青幽幽的头
毛茸茸的穗	胖乎乎的身
迎着春光	顺着树干
摇呀 摇呀	爬呀 爬呀
你的梦在哪里	你的梦在哪里

你是蒲公英	你是丑小鸭
黄灿灿的花	灰沉沉的翅
轻盈盈的伞	柔弱弱的脚
乘着清风	拨着清波
飞呀 飞呀	游呀 游呀
你的梦在哪里	你的梦在哪里

寒假开始啦

亲爱的"丑小鸭们":

你们好!去年9月,丹桂飘香,27个男孩,23个女孩,一起走进了东洲小学同一个教室,"丑小鸭"班诞生了。

时光飞逝,转眼间,你们上小学已经一个学期了,认识了很多老师和小朋友,还学到了很多本领,取得了很大的进步。

还记得吗?第一天上学,课堂里唧唧喳喳,有的小朋友不敢上台介绍自己,有的小朋友看到爸爸妈妈一离开教室就哭鼻子,有的小朋友一个拼音字母也不认识。通过一个学期的努力,我发现"丑小鸭们"都进步了。期末庆典上,你们开火车读拼音、读生字,上台朗诵儿歌、唱英语歌,个个大大方方,神采飞扬。你们表演的数学小品十分生动。你们的球操也表演得有模有样,创作的超轻泥作品栩栩如生,让人赞不绝口。看到你们一天天进步,我真高兴。

这个学期,和你们这群"丑小鸭"在一起,我感到非常幸福。每天早晨,我喜欢和你们一起晨诵,那琅琅书声是校园里最美妙的声音。课堂上,我欣赏黄沈宇、叶鑫怡、刘芸颉、张馨文、杨雨婷的专注,我欣赏张凯天、杨力铮、施铮炎、张慧琳、年宇轩、韩宇轩、姜文婕、李雨欣、倪嘉颢、张宸尧、陈家帆、包青鑫、周思涵、张佳杰等小朋友的踊跃发言,我欣赏季家铭、严舒文、陆一言、龚克、王浩杰、陆亦辰、黄一恒、陈晓敏等小朋友认真书写的样子。每天中午,我喜欢和你们一起阅读,陆薏帆、汤思怡、江可馨等小朋友也爱看书了,教室里静悄悄的,轻柔的音乐伴着书香缓缓流淌,那真是一种享受。我特别喜欢批阅陆潘妮、蔡卓琳、陈思睿、黄楠涵、姜鑫妍等小朋友的作业,因为他们的作业书写得特别工整、美观,总让我心旷神怡。我喜欢听张哲浩、祁敏瑞、黄婧楠、王天怿、黄驿超等小朋友讲故事,生动、有趣,让我听得津津有味。虽然已经放假,可我的眼前还常常出现你们的身影,袁逸阳、曹旸赛跑的样子,顾珈榕和龚克整理书柜的样子,杨霆威正聊着《小猪唏哩呼噜》,蔡博宇、梁郁杰和蔡嘉淇正在玩陀螺,陈禹如到办公室来拿教室钥匙了,季琦哲正捧着书倚靠在窗边……你们真的非常惹人喜爱,个个充满生机,谢谢你们一学期来给我带来了很多快乐和思考。

寒假开始了,我给你们提三条建议,好吗?

(1)痛痛快快地玩。不会玩的孩子也一定不会学习。"丑小鸭们"一定要在假期里尽情地玩,旅游、打球、游泳都很好玩,和家人一起包饺子、蒸馒头也很好玩,陀螺、小冰车、荡秋千玩起来很有意思。如果下雪就好了,可以打雪仗、堆雪人,更带劲了。你想怎么玩?想好了吗?赶快大声跟爸爸妈妈说出来,他们一定会支持你的!当然玩的时候一定要注意安全。

(2)持之以恒地学。学习贵在持之以恒。假期里,别忘了晨诵,儿歌自选,喜欢哪首就读哪首,不一定要背,只要坚持每天早上大声朗读,读熟,读出味道来。每天看自己喜欢的书,养成习惯,日积月累,你将"腹有诗书气自华"。

(3)乐此不疲地问。最好的学习是从问开始的。睁大你的眼睛,好好观察生活,你感到有意思的地方就可以和家人分享,不懂的就问,问到别人答不出来你就赢了。当然,你还可以问自己,答不出来就看看书,动动脑筋,找找答案。怀着好奇心过假期,你一定能收获更多。

祝"丑小鸭"全家
春节快乐!

樊老师
2015.2.7

我想这样过暑假

亲爱的"丑小鸭们":

暑假好!

盼望着,盼望着,暑假终于来到了!今天给你们写信,是想和你们交流一下我想怎样过暑假。

首先,我要好好休息,因为一学期的工作真的很辛苦。我想每天中午睡30~45分钟,每天晚上10:00睡觉(小朋友最迟9:00一定要睡觉),给身体充足电。我还要坚持锻炼身体,每天去游泳,如果天气不好,不能游泳,我就改成跳绳500个或者跑步。希望自己的身体永远棒棒的,一直自由快乐地生活。

第二，我要读两本书，一本是《翻转课堂的可汗学院：互联网时代的教育革命》，另一本是《最美的教育最简单》。我会每天至少阅读2小时，把书中精彩的内容做成PPT，开学时和我的同事分享。

第三，我想写两篇文章，参加江苏省"教海探航"和"新世纪园丁"论文大赛，争取获奖。我还想投稿，希望能发表一篇。

第四，我想用3~5天时间去旅游。我喜欢自然风光，可能去爬山，也可能去看海，或者去农庄转转。我想拍下很多美景，回来和好朋友分享。

最后，我有一个梦想，想学唱歌。每当我看到小朋友唱得很欢的时候，就特别羡慕。所以，这个暑假，我会选一首喜欢的歌，然后认真学唱，开学时唱给你们听，请你们看看我有没有进步，好不好？请你记得提醒我哦！

"丑小鸭们"，你们想怎么过暑假呢？好好计划一下吧！让我们共同努力，看谁的暑假过得最精彩，开学时，我们开展"暑假生活大转盘"活动，互相分享暑假的快乐与进步。

祝"丑小鸭们"
暑假快乐！天天进步！

你们的大朋友：樊健
写于2015年7月10日8:00

我的寒假我做主
——写给"丑小鸭们"

亲爱的"丑小鸭们"：

寒假开始啦！真开心！今天是不是睡了一个懒觉？挺舒服吧？我也是，天冷，躲在被窝里多暖和，谁都不想起床。

告诉大家一个好消息，我们班被评为"文明班队"，这是我们共同努力得来的，来之不易！新学期，我们一如既往，加倍努力！

丑小鸭们，你们想怎么过寒假呢？好好想一想吧！让我们共同努力,看谁的寒假过得最有意思,开学时,我们开展"寒假生活大转盘"活动,互相分享寒假的快乐与进步,好不好?不一定要做PPT,只要你说给我们听就行,我希望听到你说一大段话,至少有10句。

我想这样过寒假:

第一,我会天天收看《新闻联播》,"家事国事天下事,事事关心"。这样不仅能拓宽视野,还能学到准确的语言表达方式,让自己说话更规范,更生动。

第二,我想买一双漂亮的运动鞋,天天锻炼身体,或游泳,或散步,或瑜伽,或跳绳,或打乒乓球、羽毛球。我还想练习踢毽子,希望自己踢得像史老师那么好。开学后,我跟你们比一比,看谁踢得多。

第三,我要读一本书《长大了的儿童》,悄悄告诉你,这是校长布置的作业,不读不行的,开学时要检查的,还要被校长点名到影视中心舞台上汇报读书心得。所以,我一定要好好读,否则会出洋相的。

第四,我想练习做几道好菜,因为我的儿子从大学里回来了,我很爱他,想每天都给他做好吃的饭菜。我还想为爸爸妈妈做几道好菜,孝顺他们,感谢父母的养育之恩。当然,我也想让老公享受我的厨艺,感谢他平时对我工作的支持。同时,也想犒劳一下自己,努力工作一学期,也让自己换一种节奏生活,放松一下。

第五,我想给长辈送去新春的祝福,和家人一起欢欢喜喜过大年!

最后,我想继续学唱歌,和兄弟姐妹一起K歌,释放压力,唱出好心情!

写到这里,我又想起严舒文要转学到武汉去了,真的舍不得!昨天事多,欢送会仓促,还没来得及让你们和她好好说说心里话,有点遗憾。不过,好在有微信群,我们可以在这里交流。

祝"丑小鸭们"

春节快乐！天天进步！祝严舒文万事如意！

樊健

写于2016年1月23日17:00

致"丑小鸭"二

亲爱的"丑小鸭们"：

　　新年好！

　　每次读《丑小鸭报》，看到你们把丰富多彩的生活用文字记录下来，感觉真好！我发现，你们越来越喜欢写话了，也越写越好，这是你们努力的结果，祝贺你们！希望你们持之以恒，熟练地用笔与人分享生活的精彩，也希望你们的优秀写话像陈思睿和陆亦辰一样能在省级、市级报刊发表。

　　新年伊始，"丑小鸭"班童话节开幕了！本学期，我们将读童话、讲童话、演童话、写童话，徜徉在童话王国，尽情感受童话的魅力。班级里已经买了很多童话书，我们将让这些好书在你们手上漂流，一起分享阅读童话的乐趣。我们班将创立亲子导读团，邀请你们的爸爸妈妈到班上和大家分享阅读体会。我们还要开展讲童话故事比赛，采用微信群里播放和现场讲故事相结合的方式，比比谁能把童话故事讲得更生动。今年六一节到来的时候，我们要在影视中心举行童话剧汇演，人人参与演出，还要评选出很多奖项呢！当然，我们还要尝试自己编童话故事，写下来与小伙伴们分享，甚至也可以发表出来，与全国各地许多不认识的读者分享，那是多么有意思的事情啊！

　　"丑小鸭们"，赶快行动起来，让我们一起走进童话王国吧！

樊老师

2016.2.22

暑假，你好！

亲爱的"丑小鸭们"：

暑假开始了，你准备好了吗？"读万卷书，行万里路。"去哪儿旅行？读哪些好书？学什么新本领？吃哪些美食？大声说出你的暑期梦想吧！有梦想，有行动，就有收获。

为师在此提一些建议，希望这些建议能让你的暑假生活更快乐，也更有意思。

1.健身

每天进行一小时体育运动，跳绳、踢毽子、做操或者跑步，还可以打乒乓、打篮球、踢足球或者游泳，争取学会一项新的锻炼方式。特别推荐大家学习踢毽子，下学期拟开展亲子传统游戏活动，将举行亲子踢毽子比赛。

2.观察

观赏一次日出或者夕阳西下的美景，看一看变幻莫测的火烧云，尽情想象。

和爸爸妈妈一起数一数星星，比一比谁的眼力好，看到的星星多。

找一窝搬家的蚂蚁，看一看它们搬家的路线图。

看一看夏日里的小狗有什么特点，弄清楚它们为什么老是伸着舌头。

夜晚散步时，看看能不能在草地上、花丛里发现萤火虫。

3.聆听

清晨，到树下听一听鸟儿的鸣唱。

午间，打开窗户，听一听蝉儿的鸣叫。

雨天，到小花园里听一听雨点打在树叶、花草、雨伞上发出的声音有什么不同。

雨后，到池塘边听一听青蛙的歌唱。

夜晚散步时,听一听花园里虫儿们的音乐会。

4.读书

"一日之计在于晨",每天早晨用15分钟诵读,可以读古诗、声律启蒙、弟子规等经典,也可以读自己喜欢的小诗、美文,可以发到微信上分享。

每天上下午阅读时间不少于半小时。

每周到新华书店泡半天。

整理自己的书柜,分类摆放,选一本准备向同学推荐,写一分钟演讲稿,说清你推荐的是什么书,用3~5句话说明白书的主要内容是什么,最后说清楚推荐的理由。

做摘抄,可以摘抄好词好句,也可以是一段喜欢的话,至少摘抄30次。

5.感悟

看一部长征主题的电影或者读一则长征故事,了解一位红军的事迹。

观察爸爸妈妈每天是怎么生活的,你从中学到了什么。

把暑假里有意思的事写下来,至少写5篇,多写不限,也可以和爸爸妈妈一起写,写在同一本上,形成对话式亲子日记,那是很有意思的,因为你可以把平时不敢说的话都写在这里给爸爸妈妈看。

尝试投稿,投了不一定发表,但是不投一定不会发表。发表习作能培养自己的写作兴趣。我希望人人都有习作发表,养成书面交流的习惯,使自己的生活更加丰富。

6.劳动

承包一项小家务,比如:洗碗、拿牛奶、取报纸、整理房间等。

孩子们,以上只是我的建议,你可以选感兴趣的做。开学后,我们进行分享。

祝大家

暑假快乐！

樊健

2016年7月1日7:00

新年好

亲爱的孩子们：

新年好！首先祝你们鸡年大吉，学习快乐，天天进步！

时光荏苒，寒假已经过了一半。今天是大年初一，我给父母长辈拜年，也收到了很多祝福。你们呢？收到了很多压岁钱吧？千万别让压岁钱睡大觉，赶快想想怎么花吧！或者想想怎样存压岁钱利息更多。你给父母长辈拜年了吗？他们对你提出的新年期望你记住了吗？

开学时，我将请你做一张调查表（表10.1）。表格如下：

表10.1 寒假生活调查表

序号	内容	选项		
1	你每天几点起床？	A.7~8点	B.10点	C.睡到自然醒
2	你每天跳绳几下？	A.100下	B.200下	C.自己填
3	你每天诵读吗？	A.1首	B.1首以上	C.不读
4	你每天阅读多长时间？	A.半小时	B.1~2小时	C.自己填
5	你每天做小家务吗？	A.自己填	B.偶尔做	C.不做
6	你每天吃蔬菜吗？	A.天天吃	B.偶尔吃	C.不吃
7	你每天看新闻吗？	A.天天看	B.偶尔看	C.不看
8	你每天与父母交流吗？	A.经常交流	B.很少交流	C.几乎不说话

续表

序号	内容	选项		
9	你每天独立睡一个房间吗?	A.是	B.偶尔是	C.不是
10	你看了几部老师推荐的电影?	A.1部	B.很多部	C.没有看
11	你最想和大家分享的是什么?			

寒假是你的,当然由你自己决定做什么。不同的人有不同的选择和决定,当然也有不一样的收获。无论你选择怎样过寒假,只要你快乐就好,只要你成长,就会赢得老师和同学的祝贺。

最后,和你们分享一个成语"闻鸡起舞",本义是听到鸡叫就起来舞剑,后来比喻有志报国的人及时奋起。在新的一年里,希望你们拥有梦想,闻鸡起舞,刻苦学习,茁壮成长!

祝孩子们
新春愉快,天天进步!

你们的大朋友:樊健
2017年1月28日
(丁酉鸡年大年初一)

想念"丑小鸭"

亲爱的同学们:

你们好!

清晨,打开电脑给你们写信,感觉耳边叽叽喳喳,你们的笑脸一下子浮现在我的眼前。过了一个暑假,又长高了吧!又学到新本领、新知识了吧!祝贺你们!为师非常想念你们!

今天是暑假的最后一天。我之所以今天才给你们写信,是因为想让你们过一个完整的、愉快的暑假,真的不忍心打扰你们。随着年级的升高,你们的假期越来越宝贵,属于自己自由支配的时间似乎越来越少。能安静地过一个完整的暑假,不受老师的约束,应该是很多同学的心愿。记得一年级时,一放暑假我就给你们写信,叮嘱你们怎样过好暑假。因为那时你们还小,我就怕你们不会安排自己的假期。二年级时,我在暑假中期给你们写信,是想提醒你们充分利用暑假,既休息好,也不忘学习。如果觉得自己没有安排好,那么还有一半的假期可以调整。而今年暑假,我选择开学前一天给你们写信,因为我相信你们能安排好自己的暑假,已经不用我操心了。祝贺你们长大了!

整个暑假,我都想着你们。我知道包青鑫、倪嘉颢、陆皓桢等很多同学去旅游了,杨力铮还到澳大利亚去旅游呢!欣赏异域风光,放松心情,收获快乐。我知道曹旸、黄沈宇、陈思睿等很多同学参加了兴趣班学习,学篮球、游泳、画画等,培养兴趣爱好。陆潘妮等同学还参加拉丁舞等比赛呢!我知道张宸尧、王天怿、袁逸阳等很多同学坚持天天练字,进步很大!我知道蔡卓琳、汤思怡、陆薏帆等很多同学坚持天天朗读美文,培养语感,练习概括主要内容,提高了阅读能力。我还知道,几乎所有同学坚持天天背诵一首古诗,丰富积累。祝贺你们过了一个充实愉快的暑假!

暑假就要结束了。还记得你订的暑假生活计划吗?拿出来对照一下,你的计划实现了吗?哪些没有实现?为什么?"历史的反思是进步的杠杆。"学会反思,终身受用。请你好好反思暑假生活,写一份暑假生活总结,可以是文稿,可以是PPT,也可以是短片,开学后在全班分享。我们将通过全班投票评选出优胜者给予奖励,没有名额限制,如果人人优秀,就人人获奖。赶快行动吧!期待着你的精彩分享。今天,请你整理好所有的暑假作业,我们将通过全班投票评选出优秀作业给予奖励。请你们准备好"素质发展报告书",在三年级栏目里写上自己的话和家长的话,明天8:00报到时,我将认真阅读。

新学期来了,你有什么新的梦想?有怎样的行动计划呢?请你用一张A4纸写下来,并插图美化,开学时带来分享,并布置在教室里。

亲爱的同学们,你们要上四年级了!我们的教室搬到了后面一幢三楼。我们能成为师生是一种缘分,让我们彼此珍惜,用最努力的心态斗志昂扬地跨入新学期,编织新的更加丰富多彩的校园生活!

祝同学们
好好学习,天天向上,永远快乐!

班主任:樊健
2017.8.30

快睁开第三只眼睛吧

亲爱的"丑小鸭们":

你们好!谢谢你们给我写信,与我分享寒假生活。读了你们的信,我知道有的同学去旅游了,"读万卷书,行万里路",相信你们一定有很大收获;有的同学学会了新本领,祝贺你们;还有的同学为他人奉献爱心,为你们点赞!我还了解到,钮金鑫做了一个手术,吃了一些苦,但是他很勇敢,值得表扬。看到你们寒假里都在成长，我由衷地感到高兴。

　　这个寒假，我也过得很有意思。你们知道吗？一放寒假我就去学摄影了。我和妹妹一起报名参加了南通金凯摄影教育初级班的学习。和我们一起上课的还有八位同学，其中有一对是夫妻，还有两个大学生。给我们上课的是大名鼎鼎的摄影家吴迎晨老师。他五十开外，虎背熊腰，总是穿着肥大的旧衣服。他说这样摄影比较方便，可以趴在地上，甚至在地上滚也没问题。吴老师和蔼可亲，无论我们问什么，他都耐心解答，还手把手地教，直到指导我们拍出满意的照片为止。

　　我是一个非常认真的学生。每次吴老师上完课都会布置摄影作业。我每次作业都认真完成，并按时发到吴老师的邮箱。第二天一上课，吴老师就逐个点评我们的摄影作业。这是我最盼望的时刻，因为我经常能听到吴老师表扬我的作业，说我构图创意好，摄影很有感觉；这也是我忐忑不安的时刻，因为有时吴老师也会毫不留情地批评我，说我的有些作业太直白，层次少，内涵不够丰富，就像白开水，没有味道。

　　记得有一天晚上，吴老师带我们到凤凰书城旁边的马路上拍摄汽车尾灯。我们早早地在路边架好三脚架，装好照相机。吴老师先让我们自己尝试。有的同学很快就拍出了理想的效果，可我就是找不到感觉，拍出来的照片不是太暗就是太亮，或者模糊不清，达不到吴老师的要求。我急了，就悄悄请教妹妹，按她的指点拍出的效果好多了。"哎呀！太棒了！你看灯光轨迹多么有层次啊！汇聚得好！你这张可以得奖了！"我转身一看，原来吴老师正在表扬我旁边的大学生帅小伙呢！赶紧凑过去看个究竟，啊！真漂亮！好羡慕啊！我暗暗下决心一定也要拍出这漂亮的照片。我忍不住向吴老师请教。吴老师告诉我，要光圈优先，大景深，ISO调到3200，先聚焦，再锁住，慢镜头。我等一辆大巴驶过来，赶紧按他的指导拍了一次，诶，神了！效果超级好！你看，深蓝色的夜空下，三道绚丽的光呈弧线高低分明地划过，像一道彩虹飘落人间，鲜艳夺目，缥缈浪漫，亦幻亦真，令人浮想联翩。我第一次感受到了摄影的魅力，激动地大喊："我会了我会了！我拍出来了！太漂亮了！"

吴老师还带我们去南通书城、人民公园、滨江公园进行外拍练习。我发现，同样的时间，同样的地点，可是每一个人拍出来的效果却是完全不一样的。原来，"美就在我们身边。生活不缺少美，而是缺少发现美的眼睛。"

同学们，春姑娘已经悄悄地来到了我们身边。如果你愿意，让我们一起睁开第三只眼睛，到大自然中去发现美，欣赏美，创造美！

祝你们
都拥有一双发现美的眼睛！

你们的朋友：樊健
2018.3.14

第十一章 典型家庭教育指导个案解读

爱孩子从改变生态开始
—— 蔡卓琳：乘风飞翔的纸飞机

开学第一天，我让一年级的小朋友先自己找个座位坐下来。琳悄悄地坐在最后一排。她几乎是全班最矮的，扁平脸，头发偏黄，软软的，扎成马尾辫，眼睛里满是紧张。上课几乎不举手。我请她那一排开火车读拼音，她慢慢地站起来，发出像蚊子一样小的声音。下课了，她总在座位上摆弄文具盒，几乎不走出教室，也不和小朋友玩。如果有小朋友不小心碰到她，或者把她的书碰落到地上，她就默默地哭。看见我走到她身边，便扭偏了身子，一幅怯生生的样子，想躲。

一周后，我把她的座位调到第二排。

一天晚上，我去家访琳，与她母亲交流，了解到琳是早产儿，先天不足。小时候身体不好，经常去医院。琳在乡下上幼儿园，上一年级才搬到海门，对一切都比较陌生，缺乏安全感，因此自我防护得严严实实，哭是她心理脆弱的表现，也是她求助的方式。

"百家讲坛"点亮了她的笑容

我想到办法了。在班上开设"百家讲坛"，邀请学生父母轮流到班上讲课。谁的父母来讲课，谁就是主持人、助教和摄影师，活动后负责把照片发到班级微信群里分享。这样，琳可以借助父母的力量改善自己在班里的生态环境，获得安全感。

我邀请琳的爸爸做客"百家讲坛"。自从他爸爸做客"百家讲坛"之后，我发现她变了。

记得2014年10月18日下午第一课，我们教室里迎来了一位帅气的叔叔，他是琳的爸爸。在我的再三鼓励下，琳羞答答地走上讲台当主持人。"大家好！今天我爸爸给大家讲'空中之王——纸飞机'，请大家鼓掌欢迎！"小姑娘的声音很小，眼睛看着地上，小脸通红。虽然很拘束，但是毕竟她经历了整个过程。他爸爸一边讲一边教孩子们折纸飞机，虽然讲得很清楚，但仍有孩子不会，不停地问。这时，他说："琳会折，小朋友可以请教她呀！"于是，不会折的小朋友们一下子都围到琳的身边。琳手里忙碌着，脸上绽开了笑容。从那以后，琳不再孤单，经常有小伙伴来找她一起折纸飞机玩。显然，她爸爸做客"百家讲坛"，改变了她在班上的精神生态，使她与同学有了共同的话题，同学关系变得亲密、自然了，"会折纸飞机"让她开心起来了。

"亲子联欢"打开了她的声卡

怎样让琳积极主动地向老师和同学展示自我呢？我想到了"亲子俱乐部"，通过同伴群体来影响她，打开她的心扉。

2015年6月1日是孩子们上小学后的第一个儿童节。晚上7:00，我们班在学校影视中心开展了"庆六一亲子大联欢"活动，全班所有家庭都积极参与，节目有父子相声、母女舞蹈、姐弟魔术、多家联合T台秀……轮到琳一家上台表演了，她大大方方地领着爸爸妈妈走上台开始朗诵，她的声音经话筒传出，是那么甜美、清晰。他们的表演赢得了台下热烈的掌声。她怎么会有如此大的进步呢？活动前，组织家庭节目申报的时候，我没有看到她家的节目。于是，我与她父母沟通。她母亲说自己和孩子都没有什么艺术细胞，没有可以表演的节目。当时，她爸爸在外地出差，我给他打电话表达了我的想法。这次活动对琳来说是展示自我、融入集体的好机会，一定要争取参加，节目是否精彩并不重要，只要琳愿意走上舞台表演就成功了。他爸爸听了我的建议，特地写了一首诗歌，全家朗诵。琳妈一遍又一遍地辅导女儿朗诵，陪着女儿排练。演出的当天晚上，琳爸特地从外地赶回来参加"庆六一亲子大联欢"活动，陪女儿朗诵诗歌。从此，琳上课发言进步了，虽然尚不能做到声音洪亮，但是至少能说得清清楚楚，和别的孩子没有什么不同。父母的行动多么富有力量。

"亲子徒步"轻快了她的脚步

有很长一段时间，琳每逢下课就倚在我办公室门框上，默默地看着我。我问她找我有什么事，她就摇摇头走了。可下一堂课一结束，她又会回到我办公室门口。我不解其惑，就去请教国家二级心理咨询师顾向红老师。顾老师告诉我，琳的表现明显显示出情绪发展不良、人际交往不良。通过与她妈妈接触，可以推断，女孩小婴儿的时候没有得到过妈妈充分的接纳，现在生活中也没有被妈妈理解。所以她在与外部人事互动的时候想获得独特的关注，将自己放于人际交往的核心，但同伴们是不可能承认她是核心的，所以不能很好地与同学交往。于是她就渴求老师的关注。

怎么办呢？在家访中，我特地向琳的父母了解琳有什么特长，想通过扬其长来提升她的自信心和独立性。他爸爸告诉我，琳跑得很快，想当运动员。我觉得可以试试。正巧，学校要举行运动会了，选拔运动员时，我特意找到教体育的李俊老师，查了一下琳的50米跑成绩，不算好，参加运动会不合适。

既然琳喜欢运动，那就训练她的运动技能吧！

2016年9月11日早上7: 00，开始了"丑小鸭"班第一次亲子徒步活动。本次活动邀请富有徒步经验的飞翔老师带队,有38个家庭参加,琳是其中之一。我们从海门市张謇大道与广州路口向西至漓江路红绿灯处返回,全程6千米。活动结束后,我给参与的家庭颁发"丑小鸭徒步"奖章。琳的爸爸给女儿写了一封信:

亲爱的女儿:

你好!

很久没和琳姐一起去户外活动了,这次由班主任樊老师组织的徒步让我有了机会。

由于孩子本来就是一个乐天派,但这段时间发现孩子的各种"慢"习惯。这一切影响了诸多方面,查阅网上文档发现这一切是孩子缺少"自信心"。而这次的徒步虽然时间不长,但对于孩子却有一定的帮助。

(1)坚持。从头到尾琳姐没落下队伍,没哭闹,爸爸要说"琳姐很牛"。

(2)认真。听从领队指挥,知道徒步时正确喝水的方法,并喜欢运动,爸爸要说"琳姐真棒"。

(3)乐观。在徒步时不忘"踩"前面小朋友的鞋,告诉别人"落后就要挨踩"。哈哈,爸爸要说"琳姐真逗"。

徒步活动是结束了,但琳姐你认为这次活动你从中学到了什么?爸爸帮你总结一下吧。

这条路很长,但大多数小朋友都坚持下来了,证明你并不比别人差,你前行匀速,不哭闹,证明你有一颗强大的心脏,我们帮在你前面的小朋友"充电",这是一种加油的方法,但下次不要再踩到别的同学的鞋哦!

你还有很多优点,你是独有的,但爸爸要说:你在徒步中可以不输别人,也可以把这种乐观、认真、坚持的态度用到各个方面。比如,吃饭你也可以比爸爸妈妈快,快点做完作业我们就有更多时间去散步,小时候你就告诉我们,自己的事情自己做。而现在,就从速度开始，像这次徒步中你的表现一样，从容、乐观、认真地面对你所接触的一切，那样的你绝对会让人眼前一亮哦。

琳姐，爸爸相信你是独一无二的，爸爸相信你还有超多的能力没有发挥出来。那么就让我们从现在做起，爸爸现在给你充电"滋———"加油！琳姐。

永远爱你的爸爸

2016年9月11日

后来，我在班上组织了"亲子徒步队"，每周日进行一次徒步活动，行程5~7千米。琳几乎每次都参加，有一次，在最后一千米的竞走中，她荣获第三名，非常激动。我想，只要她能经常参加班级亲子徒步活动，体能一定会越来越棒，当不当运动员并不重要，重要的是琳看到自己的进步，慢慢独立起来，自信起来。

"亲子游泳"扬起了她的头颅

在我的鼓励下，琳接受了我的建议，三年级暑假开始学游泳，坚持每周游泳三四次。我深信，游泳一定能帮助她强健体魄，促进心理成长。

琳游泳已经一年了。四年级暑假第二天，她参加了班级亲子游泳比赛，夺得个人争霸赛女子组冠军，在"水中寻宝"游戏中因潜水找到了一副泳镜而获胜，她所在的蓝队在接力游泳比赛中获得团体冠军。也就是说，在本次亲子游泳比赛中，琳几乎是大满贯。颁奖的时候，当我把金光闪闪的冠军奖牌挂上她脖子的时候，她昂起头开心地笑了，我第一次看到她笑得那么灿烂，宛如晨曦中怒放的牵牛花。我相信，运动能激发她的"体能自尊"，这一刻一定能成为她更加自信的又一个关键点。

琳，一个其貌不扬的瘦小的女孩，依然经常在课间来办公室看我。有时，看到我穿了新衣服，她就笑着说："今天樊老师真漂亮！"如果我哪天化了妆，她就会像发现新大陆似的，用小手指着我的脸说:"我发现你化妆了!"声音不是很响亮,好像闺蜜间窃窃私语。此时此刻,我会极其认真地呼应她:"真的吗?""你怎么发现的?""你的小眼睛真亮!""机灵鬼,什么也逃不过你的眼睛。"在我的眼里,琳就像一架乘风飞翔的纸飞机,虽然随时有掉落的可能,但是,此刻正在飞翔。我相信,即使落地,也会再一次乘风飞起。

教育启示

亲子关系、师生关系和同学关系是儿童成长的精神生态环境,就像生活中的空气、水和阳光。班主任应注意努力帮助每一个儿童优化班级精神生态环境,激活儿童的精神生命,促进其自由生长,尤其是培养孩子的自信心,必从优化他的精神生态开始。

爱孩子从亲子运动开始
——张佳杰：奔跑的少年

瑞典教育家哈巴特说过,一个父亲胜过一百个校长。父亲对孩子成长的影响是巨大的。

在张佳杰的成长过程中,他父亲发挥了极其重要的作用。

张佳杰,一个特别好动的男孩。同学年宇轩这样描述他:"圆圆的脸蛋肉嘟嘟的,粉嫩粉嫩的,像一个又大又圆的大黄桃。这张脸上嵌着一双又大又黑的眼睛,下面是一张贪吃的大嘴。他肚子鼓鼓的,走起路来身上的肉一抖一抖的。因为身体壮,他有能动手则绝不动口的习惯。"他的台仓和桌椅底下永远是乱糟糟的,用过的餐巾纸到处都是,甚至他身后的墙壁上也满是他的"作品"。

张佳杰散漫、好动又冲动,上课总在开小差,作业本上爬满"蚯蚓",成绩不好。这样一个小男孩,我该怎么引导他成长呢?我想起左兆军曾经给我们讲过,脑科学研究表明,体育运动能促进大脑发育,帮助管理好情绪。脑科学家洪兰教授说:"运动会刺激身体分泌多种积极物质,提升智力发展!孩子的思维能力、自控力、耐力、竞争力、合作力也随之提高。"

于是,我组织班级亲子徒步活动,邀请非常专业的飞翔老师带队,并开展了主题班会"用双脚踏出成长的节拍",引导父母和孩子一起感受徒步的乐趣和艰辛,提升价值认同感,主动培养运动习惯。

在第一次徒步活动中,张佳杰就成为"明星"。走到一半多一点时,他掉队了,哭了,不走了。飞翔让大部队继续前行,自己留下来开导张佳杰。他对张佳杰说:"你现在有两个选择,第一,你可以装死,不走,看看等到天黑有没有人来救你;第二,鼓起勇气,跟我一起向前,努力赶上队伍。"张佳杰仍然流着泪,不肯移动脚步。飞翔又开始鼓励他:"我相信你行的!跟着我的脚步慢慢往前,你一定能到达终点!"张佳杰终于又迈开了双脚。渐渐地,离队伍越来越近。"你看,樊老师在前面为你点赞!"飞翔大声喊道。"很好!你已经赶上队伍了!倒数第一,倒数第二……好极了!你已经走到队伍中间了!"张佳杰的脚步更快了,几乎跑起来了。"如果你能冲到队伍最前面,就奖励你扛队旗!"张佳杰听后就奔跑起来了!终于,他冲到了队伍的最前面,接过队旗大踏步地前行,第一个到达了终点,完成了徒步任务。当我给他颁发"丑小鸭"徒步奖章的时候,他一脸骄傲。现场分享时,我和他有这样一段对话:

师:张佳杰,我发现你走到一半多一点时掉队了,哭了,不走了。为什么?

张佳杰:我实在太累了,两条腿都成面条了,一点力气都没有了。

师:后来,你是怎么赶上大部队的呀?

张佳杰:飞翔老师鼓励我追上来的。

师:你真的不累了吗?

张佳杰:累的,两条腿又酸又胀。可是,当我离队伍越来越近时,当我看到樊老师在前面为我点赞时,就来劲了。飞翔老师还说,如果能走到队伍最前面,他就让我扛队旗!我听后脚步更快了!一路小跑,终于走到了队伍的最前面。

师:我看见你接过队旗,大踏步地前行,最后和所有的队员一样到达了终点。当你扛起队旗走在队伍的最前面时感觉怎么样?

张佳杰:很自豪!我好像是队长,特别了不起!

师:真心佩服张佳杰,在落后1千米多的情况下竟然追上队伍,还超越了所有人,我对你刮目相看!如果你把这样的竞技精神用在其他方面,你也一定出类拔萃!

第二天,我批到他的日记,他写道:

第十一章 典型家庭教育指导个案解读

"我实在走不动了,落后了很多很多。飞翔陪着我跟在队伍的后面,耐心开导我。在他的鼓励下,我终于赶上了队伍,还冲到了最前面,举起旗帜直走到了终点。我们欢呼着,终于走完了6千米。这次徒步我战胜了自己,真了不起!"

张佳杰的爸爸在儿子的日记后面也写了感受:

很高兴参加"丑小鸭"亲子徒步活动,我因为脚痛没能和儿子一起徒步,让他中途出丑了,等下次活动我肯定带他走出风采。

我暗暗庆幸,父亲有决心,儿子有行动,就意味着改变张佳杰的第一步成功了。

怎样延续徒步活动,真正提高儿童的体能呢?我了解到张佳杰的爸爸是马拉松运动爱好者,有每天至少徒步10千米的习惯,曾参加过"上海崇明国际马拉松比赛"。通过沟通,我们合作组建了"丑小鸭"徒步队,聘请他任辅导员。同学们推荐张佳杰当队长。之后,"丑小鸭"徒步队每周举行一次徒步活动,行程5~7千米。张佳杰的爸爸负责考察路线,选择相对安全、风景优美的路段,通过班级微信群发布徒步信息及注意事项。杨璐瑶的爸爸则把后勤工作安排得井井有条。张佳杰几乎每次都参加,他把徒步队伍管理得整整齐齐,每当有小伙伴掉队的时候,还学着飞翔老师的口吻鼓励小伙伴加油。每次徒步结束,他一本正经地给小伙伴颁发"丑小鸭"徒步奖章,俨然一个首领。更令人高兴的是,张佳杰多次主动提出要跟爸爸一起跑步,可见他已经爱上了这项运动。

通过三年多的徒步活动,孩子们的体能明显增强,也更乐观,更有韧性。张佳杰的变化最大,他的身体结实了,台仓整洁了,桌椅底下再也没有纸屑,写字也越来越工整,学习成绩越来越好,三年级期末考试语文、数学和英语全优,令老师和同学们刮目相看。

相信孩子,相信父母,也相信科学的力量,相信亲子运动的力量。

教育启示

运动中能产生对我们至关重要的东西,肉眼无法看见,唯心灵能感觉到。培养孩子的自律可以从亲子运动入手。

爱孩子从调控情绪开始
——张馨文：盛开的黑牡丹

张馨文高个儿，扎着马尾辫，小麦色的瓜子脸，活泼可爱，喜欢跳舞。可自从上了三年级，脸上鲜有笑容。

一次，张馨文的妈妈参加了"樊老师茶座"，写下了这样的感受：

以前，我从来不知道孩子心里的想法。每次带回家的课堂小练习只要是做错题，我都会对着她一阵大吼。听了顾老师的讲述，我明白了，应该给孩子解释的权利。

有一次，语文单元练习，张馨文没有考到优。我与她妈妈通过微信交流。

师：你女儿这次考得不理想，你跟女儿交流了吗？

张妈：谢谢樊老师关心！我怕自己语言粗暴，就写了一段文字给她，这是我最心底的想法，当敞开心扉和女儿聊天的时候，觉得自己的心会很舒服！

师：你女儿看了以后什么反应？

张妈：她觉得这不是平时看到的妈妈，平时妈妈对她更多的是骂，有时生气起来还要打，看了之后发现"原来妈妈也是非常爱我的！原来我在妈妈心里也是一个非常棒的孩子！"

师：要的就是这个效果！以后多写亲子日记。

张妈：好的，我也要学会坚持，给她做个榜样。

师：我会找张馨文谈谈，问问她学习上有什么困难，我们来帮助她。放心吧！建议你注意控制自己的情绪，凡是女儿的事要"三思而后行"，切不可再"河东狮吼"了。

张妈：好的！谢谢樊老师。

第二天，张馨文高兴地告诉我，她收到了妈妈写给她的诗，并兴致勃勃地读给我听：

    孩子，感谢有你！
    早上起来，你总是呲牙一笑！
    上学路上，你总是神采飞扬！
    放学回来，你总是叽叽喳喳！
    孩子，有你真好！
    你总是提醒妈妈，不要生气，容易变老！
    你总是观察妈妈脸色，试着去读妈妈的心！
    孩子，不要那么累，妈妈想让你每天健康快乐！
    喜欢你小小年纪生活上自立自理！
    喜欢你用心地学习！
    喜欢你专心致志地看书！
    喜欢你疯狂地玩耍！
    孩子，妈妈想让你去做你自己！
    只做最好的自己！
    孩子，感谢有你！

  张馨文在十岁生日时收到了妈妈的信：

  孩子，妈妈想借着这个机会真诚地对你说声"对不起"，因为妈妈缺席了你幼儿期的成长，因为妈妈在你每次考得不好的时候都不会听你解释，冲你大吼大叫……

  下一个十年，爸爸妈妈会用心陪伴你，和你一起成长，期望你能更努力地做自己，做一只翱翔在天空中的鹰……

  张馨文因看到了妈妈的改变而欣喜不已，她终于敢于向父母表达愿望了。在一次作文中，张馨文向爸爸诉说心声：

  一转眼又到寒假了，每到这个时候是我最最开心的时候。不是因为有压岁钱拿，也不是因为有新衣服穿，而是爸爸要回家了。每年的这个时候是爸爸在家时间最长的时候，也是陪我时间最长的时候。

第十一章 典型家庭教育指导个案解读

我知道爸爸为了我有更好的学习环境，为了让我们的生活过得更好而要挣更多的钱。所以爸爸过完年就出去了，要到过年前才回来。爸爸差不多一年只回来一次，而且在家待的时间也不长。每次看到同学的爸爸来接他们，我就很羡慕。希望自己放学时也能看到爸爸的身影，但每次都会失望。

其实，我并不想要很多钱，我只希望爸爸能多回家陪陪我。每次爸爸打电话回家，我都会问他什么时候回家。爸爸每次都会说："等爸爸不太忙的时候就回来看你，你在家要好好听妈妈的话。"可爸爸每次都会失约。

我好想对爸爸说：爸爸你再不陪我，我就要长大了。希望在我童年的时候你再多陪陪我！！！

这篇作文引发了我的思考。于是，我开设了一期"樊老师茶座"，主题是"父亲怎样与孩子相处"。非常遗憾，张馨文的爸爸没有来参加。

在参加了班级第一次亲子徒步后，我在亲子日记里读到了张馨文的妈妈写给女儿的信：

宝贝女儿：

在这次的徒步中，你让妈妈看到了你的勇敢和自信。

今天，妈妈想对你敞开心扉，让你知道妈妈那时的想法和心情。当樊老师在班级群里组织这次活动的时候，妈妈打心底里是不想参加的，因为妈妈怕累，怕走不动。樊老师说，爸爸在家的尽量让爸爸参加。妈妈看到这条信息时心里一阵窃喜，因为爸爸不在家，妈妈就有理由不参加这次徒步。爸爸知道后说要请假回来陪你参加。爸爸让我保密，想到时给你一个惊喜。可在活动的前一天，因为公司临时有事，爸爸不能赶回来陪你徒步了，让我无论如何要陪你参加这次活动。那时妈妈对爸爸是满肚子的抱怨。在看到你那期盼的眼神时，妈妈就决定陪你一起参加。

第二天早上，到了集合地点与其他爸爸妈妈汇合时，小朋友们的热情洋溢，爸爸妈妈的互相鼓励，使我紧张的情绪顿时烟消云散，我也有了战胜自己的信心和克服困难的决心。看到你和同学们一起完成了6千米徒步，妈妈为你们感到骄傲，你们都是最棒的孩子。

丫头，我要感谢你，你让妈妈在这次徒步中找回了自信，找回了属于自己的快乐方式。是你让爸爸妈妈感到骄傲和自豪。宝贝！在以后的时间里让我们一起努力，一起加油吧！！！

爱你的妈妈
2016.09.12

我想，张馨文的妈妈一定把这次茶座和徒步的收获与张馨文的爸爸分享了。

转眼间，到了四年级，张馨文重新变回了那个活泼开朗的小姑娘。她热爱舞蹈，是学校舞蹈队的主力队员，多次率队参加省市比赛并得奖。她还随学校运动队参加了海门市跳橡皮筋比赛，获得特等奖。更可喜的是，她已经养成了良好的学习习惯，学习成绩突飞猛进，四年级第二学期，以综合考核第一名的成绩脱颖而出，被评为"东小好学生"。张馨文的舞蹈总令人看不够，舞台上的她宛如一朵盛开的黑牡丹，娇艳夺目！

在她的日记里，我读到了这样一段话：

妈妈好像变了一个人似的，总是对我微笑，考砸了也不骂我。爸爸经常跟我微信视频，总是问我："今天开心吗？"我感觉爸爸就像天天在家里和我在一起，我不再孤独寂寞。

教育启示

父母的情绪对孩子的影响很大，即使是小情绪，孩子也能感受得到。因此，父母应调控好自己的情绪，努力向孩子传递正能量，而非负面情绪。爱孩子从和颜悦色、用心陪伴开始。

爱孩子从痛改陋习开始
——杨璐瑶：黄乎乎的"丑小鸭"

她叫杨璐瑶，黑黝黝的圆脸，塌鼻子，小眼睛，黄头发。自从她转到我们班上三年级，原来的矮个子男生高兴得一蹦三尺高："我终于不是班上最矮的了。"

我总觉得杨璐瑶就像《窗边的小豆豆》里的"小豆豆"，对全世界都充满好奇。她不懂得校园生活是有规则的，上课，她会埋头在自己的世界里神游、玩耍；下课，她会躲在厕所里吃零食，或者爬到二楼窗框上欣赏风景……

杨璐瑶的爸爸妈妈第一次来参加父母读书会的时候，我就注意到了他们俩，因为一般家庭都只有一个家长参加，而他们俩一起来了，而且活动一结束，杨璐瑶的爸爸就在微信群里积极参与讨论和分享。

杨璐瑶一家几乎每次都参加班级亲子徒步活动。活动拉近了我们之间的距离。在一次亲子徒步中，杨璐瑶的妈妈向我倾诉了压抑多年的心路历程。原来，杨璐瑶是他们的第二个孩子。杨璐瑶的哥哥因为生病已经离开了他们。他们自责没有带好第一个孩子，所以下决心不惜一切代价要教育好女儿。

我能感受到他的爸爸妈妈非常重视对女儿的教育，我每次在班里组织的亲子活动，他们都夫妻双双一起参加。我向全班推荐的任何事，他们都积极响应。但是，从杨璐瑶的表现来看，她的爸爸妈妈对于如何教育好女儿尚不得要领，比较溺爱她，凡事顺着女儿心意，没有在关键期帮助女儿建议规则意识。

我了解到杨璐瑶的爸爸妈妈有一家制造枕头的私人企业，就邀请他们到"百家讲坛"给小朋友讲"薰衣草枕头的诞生"。当天，杨璐瑶做主持人、助教，乐不可支。这堂课是她转到我们班以来上得最认真的一课。她妈妈写下了这样的感悟：

"百家讲坛"如约而至，当我和女儿爸爸怀着忐忑不安的心情来到教室的时候，一下子被眼前这些可爱热情的孩子感染了，之前的不安和紧张瞬间荡然无存。女儿今天为我们主持活动非常大方，她还给我们拍了很多照片，给同学分发活动材料，我感觉她非常能干，非常认真。原本以为漫长的40分钟今天竟然过得那么快，下课铃响了，但很多小朋友还意犹未尽，舍不得放下。

今天真的感触很深，短短的几十分钟我的喉咙都哑了，孩子爸爸事后打趣说："还好，你没当老师，要不然你肯定成哑巴了。"是啊，这是多么深刻的体验啊！当我站在这神圣的讲台上，为孩子们的成长奉献自己的一点点微薄知识的同时，真心觉得老师的工作不容易。今后能做的唯有教育孩子尊敬老师，尊重老师的劳动成果，少给老师添麻烦！

在接下来的日子里，杨璐瑶上课注意力集中多了，我不禁感叹亲子课堂的力量。

我鼓励杨璐瑶的妈妈写亲子日记，用书面语言让女儿感受到父母的严厉。

有一天，杨璐瑶爬窗子。那天，她收到了妈妈的信：

宝贝女儿，你从小就很胆大。这是妈妈要向你学习的。但是，妈妈希望你不仅要胆大，还有心细。今天，樊老师发来你爬阳台窗子的照片，你知道妈妈有多害怕吗？直到现在还心有余悸。很多时候，危险与安全只是一念之间，只有一步之遥。生命对每个人来说只有一次，妈妈希望你注意安全，学会保护自己……

在一次"樊老师茶座"上，杨璐瑶的爸爸这样与大家分享：

女儿和我是师生关系，很多时候，女儿是我的老师。向孩子学习，孩子会和你更亲。爱兵，你知道吗？有一次，你老婆到"百家讲坛"讲了"吸烟的危害"，我女儿一回家就叫我不要吸烟，还画了一幅图（展示）贴在客厅正中央。她看见我吸烟就告诉妈妈，管得很严。我懂女儿的心意,她希望我身体健康。所以说,女儿是我的老师。

之后,杨璐瑶的爸爸还写下了参加"樊老师茶座"的感受:

今天,很荣幸参加"樊老师的茶座",深有感触。丰子恺曾说:"父亲是孩子的第一任老师,因此父亲对孩子的影响是至关重要的。"在女儿的成长过程中,不在于我们讲多少道理,而在于身体力行。那不只是一个口号,也不是"嘴"上谈兵,而是源自真实生活的点点滴滴。千里之行,始于足下。从我做起,从今天做起,做女儿的好榜样,坚定不移地走下去。作为父亲,任重而道远。

杨璐瑶的妈妈在微信里这样感慨:

今天,我旁听了"樊老师茶座",有幸目睹了樊老师和几位爸爸们的风采,我的心澎湃了一次又一次。近日,综艺节目《爸爸去哪儿了》在全国引起热议,也成为妈妈们所关注的话题。不知从何时起,父爱缺失已司空见惯。于是,我们呼吁:孩子需要爸爸陪伴!我真心为今天来参加活动的爸爸们点赞!也为女儿爸爸点赞!更为他"为了女儿决定戒烟"的决心所感动!这是一份沉甸甸的父爱,润物细无声。我相信这份爱在女儿的成长过程中起着至关重要的作用,那是满满的正能量,是我这个妈妈所无法替代的。感谢樊老师为孩子们的成长付出的努力!感谢老公为女儿所做的一切!

一个月以后,在"我们十岁了"亲子主题班会上,杨璐瑶的爸爸送给女儿的十岁生日礼物是一张贺卡,上面写着:

老爸戒烟,为女儿树立一个好爸爸的形象。祝女儿十岁生日快乐!

我郑重其事地对杨璐瑶的爸爸说:"在孩子面前不能轻易承诺,一旦食言,对你女儿的影响是极坏的。你有几年烟龄了?真的能戒掉吗?据我所知,戒烟是很难的。"

杨璐瑶的爸爸一本正经地说:"为了女儿,我相信自己能做到。"

日后,我经常问杨璐瑶:"你爸爸有没有偷偷吸烟?"杨璐瑶仰着头笑眯眯地告诉我:"爸爸真的戒烟了!我要向他学习,改掉坏毛病。"

我发现杨璐瑶在学习生活中也开始建立规则意识,能自觉遵守班规,上课注意力集中的时间明显长了,课间爬高爬低的现象几乎没有了。她经常跟着爸爸去游泳、徒步,每个双休日泡一天图书馆,还跟爸爸一起学摄影。她在期末总结中说:"我发现自己上课很认真,最喜欢上语文课,更爱阅读了,字也越写越好看了。我热爱运动,在班级游泳比赛中得了季军,很高兴……"

在我的眼里,杨璐瑶更像一只黄乎乎的"丑小鸭"。我想起了我们班的愿景:

今天,我们是丑小鸭,活泼、快乐;

明天,我们是白天鹅,自信、高雅!

教育启示

在家庭教育中,父亲就代表规则。孩子的言行往往就是父母的镜子。父母生活随意,陋习满身,孩子就没有教养。父母爱孩子从痛改陋习开始。

爱孩子从承担责任开始
——陈思睿：乐呵呵的小报童

睿十分好动，无论上什么课，都不定心，几乎每一位任课老师都向我告过他的状。他还经常欺负女同学，甚至拿小树枝打人，大家都不愿意跟他做同桌。

其实，这些都不是睿的错，是他的身体尚未发育好，导致行为发生偏差，是原发性问题。作为班主任，一定得想办法帮助他迅速成长起来。我决定从培养他的注意力和责任心开始。

我下意识地观察他，发现上课时请他回答问题，他特别兴奋，注意力集中的时间会延长一些。于是，我经常请他回答问题，有时请他们小组开火车读词语，轮到他读了，可他仍沉浸在自己的世界里，在台仓里看书，或者玩自己的小玩意儿，直到我喊他的名字或者同桌推他才回到课堂上来。这些现象说明睿的注意力存在明显的缺陷。

我发现睿喜欢画画。他的画色彩丰富，充满想象力，多次获奖。我想，能否从他的兴趣爱好切入，引领他专注于课堂学习呢？于是，我专门在教室里开辟园地，为他举办个人画展。看到小伙伴站在他的作品前夸奖他，睿高兴极了。我也表扬他："你画得真好！老师和小朋友都很喜欢看你的画。如果你上课再认真一点，听老师讲，听小朋友说，你的成绩也会很好。你愿意吗？"他宛然一笑，使劲地点点头。

在我的语文课上，睿似乎在努力集中注意力听讲，但其他任课老师仍然觉得他没有真正进入学习状态。

有一天，他用蜡笔在新装的黑板上画画。我想借此事件，鼓励睿的妈妈和我一起培养孩子的责任心，积极引领孩子成长。于是，我打电话给她。蜡笔涂鸦事件过后，我建议她妈妈把这件事写下来，算是家庭教育日记。

隔了好久，有一天，我终于收到了睿妈妈发来的邮件：

又是紧张而忙碌的一天，到家时已天黑。我习惯性地掏出手机看了看，两个未接电话，都是樊老师打来的。我心里"咯噔"一下：又闯祸了！我抑制内心的波涛汹涌，一脸的风平浪静："睿睿，今天在学校过得好吗？"他低头扒着饭，闪烁其词："挺好呀。"我心里明白，出事了，要换作平时，满屋子都是他的声音。

一顿饭就这样在一片沉寂中结束了。陈思睿破天荒地不用我三催四请就主动做作业了。这更让我意识到问题的严重。怎么办呢？班主任那儿等着我回电话呢。看着他小心翼翼地捧着书本如坐针毡，时不时扭头偷窥我的模样，我心里真是打翻了五味瓶。

由于工作繁忙，我常常早出晚归，和孩子相处、交流的时间少之又少。孩子今天的局面，我有很大的责任。此刻他一定非常后悔，要不然，也不会有如此反常的举动。作为母亲，我所能做的，就是用行动告诉他，犯错以后，不是逃避，而是面对，是承担。而妈妈一定是第一个站出来陪伴他、给他勇气的人。

于是，我掏出手机："睿睿，知道樊老师为什么给妈妈打电话吗？"隔了好一会儿，他才吞吞吐吐："我……我今天在学校表现不好。"又是一阵沉默，声音更低了，"下课的时候，我用讲台上的蜡笔在新黑板上乱涂乱画。"此时我已怒火中烧，居然犯这种低级错误，但还是尽量压低嗓门："那你们樊老师肯定很伤心，同学们也很难过。他们怎么上课呢？"他眼里满是愧疚："那怎么办呢？"也许是瞧着我没发火，他恢复了能说会道的样子："我把它擦干净，擦干净就没事了。""那如果擦不掉呢？""那……"他刚刚平静的心情一下又跌到了谷底，整个人蔫了。我搂着他："睿睿，我是这样想的，明天一早，我们一起把黑板擦干净。实在擦不干净呢，用你的压岁钱赔偿。你的错误必须自己承担。"陈思睿抬起头，若有所悟地点了点头。

我们拨通了樊老师的电话。电话里，樊老师讲述了事情的来龙去脉。我把我们商量的办法与樊老师进行了交流。整个过程，陈思睿始终没抬起头。直到我挂断了电话，他才松了一口气："妈妈，我们早点睡，明天有重要的事情呢。"看来孩子是真的认识到了错误。

第二天，陈思睿早早起床了，催促着我赶紧出发。真要去了，我还真有点胆怯，那么多孩子，那么多老师。可是说好了要当孩子坚实有力的后盾，怎能临阵脱逃呢？我不由得拉紧了陈思睿的手向学校奔去……

下面半块黑板是陈思睿能够着的地方，被他画上了许多条纹。很明显，老师们之前尝试着去擦干净，可效果不尽人意。教室里的几个小朋友围着我七嘴八舌地讲述昨天的事。我把卸妆油倒在棉布上，使劲地擦拭，还真管用。我一边清理一边微笑着问他们："陈思睿已经知错了，大家可以原谅他吗？""当然可以。""没问题。"陈思睿才如释重负。此时，黑板已焕然一新了。孩子眼神里的不安、焦虑一下消散了，他紧紧抱着我，附在我耳边悄声说："妈妈，谢谢你，我爱你！"我一下愣住了，每天睡前道晚安，他也总说我爱你，可今天听来，心里格外温暖。

晚上，我又接到了樊老师的电话，照例，我和陈思睿一起接听。电话里，樊老师的一句"太棒了！"让一旁的陈思睿比以往笑得都灿烂，脸上洋溢的满是幸福，我的心里更坚定了陪伴孩子一路成长的决心。

是的，孩子的成长有快有慢，都要父母的一路陪伴。多一份宽容，多一份鼓励，陪着孩子，我们一起成长！

真好！睿在妈妈的耐心引导下，为自己的捣蛋买了单。从此，虽然仍有任课老师和小朋友向我投诉睿，但是，当我找睿处理事情时，他总是诚恳地承认错误，并且很快改正。孩子不就是在不断犯错中长大的吗？他能知错就改，应该点赞。

我发现他喜欢阅读，写话作业语言生动。他妈妈是一名小学语文老师。我与睿妈商量，合作办班报——《丑小鸭报》，我负责辅导学生写作，睿妈负责编辑、排版和印刷，睿任班报社长，负责发行工作。每月1号，睿双手捧着班报亲手分发到小伙伴手中。我利用早读课，带着学生赏析班报上的习作。孩子们看着自己的文字发表在班报上，乐不可支。这时，我就在全班小朋友面前表扬睿和他妈妈，还要求他把老师和同学们的掌声及感谢带回家，献给妈妈。就这样，我、睿和睿妈在班报的牵引下，相互越来越信任，关系也越来越亲密，睿也越来越愿意接受我的要求和建议，进步很大。

睿妈除了帮助班级编辑《丑小鸭报》，还积极参与班级活动。睿妈做客"百家讲坛"，睿就是主持人、摄影师、助教；睿妈开亲子读书会，睿就是主要分享者；睿妈为班级活动分发奖品，睿就是礼仪生……睿还在十岁生日时与爸爸妈妈签订了"家务劳动合同"，承包了倒垃圾的任务。

睿已经是我们班大名鼎鼎的书画达人，他写的钢笔字和毛笔字都非常漂亮，曾荣获"南通市第二届百名小书法家"称号。我在键盘上敲下以上文字，抬头望望窗外，看见一棵小松树正迎着朝阳茁壮成长。

教育启示

有责任心的孩子自信、自理、自律、独立，懂得包容、感恩，待人友善、真诚，善于合作、互助。我们应让孩子学会承担责任，而培养孩子的责任心可以从量身定岗入手。

爱孩子从教会选择开始
——张慧琳：优秀的犯错生

有一天，有小朋友告诉我，张慧琳在小店里买东西，买了很多，还送给同学。张慧琳反驳道："你瞎说，我没有到小店里买东西，也没有送给同学。"

相信谁呢？张慧琳说的应该是真的，她每学期都被评为"东小好学生"，学习成绩优秀，活泼又能干，是我班主任工作的得力助手，我非常信任她。我出差时，她带着小朋友早读、做操、午读，班级工作开展得井井有条。她怎么会说谎呢？

理智告诉我不能武断。于是，我展开了调查。放晚学后，我把张慧琳留下，并请她的父母一起面谈。

事与愿违，恰恰是我平日里最信任的张慧琳说了谎。

据调查，事情是这样的。张慧琳看见小店里一个粉红色的笔袋非常喜欢，就偷偷拿了压岁钱买。被同学看见后，怕他们告诉老师，就买了很多东西送给他们，一共花了300多元。回到家，妈妈看见了粉红色的新笔袋，就问女儿是哪儿来的？张慧琳说是同学黄婧楠的妈妈送的。张妈信以为真，就给黄婧楠的妈妈发了20元微信红包还礼。黄婧楠的妈妈一头雾水，打电话与张妈沟通后才恍然大悟，告诉张妈没有送笔袋一事。我明白，张慧琳的问题并非简单的违反班级规则的问题，而是自主意识的成长问题。

第二天，我让同学们把小礼物都交给我，装了满满两袋。我把张慧琳的爸爸妈妈约到茶室聊了一个多小时。征得他们同意，我决定在下一期"樊老师茶座"上讨论这件事，引领父母如何与孩子相处，给孩子留出自由空间，让孩子的自主意识自然发育。

2017年4月25日，"樊老师茶座"第21期如期举行。本次茶座的主题是"父亲怎样与孩子相处"。我邀请了国家二级心理咨询师顾向红老师一起参加。

茶座上,张慧琳的爸爸抛出了话题:

哎,这两天比较烦,我发现女儿带回来一个新的笔袋,她说是黄婧楠送的。后来打了黄婧楠妈妈的电话才知道,原来是女儿偷偷拿了压岁钱买的。有同学说,看到我女儿带了300多元,买了很多东西,还送给同学。我和她妈妈都很生气,竟然背着爸爸妈妈做这样的事,还撒谎。她妈妈恨不得要打她。我真不知道该怎么办?

各位父母各抒己见,有的赞成先打一顿,让孩子长记性;有的说舍不得,要耐心疏导;有的甚至说,支持孩子带零钱到学校买东西,培养孩子的理财能力。

顾向红老师这样引导大家:

遇到这样的事,怎么处理没有固定的模式,但是有一条原则大家可以参考,就是首先要看到孩子行为背后的动机。张慧琳买这个笔袋可能是因为太喜欢了,忍不住要买,这也很正常。再说,三年级的孩子自我意识正在提升,也许她是想尝试自己做主。了解了孩子的动机以后,可以和孩子慢慢探讨,通过什么方式可以实现心中的愿望。如果是我,我会对女儿说:"这个笔袋太漂亮了!我也很喜欢。你能跟我说说这个笔袋是怎么来的吗?可以通过怎样的途径得到喜欢的东西,又不违反规则呢?"

张慧琳的爸爸表示很受启发,认为这是一个很好的教育契机,回去和她妈妈商量一下,把这件事处理好。活动后,他还发出这样的感慨:"经过这次活动,我觉得应该要不断地学习,增强各方面的知识,尤其是儿童心理方面的知识。"

张慧琳的爸爸妈妈接受了顾老师的建议,倾听孩子的声音。他们心平气和地和女儿聊这件事,终于了解了其中的缘由。原来,张慧琳和另一个同学经常一起回家。而另一个同学有一个上六年级的姐姐。姐姐经常带钱买东西和妹妹一起享用。张慧琳就心生羡慕,自然而然也想买。可是,爸爸妈妈平时要求严格,不允许用零花钱,于是就发生了以上事件。

经历了这次"樊老师茶座"之后,张慧琳主动请爸爸妈妈保管压岁钱。张慧琳的爸爸妈妈开始尝试给女儿适量的零花钱,并教女儿理财,鼓励女儿有选择地购买喜欢的东西。时间过得真快,转眼间过了一年,再也没有发生过类似的事情。

三年级的孩子自主意识开始萌发,他们希望在有些事情上能自己做主,而不是一味地听老师和爸爸妈妈的安排。所以,父母不能事无巨细地给孩子安排好一切,这样会剥夺孩子自我意识成长的权利,导致孩子什么事都依赖父母,没有主见,不会选择。当孩子的自我意识突然醒了,就会发生类似以上的事件。所以从某种意义上来说,张慧琳这样做也许并非坏事,恰恰是她在成长的表现,只是选择的时间和方式需要调整。为人父母者应教会孩子学会选择,给予自主选择的权利,促进孩子自我意识的发展。

教育启示

父母不仅仅是生活知识的传播者、兴趣特长的培养者,更应该是孩子健全人格的培育者,是孩子精神成长的向导。培养孩子的自主意识从教会他选择开始。

后 记

当我写完这本书的时候,感觉自己无比幸福。我做了31年班主任,酸甜苦辣各种滋味充盈我的教育生命。令自己感到欣慰的是我乐于思考,把许多思想付诸行动,用文字记录。这本书是我近年来课题研究的成果。

我非常感谢我的师傅施健,她是江苏省特级教师。在她的引领下,我学习做课题研究。自2009年起,我和施健共同主持课题,开展研究。2009年,课题"班主任的家庭教育指导研究"被评为中国教育学会家庭教育专业委员会立项课题。2011年,"班主任的家庭教育指导研究"被评为南通市教育科学"十二五"规划立项课题,2015年12月结题。2013年2月,江苏省"十二五"重点自筹课题"班级家庭教育共同体建设研究"立项成功,2016年9月结题。2017年2月,南通市"十三五"规划课题"班级父教共同体建设研究"立项成功,于2017年5月开题。这一课题是在前一个课题研究的基础上聚焦家庭教育中的父教展开研究的,是前一个课题的延续和深化。2017年11月,中国教育学会"十三五"教育科研规划重点课题"班主任核心素养及培育的实证研究"之子课题"班主任家校合作素养及培育的实证研究"又立项成功,并于2018年4月开题。2018年7月,课题"班级父教共同体建设研究"升格为江苏省"十三五"科学规划重点资助课题。11月15日,江苏省教育科学规划办公室组织专家组在海门市东洲国际学校对该课题进行了现场开题论证。本书是江苏省"十二五"重点自筹课题"班级家庭教育共同体建设研究"的研究成果。

后记

作为一名班主任,我深深地感受到家庭教育对孩子成长的影响是巨大的。因此,我们课题组通过班级家庭教育共同体建设为儿童优化成长生态,帮助每一个儿童实现可能。通过课题研究,我们确定了三大主张:一是家庭、学校、社会彼此开放,整合资源;二是德育、心育、法治教育彼此融合,相互促进;三是儿童、父母、教师彼此互助,共同成长。实现优势互补,精诚合作,认同共育价值使命。建构了八大路径,即家委会、亲子健康教育课程、班主任茶座、百家讲坛、亲子俱乐部、班级节日、数码社区、菩提湾,形成共育导航系统,成为班主任指导家庭教育的重要路径,也是班主任专业发展的平台、家长分享教育理念的平台、亲子关系升级的平台、全面提升班级家庭教育质量的平台。积累了特殊学生家庭教育指导个案,丰富了家庭教育指导策略。改善了班主任与家长的沟通方式及家长的教育方式,为儿童营造了理想的家庭成长氛围。本课题研究促进了班级家庭间彼此开放,实现了"理念共享、资源共享、方法共享、成果共享"的目标,实现对儿童生活世界之改造,促进班级更高位的富有文化内涵和个性特色的发展。

"班级家庭教育共同体建设研究"的研究成果已经在全省推广。2017年4月,我有幸受邀在江苏省第八届"苏派"班主任高层论坛做题为《从两极到中心》的主题演讲。2018年3月,我应邀在全国班主任高峰论坛做题为《在行动中提升班主任的家校合作素养》的报告。近年来,课题组成员为来自全国各地的考察团、培训班做了50多次课题成果分享。2017年6月,我成为《江苏教育(班主任)》第47期"走近老班"栏目人物,发表带班主张《家校共育:为了每一个儿童的成长需要》和《我们十岁了》学生十岁成长礼主题班会实录。班华教授以《在班级文化建设中实现师生共同成长》为题做了专家点评。

衷心感谢班华教授十几年来对我课题研究的指导,并为本书写序。感谢南通大学教科院副院长姜永杰教授，江苏省教育科学规划办宗锦莲博士和周英俊（项目主管），南通市教科院陈杰院长，南通市教科院基教科董一红科长，南通市教育科学规划办吕亚梅主任，海门市中小学教师研修中心教科室龚向东主任、张万冲副主任、钱艺林副主任等领导对我的指导和帮助。衷心感谢课题核心组成员多年来与我共同研究，特别感谢施健校长为本书的撰写提出了很多宝贵的意见，感谢顾向红老师为本课题研究提供了心理教育方面的专业支持。希望本书能为广大班主任和父母提供参考，对儿童的成长产生影响。

　　谨以本书作为献给自己五十岁生日的礼物。感谢我的爸爸妈妈养育我，把我培养成一名老师。

2018年12月31日写于逗号书房